U0922301

深圳资本圈企业社会责任报告

(2010)

SHENZHEN CAPITAL CIRCLE CORPORATE SOCIAL RESPONSIBILITY REPORT (2010)

深圳市证券业协会

深圳上市公司协会

主 编/鄢维民 冯 玉

社会科学文献出版社

SOCIAL SCIENCES ACADEMIC PRESS (CHINA)

《深圳资本圈企业社会责任报告（2010）》

顾　　问　王洛林　陈应春　张云东　黄湘平
张育军　宋丽萍　马蔚华　何　如
方　方

目录

中国企业公民建设的思考（代序） …………………………………… 001

引　言…………………………………………………………………… 001

第一章　企业、社会、责任越来越“相濡以沫” ………………………… 001
第一节　为什么是“责任”呢 ……………………………………… 002
第二节　到底要怎样——企业社会责任的边界……………………… 005
第三节　履责的动力：有心和有能力………………………………… 013
第四节　履责的压力：利益相关者“涨价了” ……………………… 020
第五节　善意与生意——模式之困…………………………………… 027

第二章　深圳资本圈企业社会责任指数（2010） ……………………… 038
第一节　指数体系的数据来源与设计方法…………………………… 038
第二节　综合指数：财富与责任的美好相遇………………………… 045
第三节　经济责任：赚钱机器的本色是财务成功…………………… 062
第四节　法律责任：一定要吃的“霸道果实” ……………………… 071
第五节　伦理责任：是“情分”还是“本分” ……………………… 075
第六节　环保责任：给企业染个什么色……………………………… 170

第三章　企业社会责任实践案例 …… 219

第一节　招商银行，因社会而变 …… 219

第二节　“走正道”的万科 …… 223

第三节　腾讯最大的愿景是“受人尊敬” …… 230

第四节　中兴通讯：全球供应链上的社会责任 …… 233

第五节　中国平安：公司治理领先就处处领先 …… 236

第六节　招商地产：“最早的绿”与“更深的绿” …… 238

附录　华为技术有限公司2009年度社会责任报告 …… 243

地厚天高——权作后记 …… 278

中国企业公民建设的思考（代序）

我们正经历着中华民族的第二次创业。中华民族的第一次创业历经尧、舜、禹、夏、商、周、春秋、战国，经过孔子、庄子、老子等先贤集大成建立标准、梳理思想文化，最终建立了秦制。这是第一次建立制度。可叹的是在孔子、庄子、老子的思想中既没有皇帝，也没有中央集权，更没有官本位、官僚体系，大家都是人，是可以成为圣人、神仙、至人的普通人。孔子是赞叹尧舜的，但他并不认同皇帝、官僚，然而中国发展的结果却是建立了家天下的中央集权的官僚体制。秦制历时两千年，中国人一直在自然与权力的双重奴役中生活。如果没有西方文明的进入，秦制无疑还会持续千年万年。这也说明中国人一直不能够靠自己走出自然经济与中央王朝的兴亡周期律。从 1840 年鸦片战争始，中国人开始在学习西方文明的过程中进行第二次制度建立，进行第二次创业。第二次创业的根子，或者说生命的种子，必须从德中去发掘。德是根本，是基石，是是非，是取舍标准。厚德载物，才能生生不息，才可能吉祥如意。过去 171 年的岁月表明，落后就会挨打。民族存亡和生命尊严是大家一直要面对和解决的事。从表面上看，力量是急事，德是缓事，但如果没有德的支持、涵养，力量会是无源之水、无本之木，不可能持续，也不可能成长壮大。得道多助，失道寡助，说的就是这根子上的事。再者说，力量如水，水能载舟，也能覆舟。拥有力量是重要的，但更重要的是要像大禹治水那样，将力量的生长、运用纳入为民造福、增进社会福祉的轨道中去，它以不伤害为前提与基础。这才是中华民族第二次创业的根本。自鸦片战争、辛亥革命以来的一百多年，在物竞天择、适者生存的严酷环境中，在亡国灭种、国家解体、军阀割据、战乱纷纷、民不聊生的绝境下，中国人并没有被力量吓倒，被财富诱惑。中国人的再生，中国人的凤凰涅槃，仍然是以德为基石的。孙中山先生继承、发扬了大禹治水的信念、勇气、智慧与精神，在民族危难、国家分崩离析、人民无从立足时提出了天下为公的理念，凝聚了中华民族的心，汇聚了中国人的力量。从这一理念提出之始，中国人、中华民族就变成了一个人，中国人就有了立足的方寸之地，从此站立起来。当然，这时候的站立还只是信念上、内心中的站立，但也是在根子上的站立。中国人、中华民族离乱的心，亡国灭种的威胁已经从根子上消解了，余下的就是要牺牲去奋斗的事。这也就是中国抗战能够坚持下来并且胜利的根本原因。天下为公，显现了中华民族文化的伟大复兴，不仅赋予中华民族源源不绝的生命力、向上精神，而且从根本上构建了中国人、中华民族与西方列强及其他世界的基本格局，表明了中国人对历史、对未来、对世界的一个根本承担。孙中山先生面对西方文明的优胜劣汰法则，坚持了仁者爱人的理想，以人为本，以不伤害为前提，以增进民众福祉为目的，提出天下为公的理念，提出节制资本、平均地权的实践路径。他认为，专制与权力不可以伤害人，资本也不可以伤害人，仁心仁术，才是根本。身为医生的孙中山，实践了圣者医国的梦想。1921 年中国共产党成立，开始承担创建大同社会的千年梦想。没有大同社会的建设、实践，天下为公只是一个理想，一个信念，一个心中永远的梦，不可能成为现实，成为人生命的道路。仅仅提出天下为公，并不能平息消解人们之间的利益纷争与冲突，并不能阻遏人们为了自己的欲望去不择手段，为所欲为。在没有皇帝，又没有西方宗教信仰的中国，人们没有了敬畏，贪婪、野心、欲望像火一样燃烧，像决堤的洪水一样流淌。这一切加上战乱与争斗，进一步加剧了民众的灾难。中国人民根本没有办法像西方那样循序渐进地去发展市场经济、民主政治，从事建设工作。在这种形势下，中山先生的建国大纲，只能束之高阁；中山先生的节制资本、平均地权，也没有办法真正推行。中国共产党承接了平均地权的做法，走向建设大同社会的道路。

在从自然经济转变到市场经济的历史变革中，占人口百分之九十的地主以外的贫下中农，无疑是最大的弱势群体。他们在社会化大生产、市场经济的竞争下，在三座大山的压迫下，命运颠沛流离。其所经历的漫漫长夜，无疑是中国人进入现代文明付出的最大代价。但这一代价绝对不是后发展国家的中国人民应该付出的。当然，这符合西方列强适者生存、优胜劣汰的市场法则的利益，这也是西方文明与殖民主义并存不悖、炮舰政策与人权主张周游列国的原因。但这不是天下为公的理念，这是天下为私的路径。

中华文化是利他居于第一位，西方文明则是自利居于第一位。出发点不同，导致两个文明发展的逻辑也不同。既然是利他高于自利，自己的发展就需以不伤害为前提。老子的三宝——慈、俭、不敢为天下先，其同一宗旨都是不伤害，孔子的仁者爱人、佛陀的慈悲、儒道释共同的基石都是慈，都是不伤天害理。天下为公是目的，利他是目的，慈是方法、路径，自利是最后的连接，是知行合一。利他自利，天人合一，天下为公，慈悲为怀，仁者爱人，都是一脉相承的。所以，中国人是以仁、以慈去把玩、处理利益与力量的。中国人讲性命，性就是德，性是第一位的，命是第二位的。命是所有动物都有的，人区别于禽兽，是人有人性，有德；没有了德，人就会作恶，就会禽兽不如。所以，中国人厚德载物在前，自强不息在后。中国人如果没有了德，就如同树断了根，只能成为枯枝败叶，没有生机。而亚当·斯密以自利为目的，通过市场那只看不见的手，自然达到利他的结果。这个过程是优胜劣汰的，理论上可以推动社会进步，但过程却对弱者有伤害。尤其在生产力水平相差悬殊的地区之间，这种路径导致的结果只能是惨不忍睹。印第安人的命运就演绎了这一文明的血腥。

所以，在经济文化落后的中国，进行土地革命，建设大同社会，开展武装割据，保护国家中百分之九十的人民不受现代物质文明的欺凌，就是最大的人权，就是最大的博爱，也就是最大的民主、自由。这如同蓄水养鱼，建好水库，把鱼养大了再让它自由自在游往江河湖海；如果天灾人祸，竭泽而渔，鱼都死了，哪还有鱼的美好明天。所以，中国共产党，在战乱频频的中国，在被日本铁蹄践踏的中国，保护贫下中农的利益，自然是得人心者得天下。1949 年之后，在毛泽东的政策主张下，新中国依然走了围湖养鱼的路径，而不是物竞天择，优胜劣汰。改革开放释放了人们的欲望，经济发展取得了巨大的成就。但要将利益与力量之水纳入不伤害的德的河道，进行第二次大禹治水工程，进行中华民族的第二次制度建设，并在天下为公的理念下进行人与人、人与社会、人与自然、中国与世界的格局的建构，还有很长的路要走。腐败问题、权贵资本问题、人权问题、民主问题、公平正义与效率问题、透明度建设问题、官本位问题、言论自由与舆论监督问题、政府治理与改革问题、政党治理与改革问题、地方政权的治理和监督及改革问题、国有企业的治理与监督问题、生态环境与可持续发展问题等，需要我们在未来的十年、三十年用信念、信心、勇气、智慧、实践去解决。当然，这所有问题的解决，都要以德为基础，以慈为方法为路径。编制《深圳资本圈企业社会责任报告》的目的，也是记录人们在创造财富的同时，关注社会，关注自然，承担建设大同社会的责任。每一个人、每一家企业都要从自己做起，从当下做起，要在过程中知行合一地实践。只有这样，随着时间的流逝、空间的拓展，厚德载物、自强不息的鲜花才会漫山遍野开放，我们的社会基础才会从根本上得到重建，大禹治水的工程才会不断推进，仁者爱人、安居乐业的社会才会到来。

中国传统是农耕文明，农耕社会的特征是求确定。这种文化处理风险的思维习惯是可预测、可承担、可掌控，当有不确定的事情发生时，就称之为天灾人祸。中国人几千年来畏惧的是自然，因为我们对自然无能为力；掌控的是人，博弈争斗的也是人。西方文明是海洋文明，不确定是绝对的，确定是相对的，所以，人们畏惧的不是自然，而是上帝。人和自然都是物竞天择，适者生存，所以他们强调的是作为上帝的子民，人与人之间应当彼此相爱，人和人之间是平等的、自由的，人要学会宽恕与爱，爱才能让人上天堂。市场经济是海洋文明。中国人需要学会面对不确定性，需要有学习精神、科学精神，需要学会包容、宽容、宽恕与接纳，也需要学会爱。观察认知历史与世界，分析认知万事万物，还原世界的真相，认知真理，我们需要放下两种东西、两个障碍。一是个人的血肉之躯，要放下个人的爱恨情仇、伤痛与欲望；二是个人的记忆，个人的经验主义与教条主义。这一切会让人在支离破碎的状态下认知世界。这样，人的世界会变小，人的胸怀格局会变小，人会变狭隘，最关键的，是人会失去绝对标准，人的内心深处会变得不安全、不快乐。中国人没有上帝的帮助，所有的事情都是自己承担，所以，对于中国人来说，排在第一位的是责任，是承担。厚德载物，承担责任，建立自信，就成了中国企业在市场经济下发展壮大的逻辑力量。

* * *

中国传统社会中，农村以家族血缘关系为纽带的宗族自治与自给自足的自然经济模式相结合，构成了中国城市以外的社会自我管理、自我教化的宗法社会。忠孝、仁义礼智信、四书五经的教育在祠堂、私塾中进行，个人的修身、齐家、治国、平天下以此为基础与出发点。

而在城市化、市场化、工业化、国际化过程中，中国相对封闭的宗法自治社会被瓦解、被边缘化。一方面，新中国推行土地公有制后，政府组织形式深入到了乡镇、村庄，建立了农村资源组织管理动员体系。另一方面，改革开放后进行的承包制、市场化改革，中国农村城镇化、市场化、工业化、服务化的发展，其格局、背景、土壤与西方不同，与东南亚、印度、拉美不同。农村的一些基础性

建设工作是在三级所有、队为基础的人民公社基础上进行的，中国私有制、市场经济的发展是在公有制背景下展开的。财富如泉水一样涌出，自下而上由低向高蔓延。所以，三十多年的改革发展，首先是草根民间财富的增长。不论是安徽农村的凤阳承包制，还是城市的傻子瓜子，都是由低向高渐次展开。劳动创造财富这一原则，做蛋糕而不是切蛋糕的文化，在过往三十多年的发展中占据着主体地位。而当前的政府投资、国进民退，政府搭建融资平台直接做蛋糕，进行 GDP 竞赛，一定程度上压缩了民营经济、市场机制的空间，抢占了资源，影响了效率。腐败现象、权贵资本的出现，影响着社会经济发展的进程。而在这一历史巨变中，中国历史上一村一姓的自然经济模式下的宗族自治被打破。急剧的发展与变革，带来了人们观念的变化，出现的最大问题是标准的缺失、底线的失守、道德的沦丧。人们没有方向，只有利益；没有长远，只有当下。不论在城市，还是在农村，可持续发展成为呼吁，而没有形成现实的发展路径。

在这一三千年之大变的时期，城市、企业替代了过去的农村、自然经济，成为中国经济社会发展的主体。企业作为财富的创造者，一定程度上替代了过去农村中宗族作为生产、生活的组织管理者的角色。过去的企业办社会，在一定程度上复制了传统模式。西方文明进入以前，中国传统文化与中央王朝制度，存在的最大问题，是不能支持社会化大生产，不能支持科技创新、产业创新，是封闭的而非开放的体系。新的生产力的发展，如蒸汽机，不仅不可能，而且不需要。因此，检验企业制度、机制、流程、战略、目标、方向，梳理企业文化、观念、逻辑，建立自利利他的是非标准、取舍标准、价值观念，关键是看企业能否产生世界先进生产力，能否可持续发展。

生产力标准，不伤害前提，是中国文化复兴的关键。几千年来，中国人一直坚持、追求仁义礼智信，坚持天下为公，梦想大同社会。但中国人的价值观念，行为准则，如同杜甫所说，“绝代有佳人，幽居在空谷。在山泉水清，出山泉水浊”。中国在市场经济、生产力发展、改善人民生活等方面做得不好，没有很好地学习西方经验。中国没有宗教信仰，没有摩西十戒，没有神的绝对标准与帮助。中国人靠自己，没有将标准生长成为制度、机制、流程、习惯、性格、实践、方向。功利、富贵变成一座牢城，框住了中国人，使得中国人不能走得更远、更高。分工、专业化生产、市场经济、国际化给中国人建立标准创造了平台与条件。社会化大生产下，企业为满足他人需要提供产品与服务，这和儒家文化要求人们做一个为他人所需要的人是一脉相承的。这将突破过去民众分散的小生产与政府形式上的重农轻商实际上的竭泽而渔的重商主义的天花板。

因此，提出建立中国企业的社会责任标准，建立企业投入产出与社会投入产出之间的正相关关系，传承中国文化慈、俭、不为天下先、天下为公、大同社会、道法自然的理念，承担起中国人对天、地、人的孝道与感恩，就必须认真学习西方文明，从而作出感恩与回馈。西方文明，正如亚当·斯密所说，人的好奇心推动科技创新和物质文明的发展，适者生存，优胜劣汰，人的欲望与物质文明如滚雪球一样不断地向前推进。走向何方，如何驾驭，只有上帝才知道。而所有的宗教，都说到了世界末日，只有中国人不把它当回事。中国人是最自信、最有勇气的民族，不需要有地方喊救命。除了自救，没有他救。中国人的信念，是天人合一，而光宗耀祖，荫及子孙，是中国文化的根。所以，如何对待市场，如何对待科技，如何对待自身利益与他人利益，如何对待生我们养我们的家园，中国人有自己的解读。每一种事物，都会有自己的逻辑，有自己的天花板。没有西方文明的帮助，我们中国人走不出自然经济与中央王朝的兴亡周期率。而西方文明，也会有他们的天花板。这次的金融危机、日本的核电站事件，也说明了这一点。大家的问题，需要大家去面对解决。中国人未来三十年、六十年的发展，我相信会展现中国人的智慧。所以，什么是中国版的道德情操论，需要我们自己的企业去实践，去探索，去成就。

* * *

企业作为商业机构，利润最大化是其目的。为什么要谈企业社会责任，原因很简单，是为了企业的生存与发展，是为了让企业在中国这块土地上平安健康地活下去。我问一个曾经在华为工作五年，又到沃顿读 MBA，然后在富达基金做风投的朋友，富达基金与华为有什么不同。她说，华为有文化，富达有流程。我又问她，华为任正非给你们说了很多，他说的最重要的用一个词来表达，是什么。她说，任正非说了很多啊，天天给我们洗脑，最重要的是标准，建立标准，执行标准，按规则做人做事，优胜劣汰，奖优罚劣。我说，标准是建立一个企业大厦的基石，是建立企业大厦梁柱框架的是非、取舍，是一个企业看得见摸得着的灵魂，决定了企业的方向、道路。我也问过一个平安员工的先生，问他他老婆公司最大的特点是什么。他说，他老婆工作很有激情，很坚持，很努力，有向上精神，因为拿多少收入、职务升降标准很具体、很明确，她知道自己在做什么。标准是中国人几千年来让人痛心的一件事，人们受显规则的伤害远大于受它的恩惠，潜规则一直处于支配地位。没有标准的确立，社会制度就不能从根本上建立，社会经济就会像没有基石的大厦，风雨飘摇，是非黑白颠倒，人们就不能安居乐业。这是中国发展要从根子上解决的问题。悠悠万事，唯此为大。这实际上是我们国家社会基础的重建。这不是政府的事，而是我们每一个老百姓的事。中国的市场经济、资本市场、物质文明都要靠它去支撑，去涵养。厚德载物，是每一个人、每一家企业的生命实践与历程。孝载天地，吉祥如意。

* * *

经过几年的准备，也经历几年的实践，我们设计了企业社会责任指标体系，根据企业的营业收入、净利润、净资产收益率、就业人数、缴纳税收、慈善捐赠、慈善事迹、环保贡献八个指标评价企业的经济、社会、环境贡献，并根据每一个指标的权重编制了企业社会责任指数。具体来说，前面五项指标各占百分之十五，捐赠金额占百分之十，慈善事迹如义工、支教等占百分之五，环保贡献占百分之十。慈善与捐赠的数据我们已经在深圳上市公司、证券公司、基金管理公司进行了五年的采集。自 2008 年度始，我们开始编制《深圳资本圈企业社会责任报告》，发布深圳资本圈企业社会责任指数。书稿在社会科学文献出版社出版，一年一本。我们作为第三方，做一个文书工作，客观记录深圳资本圈企业的社会责任贡献，它如一棵棵小树，一年一年长大。数据、指数客观、透明，事迹清晰，指数的计算、编制没有任何人为、主观的因素。

深圳上市公司、证券公司、基金管理公司很好地参与、支持了这件事情。这八项指标说明了财富往哪里去，记录了财富的归属与性质。我们已经全面采集三年，中间发生了许多有趣，却又让人欣喜的事情，见证了企业的成长，引起了大家的关注。比如说，我们的指标中，有缴纳税收金额。过去企业与中介机构把税收当作成本来考虑，如何避税是大家所关心的，而不是当成对国家的贡献。2009 年腾讯为准确填报税收数据，由有关高管人员专人负责，历时 2 个月协调公司相关部门汇总填写。2008 年，万科缴纳税收 82 亿，净利润 40 亿。2009 年，有一家房地产上市公司在填报数据中写道，我们公司今年的税收大于利润总额，纳税增长远远大于利润增长，税收贡献水平远高于行业水平。我们有一项环保贡献指标。2010年，中兴通讯将企业的环保贡献数量化，电、水、纸、碳排放等指标数据清晰透明。2010年，万科环保投入金额2.96亿元。深圳上市公司2010年就业人数已超过90万人，缴纳税收已超过700亿元，净利润已超过1000亿元。企业社会责任报告，记录的是财富往哪里去，而我们另外做的一项工作，是写了《深圳资本圈生产力报告》，分析财富从哪里来，揭示财富产生的原因与过程，反映深圳上市公司财富创造的能力，反映深圳生产力水平与竞争力。

如何在市场经济基础上建立属于世界的、开放的而不是封闭的中国，对中国人来说是一大考。没有利益与力量的支持，自保都不可能，何谈道德。子思在《中庸》中说，“仁者，人也，亲亲为大。义者，宜也，尊贤为大。亲亲之杀，尊贤之等，礼之所生也”，“亲亲，仁民，爱物”。这是中国人由近及远、私人利益拓展的圈子。血缘关系、利益交易，导致中国人形成沟沟坎坎、隔阂、争斗的一个个圈子。零和游戏乃至负数游戏由此展开。孔子、庄子坚持了人道，没有投降、放弃，而到了孟子、子思，就已经沦陷于宗法专制之井，只能看看井口之上的星星。子思说：“非天子不议礼，不制度，不考文。”他将制度的制定权交给了皇帝，而没有给人民，只给了个人一只渡河的筏子，而放弃了建设能让大家过河的桥。几千年来，中国并没有如亚当·斯密所说的，像将文字组织起来成为语言的语法逻辑那样的公平正义。西方文字如没有逻辑就会像散落的碎片那样无法成为语言，无法承载思想。中国的道德正是因为缺乏逻辑，所以不能确立。正如孔子所说，仁是一个让人听了感到恐惧的东西，因为它可能会让你失去一切。明知不可为而为之，成了孔孟之道绝望中的希望，如漫漫黑夜，等待黎明。与农耕文明相应的宗法专制制度建立了官本位的社会，窒息了人权、人道与生产力的发展。各种关系、利益如一口口井、一根根绳子，圈住了中国人，使得其活得沉重，难以走出沼泽地。市场化、国际化的今天，没有宗教信仰传统的中国人如何从封闭的个人利益之井中走出来，建立敬畏，建立标准，只能在实践中用行动去证明。深圳建立特区已有三十多年，深圳的上市公司从无到有、从小到大、从弱到强，招商银行、平安保险、中兴通讯、万科、华侨城、腾讯、比亚迪、华为等企业的发展实践证明，诚信自律、阳光透明、自主创新、和谐发展的企业可以走出沼泽地，可以成为世界先进企业；企业承担社会责任可以搭建过河的桥梁，自利利他，增进社会福祉。在学习、见证、记录深圳资本圈企业成长的过程中，我们深深为其中从业人员的愿景、理想、奋斗所感动、所震撼。厚德载物，是成就

伟大企业的必然路径。企业能走出兴亡周期律，社会就能走出，国家也就能走出。171 年的奋斗，中国人已经填平了宗法专制的枯井。人们习惯了几千年的封建家园，已经被埋葬了，留下的只是背影、幻影，只是记忆罢了。坚定信念，厚德载物，自强不息，我们坚信中华民族海洋文明下的第二次创业、第二次制度建设，在未来的十年、百年征途中，必将能与西方文明一起，交相辉映，绽放出绚丽之花。

引　言

深圳市证券业协会与深圳上市公司协会热衷探讨“企业社会责任”（Corporate Social Responsibility，简称 CSR），并非仅仅因为“企业社会责任”多有魅力。

2010 年，深圳成为经济特区已有 30 年时间，这也是中国改革开放、经济繁荣的 30 年。回望过去的铅华岁月，我们总是骄傲地称，我们用 30 年的时间，走完了别人几百年才走完的路。我们愿意端详美丽的月亮，却很少乐意看它的背面。铅华与荣耀背后，是我们用 30 年的时间，消耗了别人几百年才消耗的资源，同时身处一个诚信成本、环境成本过高的社会情境里。而我们用 30 年所得到和失去的一切，是否也将影响未来几百年人们的生活？站在未来 30 年的起点，年轻而“成功”的中国企业，特别是在市场竞争中洗礼、在危机意识和改革精神中长大的深圳企业，无论行进的脚步或急或徐，都到了寻求更健康长久生存方式的时候了。未来岁月，是环保的、有公共精神的、不作恶的商业方式，还是继续浪费资源、以自我为中心？越来越多的实践正在形成一种回答：现代企业的竞争，是不同商业制度、商业范式并终究体现为商业文明的竞争。对生命质量的追求，对企业长存的渴望，令人向往更加文明的商业。

什么是文明的商业？享有正当权利又负起相应责任的商业，应该是答案之一。这样的商业应该由这样的企业群构成：它们在创造阳光下正当利润的同时，还对各利益相关者有一种对责任的感受力、承担力和承担行动，并主动弥补对社会成本的占用。让我们共同寻找一个商业文明坐标，将企业放在社会的、未来的和世界的维度上去考察，也许真的会发现企业发展的新思路和新景界，即企业基于商业文明的追求，坚持走“正道”而最终成为基业长青的伟大公司。

商业文明的进化，并非只有革命性技术来临时才发生。产业链和价值链永远处于动态的演进过程之中，交易成本与价值追求始终在引导企业重新界定其自身边界，何况人际沟通技术的日新月异、普世价值的人心所向和自然环境对人类生存威胁的加重，都在紧催着企业进行破茧化蝶般的生命更新。30 年的经济进步，已经让商业经营背后的规律性逐步被中国企业认知，而 2008 年底以来的全球金融危机，正在重置人力资源、环境资源、原材料资源、消费者资源等生产和消费要素在全球范围内的价值体系，让资本与产业结合的企业有了更多降低交易成本、重构价值模式的机会。愿市场竞争中成长起来的深圳资本圈企业，受责任心的呼召和责任能力的引领，重新审视自己的生存之道和商业范式，在公平与善意的辉光中，谋求更加健康和久远的来日，直到社会富裕、环境优美、民生幸福的那一天。

再回到“企业社会责任”本身。深圳市证券业协会和深圳上市公司协会对深圳资本圈企业相关数据和案例的采集已有 5 个年头，这期间，“企业社会责任”一词在我们周围从陌生到时尚，到泛滥，走过一个潮流概念通常都要经历的流程。在此过程中，这一概念的内涵与外延始终因模糊一片而处于莫衷一是的状态。

实际上，到目前为止，国际社会对“企业社会责任”的理解也不统一，其定义至少有 200 种。造成这种状况的原因，除了人们对企业社会责任的视角、形式的认识有所不同，更重要的是，此概念的内涵和外延随着社会经济的发展而不断变化。经济管理学家、美国佐治亚大学教授阿奇·卡鲁尔（Archie B. Carroll）认为：“每个企业社会责任的定义都有局限性，而得到一个广为认可的定义的难处在于，不同的企业，其规模、产品类型、盈利能力和资源、对社会和利益相关者的影响等方面都有所不同，因而它们信奉、履行的社会责任之道也就不同。”

在实践层面上，“好企业”给人的印象大多是，它们创造了可观利润，此外还热衷慈善、环保和社区服务等，这就是在履行“企业社会责任”。但做企业和做慈善、做环保之间究竟有何关系，也处于理论与实证的探究之中。有人说这是一种生意，有人说这和生意无关。如今，随着企业营商环境一日千里地变迁，“企业社会责任”这个筐装进了大量新内容。有关“企业社会责任”的交易关系和非交易关系也变得越来越复杂。特别是“利益相关者”理论被提出以来，十几种甚至几十种“利益相关者”角色被卷入其中。与此同时，“责任”这个一听就“沉重”的词，其强加的味道还令人联想到市场角色定位与买卖公平问题。不过仅凭借常识与直觉，人们通常会判断：一个肯负社会责任的企业，肯定是一个有能力、有文化、有品德、有情怀的企业，是芸芸企业中的“优等生”，其身上蕴涵的“责任价值”期权或现货，最终也会以名利双收的方式，被社会买单“变现”。

编撰《深圳资本圈企业社会责任报告（2009）》让我们认识到，与其纠缠一些概念，不如忠实记录、跟踪和有序排列相关数据与案例，让一系列企业行为产生的结果，来见证和计算出“企业社会责任”价值乃至企业成长价值所在。世界管理大师德鲁克将“管理”一词定义为，管理是一种实践，其本质不在于“知”而在于“行”，其验证不在于逻辑而在于成果。我们觉得这句话套用在“企业社会责任”上也行得通：企业社会责任不是一个概念，而是一种实践，知道这个词并不能让人们的工作变得有效，只有付诸实践才能验证其有效性。经由行动产生的结果，是这一词语被成功运用或者误用的评价标准。

因此，即便是这本数据与案例全面更新过的《深圳资本圈企业社会责任报告（2010）》，在概念的运用和总结层面，也未必踩到一个准点上。但我们相信，企业实践本身，最能说明“企业社会责任”之于深圳资本圈企业的功用和意义。

有这样一组企业，其 2009 年净利润总和达到 1071 亿元，实际缴纳税款 643.8 亿元，向社会捐赠近 2.5 亿元，提供就业岗位 835981 个，并努力向社会解释其对待产业、对待全体股东和债权人、对待员工、对待社区的善举（从中亦可发现其中的不足），以及在环境保护方面的作为……这组企业是否在以实际行动，向社会展示其商业文明程度，并试图重新定位自己未来的社会角色？有这样一家地产商，10 年来一直开设网上投诉论坛，认为衡量公司产品质量的标准，不是第三方的质量鉴定，而是让客户满意的程度，相信阳光下的批评不会将企业导向“小径分岔的花园”，而会与各利益相关者在复杂分歧中找到一致行动的方向，带来理解与进步……这样的企业，20 年后会成为出类拔萃的全球性公司吗？有这样一家银行，不唯大、唯国企是尊，至 2009 年末，服务中小企业客户 12620 户，占其全部客户的 82%，中小企业贷款余额为 3083.7 亿元，占境内企业贷款的 47.68%……这样的银行，其形象是否是你心目中有社会责任感的企业？世界经济危机蔓延，一家公司向全体员工承诺“不降薪、不裁员”，实际新增员工近 200 名，员工平均上涨工资 36%，公司销售与业绩也实现逆势增长……这样的企业，是否具备了一个责任承担者所必需的品质？

为此，我们设计了“深圳资本圈企业社会责任记录与评价体系”，通过对企业营业收入、净利润、纳税额、净资产收益率、提供就业岗位数、社会捐赠额、公益善举和环保贡献8个参数进行量化处理，得出一个大体介于0~100的有序数据（让数据更直观了然，这是2010年度作出的改进），作为新版的“深圳资本圈企业社会责任指数”，发布于这本《深圳资本圈企业社会责任报告（2010）》中。

2010年度“企业社会责任”之“中国深圳资本圈企业纪录片”正在上演，有关“企业社会责任”的定义、履行程度及效果，请列位看官明鉴。

第一章
企业、社会、责任越来越“相濡以沫”

当今国际社会认为，在任何社会，有能力的机构都要为整个社会履行责任，各机构所作的每个决定、进行的每项行为，都须放在这种责任的框架中考虑。随着经济全球化的发展，政府的社会形象和影响力逐步淡化，企业影响力则不断加强。企业日益增长的力量意味着，其行为会对人类社会和经济发展造成越来越大的影响，因而，履行社会责任，是企业应当而非“顺带”或“大发善心”要做的事。于是企业、社会、责任这三个词，被越来越频密地连在一起使用。

进入21世纪，随着市场机制的转型，企业社会责任理念在中国兴起并被不断传播。与此同时，观察家指出，实际上，中国企业履行社会责任更强烈的推动力量，并非完全来自西方的理论和实践。是当今社会现实发生的一系列公众事件，引起人们对企业社会责任问题的深入关注和持续追问，这其中，既有大量正面事例，也有反面教训。无论怎样，当今的中国企业，也经常被加上“社会责任”后缀而一并提及了。

深圳市证券业协会（会员为在深圳依法注册和开展经营活动的证券公司及其所属证券营业部、证券咨询公司以及基金管理公司）和深圳上市公司协会（会员为注册地在深圳的海内外上市公司）一贯倡导企业履行社会责任。深圳上市公司协会成立当日，即鼓励会员以“诚信自律、阳光透明、自主创新、勇于承担社会责任”为商业经营的宗旨。2006年以来，协会建立了与企业社会责任有关的数据库，以倡导深圳资本圈企业在日常经营中引入社会责任理念，同时关注企业社会责任理念与实践的变化趋势，希望为市场及社会监测和推动资本产业发展起到积极作用。2009年，协会更以一种相对客观、直观的量化数据体系，尝试向社会传递深圳资本行业社会责任信息，推出“深圳资本圈企业社会责任指数”以及《深圳资本圈企业社会责任报告（2009）》。2010年，协会在继续这项工作。

第一节　为什么是“责任”呢

“责任”这个词，给人的印象并不轻松，因此用到这个词的时候，我们都是一脸严肃。尤其在谈论“企业社会责任”时，因为还“夹杂”着“社会”这一大而无当的概念，就格外让人感到其外延涉及的，更多是“别人屋檐瓦上霜”，而非“自家院中门前雪”。

而企业又是什么？企业即合法从事生产、流通或服务活动以谋取经济利益的经济组织。因此，不同于慈善机构，企业存在的目的、手段和基本权利，一定是以“盈利”为先、为重的。正如经济学家米尔顿·弗里德曼所说，企业的责任，就是要在遵守法律规则的前提下创造利润。特别是资本市场中的企业，身处“资本市场”这一赤裸裸的谋利场所，无论企业如何标榜以何为己任，其经营过程与经营成果，终究要通过从市场中挣来的真金白银来为其公司价值背书。因此我们看到，在这个越来越多元化的世界里，什么样的企业都有，唯独找不到不关心利润的企业（非市场化的“企业”除外）。

因此，“谋利”是企业的本分，也是企业的权利。只是，世界上没有无缘无故的权利。“在正常的社会里，每个社会成员的权利与责任是对等的，即有什么样的权利就有什么样的责任，有多大的权利就要承担多大的责任。权利是承担责任带来的好处，责任是享有权利必须付出的代价——任何人承担责任，都是为了获取只有承担某种责任才能够获得的某种权利。”①

然而企业不是人间孤岛——作为营利主体，企业从诞生那天起，即与社会进行着利益交换：利用一定的自然资源（土地、阳光、空气、能源、淡水、原材料等）和社会资源（人力、资金、政策等）进行生产、经营，向社会提供某些可满足人们需求的产品或服务，从而实现营业收入乃至利润。而在此过程中，企业行为又不可避免地对自然资源、公共环境和社会其他要素产生一定的占用和影响——这些占用和影响，有些是付费的（例如能源、人工、对政府纳税），有些则看起来是无偿的（例如阳光、空气），但无论是付费还是无偿，都往往触及他人、社会甚至整个人类的利益。

---

① 王大蒙：《利益论》，新浪读书频道。

因此企业既是独立的经济单元，具有经济属性，也是社会组成单元，具有社会属性——它需要利用股东、债权人、上下游合作伙伴、员工、顾客、社区、环境与资源等要素所组成的商业生态环境，从中设法获得收入、赚取利润，因此企业有必要也有责任妥善处理与这些要素的关系——善待他们，至少不要伤害他们（见图1－1）。这其中的“股东、债权人、上下游合作伙伴、员工、顾客、社区、环境与资源”等要素，“利益相关者理论”称之为“利益相关方”（见图1－2）；这其中的“善待”和“不伤害”，就是履行“企业社会责任”，包括妥善处理企业内部与社会间的问题，主动减少或补偿企业经营对社会造成的不利影响。

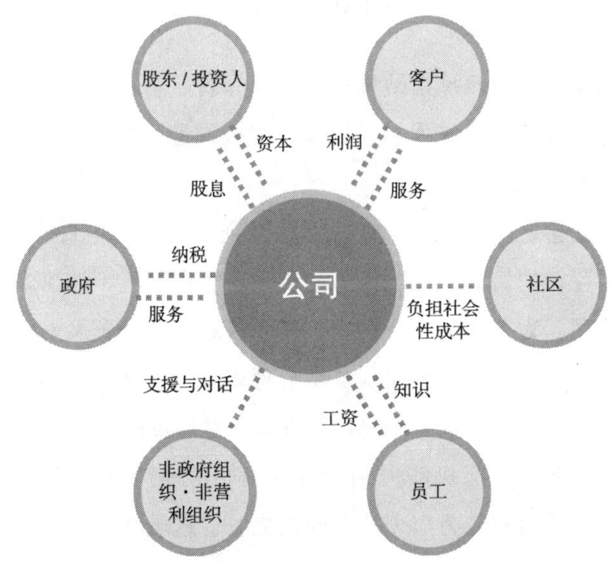

图1－1 除了自然资源、环境资源的利用，企业还与社会各利益相关方进行着价值交换

图片来源：智库百科。

说到“利益相关方”，这一特殊群体对某一特定企业的价值取向，与“普通看客”是不同的。例如2010年7月以来发生的“国美之争”。9月28日国美电器股东大会投票显示，尽管“公众”和舆论从人心所向角度“感性地”支持公司创始人黄光裕罢免职业经理陈晓夺回公司控制权，但其最直接的利益相关方，无论是散户股东还是机构股东，都“理性地”认为稳住局面、等待获得最大收

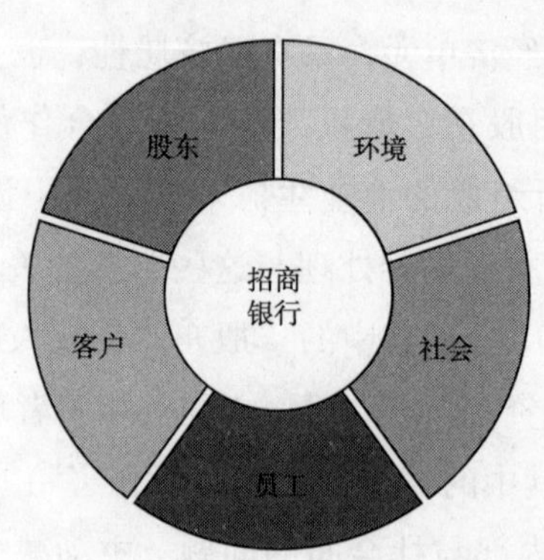

图1－2　招商银行自己认定的关键利益相关方

图片来源：招商银行社会责任报告（2009）。

益而退才是最重要的，因此投票结果是让陈晓留任，以保持公司经营的稳定性，同时也撤销了对国美电器“配发、发行及买卖公司股份之一般授权”，这让大家都有了喘息和博弈的机会。

再说企业与社会之间的问题。有些问题是企业在经营中直接或间接造成的，例如房地产公司存在的目的，不是为了使用泥头车和制造工地粉尘，而是为了向社会出售房子获利。为了达到这个目的，其项目总要栖身于某一社区，在当地产生噪声和建筑垃圾，有时还要封路，产生交通阻塞等“副产品”；而大量使用泥头车，更为恶化城市道路、危害市民出行安全。社会问题与之不同，它不是企业活动本身引起的，而是社会机能失调所致。例如房地产开发商雇用了大量农民工，农民工子女入学问题成为当今社会问题之一。这虽然不是企业的责任，但此类社会问题也会影响企业发展：一个健全的企业不能长期存在于一个病态的社会中，这意味着企业不能对社会问题视若无睹。因此，无论是企业自身造成的问题，还是社会本身的问题，企业都有责任让自己成为受欢迎的企业，而不要引起人们的怨恨和“恨乌及屋”式的社会冲突。于是有智慧的企业，会主动构筑自己的社会责任体系。

在为《深圳资本圈企业社会责任报告（2010）》采集数据期间，我们收到了来自中国平安、招商银行、万科企业、中兴通讯、深发展、招商地产、深圳机场、农产品、盐田港、宝安集团、飞亚达、华润三九、一致药业、金地集团、南玻、深能源、振业、中粮地产以及未上市企业华为公司共19家企业“完整版”

的《企业社会责任年度报告》，并成功采集到152家公司及数十家证券营业部的社会责任关键数据。

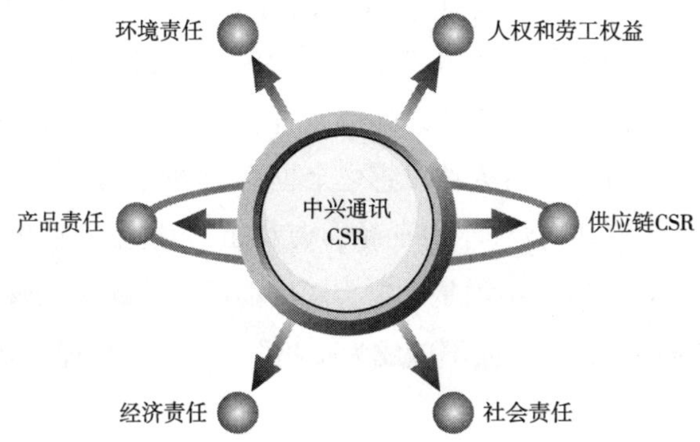

图1－3　中兴通讯公司构筑的企业社会责任体系架构

图片来源：中兴通讯《2009年度企业社会责任报告》。

第二节　到底要怎样——企业社会责任的边界

给人以无限美好与热烈憧憬的权利与责任，各有各的边界与自尊——它们建立在对等、均衡基础之上。平凡的世界里，绝对的失衡只代表绝对的失败。

经过数十年的实践，企业应该担当起必要的社会责任，已越来越成为共识，但如何界定其中的责任呢？美国管理学家阿奇·卡鲁尔教授在其《企业与社会——伦理与利益相关者管理》一书中说：“企业社会责任的基本问题可从如下两方面进行构设，企业有社会责任吗？假如有，有多少和什么类别的社会责任？这两个问题看起来简单直接，对其回答却要谨慎措辞。过去30年，相当多的企业人士乐于接受企业社会责任的概念，但对其真正含义，他们只取得非常有限的一致见解。”①

目前，有关企业应当承担的“社会责任”的名单越来越长，例如盈利的责任、回馈社区的责任、员工就业的责任、环保的责任、信息透明的责任、纳税的

① 阿奇·B. 卡鲁尔等：《企业与社会——伦理与利益相关者管理》，黄煜平等译，机械工业出版社，2004，第19页。

责任、不行贿的责任、对投资者的责任、对消费者的责任、对客户的责任、对合作伙伴的责任、对股东的责任、对债权人的责任、对环境的责任、对资源的责任、对社会弱势群体的责任、对陌生人的责任、对突发灾难的责任、对公平交易的责任……有些场合，人们在使用“企业社会责任”这一概念时，已将其内涵泛化到非常丰富的层面，至于外延，更是无所不包，不禁令人心生疑窦和忧虑。鉴于“责任”的强加味道，有人在反感之余也不禁呐喊：这个“企业社会责任”多少钱一斤？不认它又如何？（平心而论，万科董事长王石在“5·12地震”发生之初说的那句“名言”：“中国是个灾害频发的国家，赈灾慈善活动是个常态，企业的捐赠活动应该可持续，而不应成为负担”，实际上是理智状态下的常识性言论）

难怪经济学家弗里德曼坚持说，在自由的市场中，企业的社会责任只有一种：在遵守法律和游戏规则的情况下，利用其资源从事旨在增加其利润的活动。在头脑理智的弗里德曼看来，“责任太多”注定要导致“不负责任”：“社会责任”更多是政府的分内事，不应该转嫁他人，尤其不应该推给企业——“在自由的市场经济中，政企职能一定要区分开，企业的责任是合法经营，政府的责任则是提供和改善社会福利，企业承担之则是越俎代庖——这样做的代价是，一方面，企业是股东的企业，管理层若一厢情愿地‘慷股东之慨’，把利润的一部分拿去承担社会责任，解决社会福利问题，就相当于代政府向股东额外征税，这样，企业对其资源调配的自主权就会丧失独立性。而市场竞争对企业是残酷的，随着企业可支配资源的减少，其生存与发展势必受到威胁。当所有企业被‘社会责任’拖累而陷入经营困境时，社会财富、就业岗位、创新源头就会减少，最后危及整个社会的福利；另一方面，由于缺乏必要的知识、技能、资源和权力，企业在解决社会福利方面也很难做好，而政府则（应该）是这方面的行家。所以，如果企业强行被要求承担社会责任，最终的结果会动摇市场经济的基础，从而导致自由经济制度的覆灭，这是对社会最大的不负责任。”①

不过弗里德曼这一经济思想，是在20世纪60~70年代提出的。那时，企业对自然与社会资源的利用程度还很低，“企业社会责任”的履行基本只有慈善捐赠等有限内容，而且这些“善行”与企业自身商业模式的关联度非常低。

---

① 吴伯凡、阳光等：《企业公民：从责任到能力》，中信出版社，2010，第30页。

进入21世纪，企业的生存与发展环境已发生翻天覆地的变化。在丰富的物质被大量生产、巨量的能源被大规模消耗、环境污染越来越严重的今天，企业的边界已被大大扩展，超出了弗里德曼在其时代所看到的种种境界。即便是企业内部开展一项技术创新活动，也会牵扯到公司内外的若干主体（见图1－4所示）。

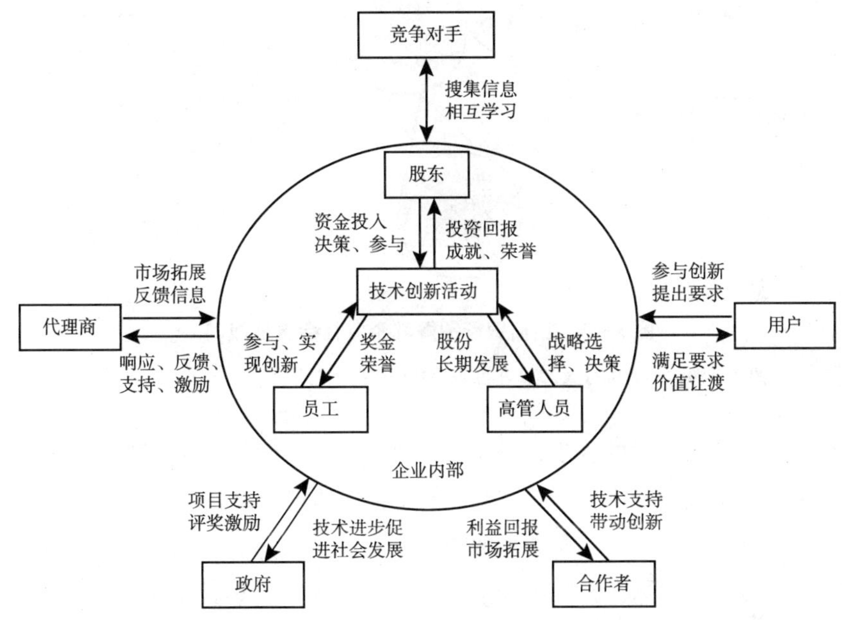

图1－4　某公司的技术创新活动与利益相关方的互动关系

图片来源：智库百科。

在当今世界，不是企业本身，而是企业连同其股东、员工、客户、合作伙伴、社区、自然环境等利益相关方所构成的商业生态，形成企业生存与可持续发展的条件。在资本积累早期，因“利益相关方”的构成和交易结构相对简单，人们只看到企业对金融资本、人力资本等“有价资本”的使用成本，而忽略了企业对自然环境、社区环境等“无价资本”的使用。如今，随着全球范围内物质文明的增强、自然环境的恶化、社会生态的失衡、市场竞争的加剧、消费者意识的觉醒、信息技术的普及、劳工运动的开展、非政府组织的推动和经济全球化的蔓延，各企业与其“利益相关方”的交易越来越复杂，各利益相关方的权利意识和维权力量也日益增加，对企业产生了越来越大的促进或制约作用（见图1－5）。因此，靠一味地牺牲或透支某一方利益来进行长久交易，也就变得越来越不可能。

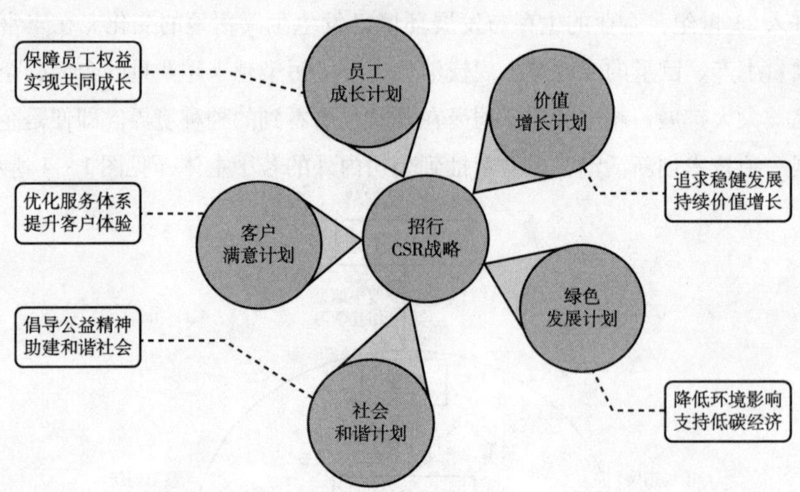

图 1－5　招商银行图解其企业社会责任战略

图片来源：招商银行《2009 年度企业社会责任报告》。

例如由于信息技术的进步，企业除要面对法律和行业游戏规则的监管外，还要面对来自各个利益相关方的监督和制约。任何违反法律和游戏规则的行为，哪怕是无心之过，或仅仅是一句傲慢的言语，都有可能通过互联网、手机、报刊、电视等传统及新兴媒体，瞬间被公之于众，有时甚至会导致企业陷入支付危机、品牌危机乃至经营危机，受到市场制裁。因此，支付“企业社会责任”已成为企业必须要投入的“有价资本”。

那么，企业社会责任的边界究竟在哪里呢?

在公民社会，权利与责任是同一硬币的两面，有多大的权利就要承担多大的责任；谁的权利大，谁的责任也就越大。企业社会责任的边界在于，企业之权所及以及企业之力所及。而且，企业在社会责任的承担方面，还应处理好与企业家个人之间的关系。

试问谁是我们这个信息时代最有权势的人？在美国《名利场》杂志发布的“2009 年信息时代百名权势人物”榜单中，我们找不到美国总统奥巴马和俄罗斯总理普京的名字，而商业巨子则数不胜数：第 1 名是高盛全球董事长兼 CEO 劳尔德·布兰克费恩，第 2 名是苹果公司 CEO 史蒂夫·乔布斯，探花则被亚马逊网站创办人兼 CEO 杰夫·贝佐斯摘得，投资家沃伦·巴菲特名列第 4，谷歌“三剑客”埃里克·施密特、拉里·佩奇和塞吉·布林名列第 5，56 岁的黑石公

司创始人及 CEO 拉里·芬克排第 6，媒体大亨鲁珀特·默多克第 7，摩根大通 CEO 杰米·戴蒙和路易威登集团全球主席分获第 9 和第 10 名。

在这份全球最有权势的 100 人名单中，中国亦有两人上榜，他们分别是中国投资有限公司总经理高西庆——他执掌 2000 亿美元国家外汇资产；以及比亚迪董事长王传福——2010 年 5 月 1 日美国奥马哈奎斯特中心“巴菲特股东大会”现场，一位年轻的中国私募基金经理注意到，主席台右侧看台前排就座的就有他带领的十数人组成的团队。

昔日地位很高的政治明星，让位于商业巨擘。毫无疑问，当今世界，商业势力正逐渐上升为社会的主导力量。独立经济学家谢国忠指出，目前贸易和外国直接投资已占全球 GDP 总量的一半，全球范围内谁有工作做，决定权尽在通用电气、西门子这样的公司手里。“企业已成为世界上最有影响力的公共机构。”美国世界企业协会创始人威利斯·哈曼断言。企业权势与影响力的空前膨胀，不仅涉及股东、客户、员工本人及其家庭，更会影响一个社区及其周边环境，乃至国家命运。在这种商业情境下，一方面，企业必须超越现有的生存法理要求，对利益相关方负起不伤害的责任、增加现有价值以及未来价值的责任，以应对利益相关方更加复杂的预期；另一方面，在参与和促进行业与区域发展、社会公平与进步方面，企业势必要比以往更多地承担公共责任。

企业社会责任边界的底线——经济责任和法理责任

如果一个人不扫自家门前雪，专管他人瓦上霜，其行为是非常可疑的，这绝非一个负责任之人所为。企业也是这样，企业有自己的特定使命——以正当的手段成为一家盈利机构。企业完成其特定使命，是社会对其的第一位需要和利益所在。如果企业履行使命的功能减弱或受到损害，社会就不再能够得到其收益而必定遭受损失。一家连年亏损的企业不会是一个令人满意的雇主，经营到破产的公司也不大可能成为社区中的好邻居，无论这些企业为社会做了多少“好事”，也不能说是对社会负责。因此，企业社会责任边界的起点在于，其不辱“盈利使命”的经济责任（如实现营业收入，创造合理利润）和法理责任（依法纳税、为社会提供就业机会、为市场提供合格的产品和服务、维护员工生存发展利益、遵守市场秩序等）。

所以，有分析家指出，企业在其试图解决“社会问题”或打算消除对社会的某种不良影响时，除非把它们合法转化为盈利的行为（可以是远期的盈利行为），否则都会造成社会的间接成本——这种成本只能由流动成本或资本来支付。如果由流动成本支付，那就是由消费者或纳税人支付；如果由资本来支付，那就会使未来的就业职位更少、更差，并使社会生活水平降低。正如娃哈哈创始人宗庆后所理解的那样，在现阶段的中国，企业家若把钱用来投资，就能产生更多的就业机会，为国家和社会带来更多财政收入，这才是更为可行的慈善行为，“让更多的人因为娃哈哈的存在而生活无忧，这才是大善”。

企业社会责任的中轴线——职权所在

承担社会责任最重要的限度是职权的限度。在法学家的词典里，并没有“责任”一词，而只有“职责”一词。因此，承担社会责任始终意味着首先要有应该有的东西——职权。企业被要求承担社会责任时，必须认真考虑一下：企业有这个职权吗？它应该有这个职权吗？如果没有而且不应该有这个职权，那么由企业来承担责任就不是“承担责任”，而是“篡权”，企业无论怎样拒绝都是合理合法的——拒绝这些要求是为了更好地实现企业自身的使命，这正是对社会负责任。因此，承担企业社会责任的行为，不能与企业自身发展相矛盾，恰恰相反，社会责任的承担，应该成为企业战略的重要组成部分，乃至进一步成为企业商业模式本身。①

企业社会责任的辐射范围——力所能及

一些企业表示，解决社会问题是政府的责任，但如果企业除了照章纳税、回报股东、善待员工，还有善意和能力去帮助弱势群体，也应该尽力而为。当然，如果有些社会问题之于企业解决能力而言，所付代价过大，或根本不具有可操作性，就不宜去履行，否则会造成新的和更大的麻烦，反而使社会福利减少。那么，企业对社会问题要关心到什么程度，才能既保障自身“过得好”，又能在社会责任方面有所作为？

企业的经营能力之一，在于有能力测试、计算出自己在市场上的生产率和利润率。企业应该首先计算出自身为承担起眼前和未来的社会责任所需要的最低限

① 吴伯凡、阳光等：《企业公民：从责任到能力》，中信出版社，2010。

度利润率，以确定自己所能承担得起的社会责任的限度，做到力所能及。这就要求企业要想“做好事”，首先须做到“有条件做好事”。任何时候，如果一家企业不顾自己在经济上取得成就的限制，承担起它无力承担的社会责任，这家企业很快就会陷入困境。

因此我们呼吁，企业在拯救世界之前，先得拯救自己；在承担某项社会责任之前，最好仔细想想，这项工作有没有以及有哪些部分可以与自己的能力相匹配？是否可以量化为具体的目标和可以衡量的成本？如果答案是肯定的，就可以认真地考虑承担；如果答案是否定的，那么这一社会责任不管多么重要，企业最好还是不要承担，即使勉强承担了，也只会对社会和企业造成双重损害，因此也就不是真正负责任。

同时，企业至少应该知道自己在哪些领域是真正无能为力的。凡在一个领域不能取得最低利润率，企业基本上就在该领域没有长处，它就不应该在该领域滥施“能力”和能力之外的“同情”，盲目将之纳入自己的价值系统。

1. 处理好企业与企业家个人之间的关系

在海外发达市场，企业大多为“民营企业”，鲜有“国企”占主流的经济体，所以企业与企业家（族）的名字常连在一起，尤其在履行企业责任的时候。以美国为例，旨在提高整个社会福祉的非公募基金会，大都由企业家个人或家族成员创立并以其名命名（比如“洛克菲勒基金会”不叫“标准石油公司基金会”），称为独立基金会。而以企业命名的基金会数量并不多，只占所有慈善基金会包括公募基金会总数的5%，其掌握的资产更少，只占所有慈善基金会总资产的4%左右。在中国则不尽然。因而，中国的非公募基金会，大多以企业命名，例如深圳资本圈企业中的“香江社会救助基金会”、“腾讯公益慈善基金会”、“万科公益基金会”、“博时慈善基金会”、“比亚迪慈善基金会”、“大成慈善基金会”等。这是因为中国的“国情”很不一样。

改革开放前的数十年，企业家在中国内地是完全被消灭的族群。如今，企业家基本上都是各自企业的第一代创始人——他们综合能力都很强，各有故事和传奇。因此，无论是其本人，还是其公司乃至社会，都感到企业家是一个全能的角色——能干的企业领导人、能看清大势的行业领袖、公益行动的带头人，以及道德上的楷模。那么，企业家究竟可以扮演好多少个角色？“SOHO 中国”老板潘石屹提醒说：“企业家在做自己企业的领导人、行业领导人时演得很好很认真，虽然两者有冲突，但是协调商业利益都好解决；但在扮演公益角色时，还要有道德的公开性。然而我们知道，企业家追求经济利益，很难做到道德上的完美。尤其是在互联网环境下，企业在做公益时要把个人资源、性格、特征和公益的要求和公司的角色表演好，这是一个很大的挑战。”

有企业家坦言，目前中国的社会环境很难说得上是在保护非常有社会责任感的企业和企业家。“实际上，很多问题，包括道德问题、环境问题、制度问题，都在影响着企业社会责任的履行。因此，让企业的归企业，个人的归个人，将企业责任与企业家的责任分开，不失为当下一个‘成熟企业’的‘沉稳’做法。而中国社会文明的积累、对美德的鼓励，以及一个‘原罪’型企业要完成其自我救赎，都需要一个合适的制度安排和成长环境，并需要历经一个过程。中国社会究竟应该如何积累企业美德与制度优势，是社会面临的问题。”

2010 年 8 月 4 日，世界前两位首富巴菲特与盖茨成功劝说了 40 名美国亿万富翁承诺捐赠自己至少一半的财富，因此，在其 9 月底约请一批中国富人相聚时，部分中国富人便以为这是一场事关身家大转移的“鸿门宴”。《南方都市报》发表社论说，那些拒绝邀请的人，有些是不想暴露在公众视野中，更不愿让自身财富与慈善捐献产生无法自主控制的联系。实际上，绝大多数中国富豪的财富积累一直被认为带有原罪色彩，中国亿万富豪涉足房地产、能源、IT 行业的占 50%，其中涉足房地产行业的富豪几乎占总人数的 1/3。在慈善隶属于政府事务的情况下，强捐劝捐是常见现象。富豪也自然将慈善捐赠看成是某种形式的投资，以稳固财富的产生流程。纯粹的慈善心，在这一过程中很难生长出来。国人不得不接受一个不确定的、真假难辨的慈善环境。这一切的后果很明显，真正的慈善受到压制，而某些阴暗的人则以慈善的名义招摇过市，属于公关性质，对中国慈善的贡献份额很小。

2. 反对道德绑架

过去 30 年的中国经济改革，强调发展经济乃“重中之重”，中国社会从“泛道德化”迅速走向了另一个极端——“去道德化”，于是在经济道路上，“道德”成为一种稀缺资源。在一个两千多年来一直沿用道德和权力（而非法律）来治理国家的民族中，20 多年的“道德饥渴”煎熬着国人，追求“道德优越感”成为一种普遍的社会需求。于是人们到处寻找道德资源做武器、做新妆，“慈善”作为一种最直接的道德表现形式，被广泛使用。而在慈善方式和内容上对另一些企业和个人的指责，也成了抢占道德制高点的工具（实际上是一个群体对另一个群体，尤其是对“道德名人”群体的一种道德绑架）。“对道德的急切需求最后演化出畸形的道德焦虑。这种道德焦虑以道德敲诈、道德迫害、道德歧视、道德标榜和道德狂热为主要表现方式。在汶川大地震之后的全国募捐运动中，几乎所有人都被卷入一场道德敲诈之中，范忠美、章子怡和王石，只是这场道德敲诈的祭品之一。”①

如今，企业公益行动中的“道德绑架”似乎有一种在全社会蔓延之势，不少言论将中国慈善事业发展缓慢归咎为富人为富不仁。然而捐助不应是抢劫和仇富，而应当是感恩。捐款应该出于自愿，不管出资多少，都是一份关爱。“中央电视台 2008 年 5 月 18 日晚‘爱的奉献’赈灾义演可谓十分感人，但是让人拿着现金往募捐箱里投，怎么看都觉得这是我们落后的一种标志。一个文明社会应该具有这样的理性思维：募捐是自觉自愿行为，多少不限，其道德水平等同。不能让道德绑架在社会泛滥。”②

第三节　履责的动力：有心和有能力

责任心之一：那些“德商”盈余者

亚当·斯密在《道德情操论》中有一个重要思想：“只有将我们的情感带入本性，才得以形成公民社会的基础。”大多数时候，社会之所以存在大体上合理的秩序并向进步方向发展，是因为总有一些人具有伦理的自觉、公共精神和担当意识。他们严于律己，同时通过各种方式担当其自主治理、向美向善的社会责任。这样的人，被称为有“德商”的人。由于他们的存在和积极活动，大多数普通社会成员（大多也是有向善之心和正当生活能力的人）便会受到“德商满溢者”的感召，令一个共同体形成相对合理的秩序，并朝着令人向往的方向发展。

“德商”是美国学者道格·莱尼克（Doug Lennick）和弗雷德·基尔（Fred Kiel）在 2005 年出版的《德商：提高业绩，加强领导》一书中提出的。他们将

① 杜君立：《去道德化时代的道德焦虑》，见作者的 Sohu 博客（http：//d3773. blog. sohu. com）。
② 周少祥：《不要搞“道德绑架”》，见作者的科学网“博客”。

之定义为“一种精神、智力上的能力，它决定人们如何将一些人类普世原则（正直、责任感、同情心和宽恕）运用到个体价值观、目标和行动中去”。它相当于人们的“道德定位系统”（Moral Positioning System，简称 MPS）。如果说目前汽车广泛运用的全球定位系统（简称 GPS）可以助人在陌生城市、复杂地貌和不利天气下确定自己的地理位置，并且找到前进方向，德商则能够以“道德罗盘”助人确定行为和目标的方向，使人在茫茫商海中更好地驾驭自己的资源、情商、智商和技术去获取成功。

一般认为，人的才能或来自天赋，或来自勤奋，或来自天赋加勤奋，而对世界级成功企业的案例研究表明，不同的人，不仅其智商、情商不同，德商也不同，企业家的才干（获利能力），正是来自其德商：在“德商盈余”的企业家身上，有一种发自内心的责任感知力，这种责任感，成其企业持久成长的核心催化剂——在社会责任感的驱使下，企业容易产生可贵的道德自律精神，驱动其遵循善的意志与法则，摆脱“蝇头小利”的漩涡而拥有不可思议的爱心、宽阔的胸怀、高瞻远瞩的眼光、激情四射的活力和不会枯竭的创造力，从而形成企业产生灵感和智慧的源泉，让企业有着无限的发展空间和机遇。

每家企业都希望自己是很有获利能力的企业，但不是每个企业都有强烈的社会责任感。企业能力的差异，本质上是社会责任感的差异。虽然企业赚取利润天经地义，但只有经得起道德检验的利润，才能给企业带来应有的辉光，赢得人们对企业的敬重。而敬重，是人类所有情感中最发自内心、最纯粹、最神圣的一种。德国哲人康德说过：善之所以为善，不是因为它所造成的影响或达到的效果，而是因为其自身为善而为善，即使尽了最大的努力而善意最后却一无所成，它仍然因为其自身而闪耀光芒，因为它本身涵盖了自身的全部价值。而经得起道德检验的企业，常会获得声誉和物质的双重回报：出色的道德技能，不仅是企业领导力的核心元素，更是一种经营优势。高尚的德商，会使企业因具有良好的声望而获得更多的商业机会和更好的财务表现，并能够支持企业长期发展，进而成为行业灵魂的领袖，而且这种经营优势不是竞争对手能够通过简单模仿而迅速赶上的。

相反，“道德性弱智”（Moral Stupidity）的企业，其利益相关者注定会与之渐行渐远；以不道德为竞争力，会使企业蒙受重大损失甚至面临灭顶之灾。正如美国一份研究报告所显示的那样，当美国人了解到一个企业在道德层面有消极举动时，91%的人会考虑购买其竞争对手的产品或服务，85%的人会把相关信息告诉其家人和朋友，83%的人会拒绝投资该企业，80%的人会拒绝在该公司上班。美国“安然丑闻”就导致安然公司土崩瓦解，其高管亦遭受到法律惩罚，其前CEO杰弗里·斯基林因欺诈等罪名被法官判处24年零4个月监禁，还将向投资者支付4500万美元赔偿。中国的例子是，2008年9月“三聚氰胺事件”在乳品行业爆发后，该行业乳制品和液体乳整体产量同比增长分别达到－13.30%和－18.67%，10月进一步变为－28.83%和－32.49%，11月的数据是－22.47%和－26.56%。蒙牛、伊利等并未显示出多少“卓越德商”的业内龙头奶企，当年立即陷入亏损，伊利股份还从上证50指数样本股中被剔除，至少有3只指数基金对之减持。而在上证180指数样本股调出名单的另一乳业巨头光明乳业，也是同等遭遇。与此形成对比的是，进口乳制品被中国消费者购买得货架空空，部分进口商不得不限制每位顾客的购买数量。2010年，三聚氰胺事件尚未尘埃落定，又出现“圣元奶粉性早熟”事件、伊利“QQ星”及多家婴幼儿鱼油含EPA会导致性早熟等事件。而公共部门的调查表明，这一切都是业内企业互相“拆台”所致。中国乳品行业丑闻频出，大约证明了这样一个事实：该行业整体德商不高，可谓集体性“道德弱智”。这或许是当下中国诸多领域的写照——正因为我们有太多这样的行业，导致国人普遍成为相互的迫害者和被迫害者：大家都变成毒大米、毒猪肉、劣质房、假药等的消费者。

责任心之二：洗刷历史与摆脱孤独

美国富豪的“散财”史已经超过百年。在美国经济成长为世界第一的时期（19世纪末），强盗贵族（Robber Baron，又译强盗资本家）是美国国民当时送给很多富人的代号，这个词专指使用各种手段谋求财富的大亨们。比如那时候美国开发西部，如果哪个大亨承修了一条铁路，铁路两边的地就被他“拿下”了，然后他找银行、政府给钱，铁路其实不是他自己的钱修的，还占了大片的土地。《强盗贵族》是一本获得普利策奖的书，讲的就是他们的故事，涉及的人物包括斯坦福、安德鲁·卡内基、J. P. 摩根、约翰·洛克菲勒、范德比尔特等，这些在我们现代人印象中的慈善富豪，当时都被称做强盗贵族。“你甚至可以这么认为，他们通过大量的捐款行为，成功地把自己的名声给洗白了。例如在几十年后，没人会记得你是如何用不正当手段挤垮竞争对手的，但人们会记得以你名字命名的音乐厅、美术馆和大学。”① 请看美国石油大亨洛克菲勒，一生共捐款5.5亿美元，创建了芝加哥大学和洛克菲勒医学院，1902年创办大众教育委员会，捐款建立了1600所新学校，还设立了以提高全世界福利水平为宗旨的洛克菲勒基金会。联合国总部的地皮和纽约现代艺术博物馆亦来自洛克菲勒家族的捐赠；与其同一时代的企业家安德鲁·卡内基，一生共捐款3.5亿美元，为纽约每家公立学校捐献了图书馆，共创建2811个公共图书馆，还向教堂捐献了7689架风琴；纽约大都会博物馆一间陈列室收藏了19世纪欧洲绘画、中世纪装饰品、精美瓷器和意大利家具，这一切全部来自雷曼兄弟前总裁的捐赠；J.P.摩根的祖辈建立了美国最著名的银行和最大的钢铁公司，离世时却只留下8000万美元财富，其他财产均留给了大都会博物馆；纽约弗里克陈列馆是19世纪末煤炭大王弗里克留给世人的一座艺术宝库；哥伦比亚大学、纽约大学等世界名校一直接受着无数富豪的捐款，其学术研究几乎完全依靠捐赠基金……

此外，企业经营特别成功的人，在享受一段时间“成就感”和“胜利的快乐”之后，难免也会产生“高处不胜寒”的孤独感（以及“不安感”），于是他们会追求另一种境界，即通过捐献来背书自己的成功，同时实现“与民同乐”的行为艺术，让自己摆脱因为过度富裕而变得与社会“格格不入”的情境，让财富及财富的主人都因重新回到社会而重新有了“人性的意义”。人毕竟是社会中的人，而财富，只有放在社会里，才能看出它的“存在”。

而企业和企业家在这种社会责任方面的积极参与，无疑增加了社会的整体福利，同时也有助于激发企业员工树立普世价值观（特别是责任意识和“多赢”理念），增强团队的协作能力和企业凝聚力；企业员工所表现出的人文关怀和服务精神，会无形地渗透到企业经营的细节中。在富有爱心和责任感的环境里，员工的归属感和自豪感也会上升。

责任心之三：“灵商”的呼唤与良心的救赎

文明塑造灵魂，而文明的根本是信仰。在一个成熟社会，总有一部分人拥有超越金钱的信仰。特别是在近代文艺复兴之后，西方兴起了新教伦理。据德国社会学家马克斯·韦伯论证，新教伦理构成了现代资本主义商业伦理的基石。1905

① 端宏斌：《抖一抖西式慈善的内幕》，见作者的搜狐博客（http：//duanhongbin.blog.sohu.com）。

年，他在《新教伦理与资本主义精神》一书中指出：人类市场经济之所以出现，是因为有了以工作来“荣耀上帝”并以此证明自己是上帝选民的清教徒。他们最早克服了人性的弱点，令人类历史上第一次有了持续、理性、公正的财富创造活动——这才是“资本主义经济”的本质特征。

《圣经》说，财主想进神的国，比骆驼穿过针眼还要难。信奉新教伦理的企业家认为：“我们并不拥有财富，只是财富的看管者。”因此，他们不把企业赚钱视为最终目的，而是将回报社会视为终极使命，并认为“施比受更有福”。经济学家赵晓博士把持有这一责任理念的人性物质称为“灵商”，其内涵包括个人信仰和对自己心灵的坚守，以及能够赢得他人信任的能力等。他指出：“灵魂需要安顿之所，生命需要意义之家。事实上，新教伦理所推崇的契约精神与博爱精神，正是现代文明的核心，构成现代商业文明与宪政文明的基石。因此，2005年以来，根源于市场伦理的‘企业责任’在中国蔚然成风，企业界开始普遍注重企业社会责任问题，以适应社会伦理资源的转换。我们看到很多企业家从清教徒的伦理中去获得灵感，尽可能地赚钱，尽可能地省钱，尽可能地捐钱，因为自己只是上帝财富的管家，是‘财管’而非‘财主’，这些都已极大地影响了企业家。”

实际上，在世界几乎所有的宗教中，财富都是一种或大或小的罪恶，特别是在资本主义浪潮中，资本的原罪色彩更加深重。这种情形之所以在并无宗教信仰的中国也不例外，是因为中国30年来的原始资本主义和官僚资本主义，既缺乏应有的法治秩序，又丧失了基本的道德自省，因而财富的“罪恶感”在两千多年来一度崇尚“道德”的中国，看起来更为严重（尤其是中国财富榜人物集中出自“房地产”行业，而目前高企的房价正在“洗劫”祖孙三代人的积蓄），甚至让人产生“中国穷人都是良心放不下的人”的悲叹。正是这种“罪恶”色彩，让那些上了财富榜而希望在“良心”上找回平衡的人，也攀上了慈善榜。

责任能力之一：社会经济能力的整体提升与贫富差距存在

据历史学家统计，在人类历史的10万年间，90%的岁月都处于相对简单的经济状态。人类社会人均收入从100美元增长到150美元，用了9.7万年，从150美元增长到200美元，用了2750年，从200美元增长到6600美元（当今世界人均年收入），则只用了250年。我们今天所处的社会物质丰盛世代，只占据人类历史0.25%的时段——该时段正是资本主义从发轫到横扫全球的时期。

另外，回顾资本发展史，虽然市场制度是一架巨大的财富创造机器，但它并没能够彻底消除人类的贫困。中山大学教授郭巍青指出，古典经济学假定，市场作为看不见的手，能够使资源配置效率最大化，从这里很容易产生出一种简单化的结论，即只要将市场逻辑运行到底，它所创造的财富之大，将使最卑微的人也能过上某种程度的幸福生活。然而事实并非如此。市场竞争所拉开的贫富差距之大，经常突破人类良心的底线，贫困者完全可能被置于死地。20 世纪 90 年代末期，联合国《人类发展报告》显示，前 358 位亿万富豪的总财富，相当于 23 亿最穷人口（占世界总人口的 45%）的全部收入。据世界银行统计，现在世界人口大约有 60 亿；如果把贫困线定在每天每人 1 美元的标准，则全球还有 12 亿贫困人口，占世界人口的 20%，这些人多分布在亚洲、非洲、拉美。其中世界第一穷国埃塞俄比亚，人均财富仅 1965 美元；而世界首富之国瑞士，人均财富达到 648241 美元，后者是前者的近 330 倍。

2010 年 8 月 16 日，日本政府发布第二季 GDP 增长率，测算出要中国超越日本成为世界第二大经济体已是一个不可扭转的事实。但 GDP 数字上的世界第二难掩民生方面的短板，自 1992 年开始，中国总体基尼系数已达 0.4，2004 年时更达到 0.44，超过国际上公认的基尼系数 0.4 的警戒线。2004 年之后，全国收入差距扩大的趋势不仅没有缓解，更呈继续扩大趋势。目前中国人均 GDP 仅为大约 4000 美元，为日本的 10% 左右。按照人均收入 1 美元/天的贫困线标准，中国还有约 1.5 亿的贫困人口。而社会领域的发展更加滞后，例如教育、文化、卫生等领域。未来如果中国经济发展的方向和惠及民生的效果问题不解决，经济总量的世界排名将没有任何意义，或许甚至会带来破坏环境和影响社会和谐的更大问题。

在经济能力整体提升、贫富差距不见缩小的社会里，企业社会责任逐渐成为人们对商界的一种普遍要求，商界也有了能力和对象进行怜弱扶贫。尤其对那些已经走出血腥积累和生存困境的企业来说，伴随着经营效率和财富积累的改善，经营者的心境也开始突破简单的丛林法则，有了更为宽裕从容的腾挪情怀，这使得他们逐步拥有心志和能力去追求利润之外的目标。“汶川大地震”期间，仅央视组织的一台募捐晚会，就募得善款 15.14 亿元；2010 年 4 月 20 日央视“玉树地震”募捐晚会，更募得善款 21.75 亿元。两台晚会的捐赠主体，皆为企业。来自民间的捐赠多了，也是中国经济普遍发展、富裕程度提高的体现。

责任能力之二：税收政策和财富传承需求释放出来的责任能力

股神巴菲特和前世界首富比尔·盖茨的“慈善二人组”，2010 年 9 月夜宴中国明星企业家，引发中国慈善大讨论。不少人从制度角度指出，遗产税不同，才使慈善模式得以在西方繁荣发展。“西方有高额的遗产税，其遗产包括不动产和金融资产，前者是房子，后者主要是各类股票、债券等，超级富豪们的身价主要部分是股票市值。联邦遗产税使用超额累进制，税率分成18个等级，从18%到50%，和遗产总值直接相关。美国遗产税制度最大的特点是：先课税再分配。例如某人留下1500万美元的可征税遗产，其继承人须先缴纳800万美元遗产税，才能拿到这笔财产。可征税遗产的总额越大，税率越高，继承人需要先缴纳的税款也越多。这就会诞生另一种情况，比如祖上留下一套豪宅市价极高，但子孙凑不出高额遗产税，一时半会儿房子又卖不掉，过了窗口期之后只能把房子拱手赠送给政府。如果遗产是股票，则实际税率更高，在美国有资本利得税，抛售股票之时先交一次资本利得税，拿到的钱再交一次遗产税，对于巴菲特和比尔·盖茨这种级别的富豪，想要在市场上减持数百亿美元的股票，基本上就不可能成功，因为找不到这么多的资金来接盘。其结果就是，这些股票除了送给政府之外就没有其他出路了。在这种背景之下，富豪们想到一个曲线继承的好办法，即设立名目繁多的基金会，一般都挂着慈善的名义。富豪们不把钱留给子孙而捐给基金会，主要是将财产以慈善名义捐给这类私人基金会是免税的，而且西方社会私有产权发达，私人基金会既非上市公司，又非营利性组织，因此无须信息披露，基金会实际控制人的任命程序也不需要对外公开。西方富豪捐助这类基金会，实际目的就是把基金会掌握在家族后代手里，既避了税，又能保持财富为家族所长久控制。当然，设立基金会固然在很大程度上可以让死去已久的祖先多年后仍能保持着对家族财产的控制，但前提是其子孙们都遵守基金会的规章制度。”①

当然，美国大批资本家之所以愿意将财产的大部分甚至全部都捐献给社会，还有另外一种考虑，这种考虑充分体现着“美国精神”，即希望通过这样的行为，不仅教育而且实际上规范了自己的后代以及美国所有的青年人：不能吃现成的，必须自己去创造，而且，社会也会给你大量机会去创造自己的成功——让那些勤奋而富有头脑的人，有无数条路径可以从底层社会向上层流动。

中国正处在经济初步发展阶段，这时的社会核心、重点，还是在积累财富、产生财富和运作财富上。宏观上“经济是重中之重”，微观上企业创富能力和模

① 端宏斌：《老端的观点》，见作者的搜狐博客（http：//duanhongbin. blog. sohu. com）。

式本身也没有达到真正的稳定状态，而资本必然而且只会介入“规律得到总结的领域”。相信同样的财富传承故事既然在发达国家一遍遍上演，自然也会在中国发生。如今，中国捐赠免税相关立法也在尝试与国际接轨。2009 年 3 月，财政部、国家税务总局和民政部联合下发《关于公益性捐赠税前扣除有关问题的通知》，指出符合条件的非公募基金会，可申请税前扣除资格。该法规表示，非公募基金会在接受捐赠时可以开具免税证明（但个人或企业直接向受助对象的捐赠目前还得不到免税证明）。未来的中国，注定也会涌现大大小小的各类基金会（目前最大的问题是法律障碍）。等到中国企业第一代创始人 20 年后大多进入风烛残年，基金会的事宜自然也会提上议事日程。

第四节　履责的压力：利益相关者“涨价了”

公共知识分子茅于轼在《经济自由主义背后的不自由》中谈道：“只有平等自由的双方达成的交易才能同时给双方带来利益。双方同意，双方得益，一定有财富的增加，否则一方得益另外一方必将受损。市场经济使社会财富蓬勃喷发，原因就在于此，所以平等自由的交换在经济学里至关重要。”随着经济全球化和信息时代的来临，企业与其利益相关者的交易关系和社会关系发生了从微妙到显著的变化，有些企业突然发现，一些利益相关者有了讨价还价的能力，“不好对付了”。

压力之一：先进企业将产业链中的社会责任底线抬高

在发达国家和地区，普遍富裕和福利社会使得劳资冲突趋于减少，对环境问题也日益重视，这一现象因为全球化潮流而开始逐步波及发展中国家和不发达国家。例如对于欠发达国家出现的“血汗工厂”，世界劳工组织和劳工运动开始跨越国界，首先向跨国公司施压，要求其供应链上的企业无论设在哪里，都应对其有履行企业社会责任的要求。2007 年，开在中国内地的麦当劳、肯德基和必胜客，都被指在用工上存在有违企业社会责任的行为；2008 年 GE 亦被一家美国机构的调查报告指责其子公司存在“血汗工厂”现象；香港地区 7 所高校的调查小组，在发现戴尔位于中国内地的三家代工厂有“血汗工厂”之嫌后，这 7 所高校便联合抵制戴尔电脑；苹果 iPOD 播放器“血汗工厂”事件的曝光，则最早来自一家苹果产品专业网站的监督。

其实早在2000年前后，多数欧美跨国企业已对其全球供应商提出企业社会责任评估和审核要求，并强调只有通过评估和审核，才能获得订单机会。中国入世后，也面临着企业社会责任国际化问题，中国企业也意识到，须向“好的市场经济”学习，而不能向“坏的资本主义”学习，才能长久立足。另外，跨国公司传导机制也推动了“全球契约”的国际合作，倡导以“共同价值和原则”规范企业经营活动。

在中国，一些有着担当意识的公司也开始在其供应链管理中加入社会责任条款，抬高了整个行业的相关底线。例如自2005年起，中兴通讯一直坚持定期对其全球供应商进行“供方管理培训”，帮助其了解公司对供应商工作条件的期望和要求，确保供应商的员工得到尊重，并遵守所有适用的法律法规。至今已经有100多个供应商的商务质量经理参加了这一培训。2008年中兴供应链重点对100多家手机产品的供应商进行了企业社会责任评估，识别出34家企业为高风险供方，并对其中的28家进行了专项现场审核，共发现92项与企业社会责任不符合项，96%的不符合项目前已经关闭。2009年中兴通讯又对其供应链重点系统产品的供应商完成了500多次监督审核，识别出53家企业社会责任高风险供方，并针对其制定了改进方案。万科自2003年以来，就在所有与其上下游总包单位的标准施工合同中，加入了保障工人工资支付及相关违约责任的条款，并作为每年一度合格供方评审的必查项，推动了各施工企业对建筑工人合法权益的保护。在项目结算和年底之前，万科主动同相关施工企业核对工程款支付进度，强调其按时向工人发薪的乙方义务，同时承诺100%如约付款、绝不因甲方资金问题导致乙方拖欠民工工资。万科要求，所有项目施工现场都必须为外来务工人员提供技能或知识培训，尤其是与现场操作相关的上岗的技能培训。对所有项目施工现场，按照文明施工标准进行不事先通知的工程检查，要求施工单位在茶水亭、移动厕所、阅报栏、流动医疗点、盥洗室、食堂、宿舍等现场生活设施方面必须予以保障。在包括北京、上海、深圳、杭州等部分城市，为外来务工人员的技能提升与职业发展提供了支持。培训内容包括施工技能、安全生产和住宅产业化知识等。

压力之二：买方市场的到来

全球化令世界范围内的产能连年提升，很多领域进入买方市场。消费者购买商品时，有了更多选择，因此有条件对企业提出更高的要求——除在产品质量、功能、价格方面维护“消费者权益”外，消费者还在促进社会公正和环保等方面要求生产商，且消费者行为从个人层面上升到组织高度。几十年来，在消费者的压力下，有志长期经营的企业纷纷制定相关规则，在全球范围内对员工权利、消费者权益等实施保护行为。与此同时，在消费者的关注下，全球环保运动得以开展。消费者在全球发起一波又一波抵制购买运动，迫使相关企业认识到股东权益片面最大化的局限性，并开始注重履行对消费者权益的保护。

压力之三：自然环境恶化与资源掠夺性开发

我们如今所处的世界是一个资源少缺的世界：干净的水、野生动物、新鲜空气、原始森林等人类喜爱的“好东西”都是越来越少，甚至南、北极的冰都在减少。这是因为，在地球数亿年的历史演化中，自然界形成了一个生产者、消费者、分解者的循环，但在现代工业社会中，生产者越来越多，消费者需求越来越大，而分解者（大江、大河、空气、土壤）已不可能通过自净能力完成职能，因此环境保护、生态保护需求变得日益殷切。

水土流失、资源短缺、自然灾害频仍……鉴于当今环境问题已成为制约经济发展、威胁人类健康生活的重要因素，因此，环境意识已成衡量企业文明程度的重要标志，各类企业面临发展抉择：是以环境为代价求得企业快速增长，还是寻求社会的可持续发展？一般而言，地球资源的最大受益者，也是地球资源的使用大户，并容易成为地球环境的最大、最直接破坏者。因此，这些受益者必须以更深重的责任感，关注企业发展与环境间的关系，善用资源、善待环境。

在国际社会，《美国清洁空气法》、《联合国气候变化框架公约》和《京都议定书》，已把企业从前不必支付的生态服务的隐性成本显性化了，二氧化碳排放量已经成为有明确定价、可以在市场上进行交易的商品。中国近年来也在鼓励和引导企业履行环保责任。《国务院关于印发国家环境保护“十一五”规划的通知》明确提出，“要督促企业履行保护环境的责任”。2008 年 1 月，国资委又以一号文件的形式，发布了《关于中央企业履行社会责任的指导意见》，要求央企成为节约资源、保护环境的表率。2010 年 10 月，国务院下发《国务院关于加快培育和发展战略性新兴产业的决定》，首次提到要建立和完善主要污染物和碳排放交易制度。发改委亦提出，应建立和完善主要污染物和碳排放交易制度。这是

中国首次在官方文件中正式提及“碳交易”。研究者认为，目前中国碳交易还停留在自愿交易，即“做好事”阶段，规模极小。要扩大规模，须引进市场机制，进行强制交易。这是“十二五”期间应该要做的事。

压力之四：社会矛盾必须柔性化解

2007年美国有一部电影，讲述一次突发灾难降临，人们被迫逃生的故事：灾难令绝大多数灾民的汽车因某一零件受损而无法开动，只有一个汽车修理厂老板，因为备足这一零件而得以带领全家开车逃生，别人只能步行。然而正当这位老板为此庆幸时，其汽车却被路上众多疲惫不堪、缺食少水的人截住，汽车连同车上的食物被哄抢，自己和家人被殴打……可见一个社会里，如果存在大量穷人，少数富人的日子也绝不会好过到哪里去，甚至无法遁形而成为众矢之的。有专家分析说，现代资本主义世界充满着发展的不平衡以及各种各样的矛盾，虽然这一切并不是富人个人造成的，但一些自觉的富人意识到，假如他们不站出来承担“社会责任”，那么，日益分化的社会将不可能持久，说不定还要面临社会革命或动荡的形势。因而，即使是有政府存在，但当政府不能完全解决问题的时候，尤其是当社会主要矛盾表现为贫富分化的时候，那么，富裕阶层便有责任让这个世界继续维持下去，从而也使其自身发财致富的事业能够持续下去。而富人本身所能做的，当然不是改造整个社会，而是通过做善事、做公益，让穷人心理平衡些：瞧，我们没有将你遗忘，世界仍然美好！

有社会学家进一步总结说，如果一个社会的财富集中度明显不合理，一部分人滥用权力掠夺社会资源，违背道德责任而窃取个人私利，则这个社会必定是充满危险的。因此，若企业实行简单追求利润的策略，经常与利益相关方进行不平等的交易，企业之寿命绝不会长久：如果企业经营产生越来越多的工伤、职业病、环境污染、产品质量安全问题和消费者权益受损事件，社会注定会对其产生强烈不满，如果这些企业还打算长久经营，受制于社会压力，它们也会被迫承担起一部分社会责任。

压力之五：政府与非政府组织的作用

在中国，政府的政策引导起着核心作用。观察家指出，近年来中国企业社会责任的格局发生了明显变化，政府将企业履行社会责任上升到构建和谐社会的高度。中央及地方政府职能部门发布一系列文件，要求或鼓励企业发布其社会责任报告。面对这样的政策号召，不少在华跨国公司分支机构和中国公司，便把发布企业社会责任报告作为一项专项工作来做。例如国资委下达《关于中央企业履行社会责任的指导意见》，就直接导致20家央企于2008年发布企业社会责任报告。

而自20世纪80年代以来，世界各地多种场合越来越多地出现非政府组织（NGO）与非营利组织（NPO）身影，它们是在公共领域作用日益显要的新兴组织。据莱斯特·M. 萨拉蒙、赫尔穆特·安海尔及王绍光等中外学者总结，此类机构具有组织性、民间性、非营利性、自治性、志愿性及公益性特征，其中公益性和非营利性是其与利益集团的最重要区别。近30年来，作为“处于政府与企业之间的‘第三部门’制度空间”，NGO与NPO的发展日渐繁荣，逐渐成为各种特定公共利益的代表者，就政府和市场不能解决的问题，提供不同的、灵活的解决方法和思路。目前，活跃于全球的各类劳工组织、消费者组织、环保组织及行业协会、商会等自律组织，在推动企业社会责任方面作出了重大贡献。例如在这类组织的压力下，跨国公司纷纷在自己的供应链体系中设置以社会责任为目标的生产守则，被全球广泛采用的责任标准SA 8000就是“社会责任国际组织”于1997年联合其他组织共同制定的。在西方国家，此类组织已成为监督企业行为、促进企业社会责任进步的主体。

在中国，NGO与NPO的发展正处于起步阶段，但也在不同程度地发挥着类似作用。近年来，NGO与NPO倡导的企业自律行为逐渐增多。行业协会出于对业界的整体利益考虑，开始自觉地采取行动，制定行业公约，约束不合法理和道德的企业，促进行业发展。与此同时，由消费者组织、投资者保护基金、媒体、行业协会、企业联合会等各类组织联合举办的有关企业诚信建设、社会责任、投资者教育、消费者权益等各种论坛不断举行，“企业要发展就要保护相关者利益”的理念逐渐被企业所接受。

2006年9月，为倡导上市公司积极承担社会责任，深圳证券交易所发布了《深圳证券交易所上市公司社会责任指引》；2008年5月，上海证券交易所发布了《关于加强上市公司社会责任承担工作暨发布〈上交所上市公司环境信息披露指引〉的通知》，鼓励上市公司披露社会责任报告；2008年12月31日，上交所强制要求“上证公司治理板块公司”、金融类公司和境外上市公司披露履行社会责任的报告。截至2009年5月12日，沪市有290家上市公司披露了社会责任报告，其中282家是首次披露，除258家是按要求披露外，另有32家系主动披露。上交所致力于“社会责任指数”的开发，希望为投资者提供一种有关社会责任的投资基准，推进中国市场相关投资理念的形成和相关产品的开发，促进上市公司更加积极地履行社会责任。

深圳市证券业协会、深圳上市公司协会认为，改革开放发展到今天，将提高社会福利作为最重要的社会价值追求，应该提到议事日程上来了。30年的改革开放让一批中国企业以有限的几种方式完成了资本原始积累，而我们的商业文明应不断进化，资本应渗透出必要的道德感与社会责任感。当人们谈论企业和资本，都是讲PE、IPO、市盈率多少倍，而不考虑为客户创造价值、为社会创造财富，不关心员工前途和社会福利时，这样的社会一定会有灾难降临。2008年，深圳上市公司协会发动会员签署了《上市公司环保自律公约》，并向全国上市公司发起环保倡议。

压力之六：人力资源的全球化配置

目前贸易和外国直接投资占了全球GDP总量的一半，而发达经济体的平均工资是新兴经济体的10倍，新兴经济体的劳动力数量又是发达经济体的5倍。在此背景下，跨国公司可以在全球范围内寻找符合其成本—效益的最佳地方组织生产和服务。经济学家谢国忠分析说，目前跨国公司把大量工作机会交到生产效率高而成本低的中国人和印度人手里。人力资源的全球化配置，引发中国人力资源价格的重估，拓展了企业在人力资源方面的交易范围。在此过程中，与企业社会责任有关的用人理念、劳动力定价原则等企业与员工利益关系的处理，也得以部分地与国际接轨。

压力之七：世界不大，网大

关于中国“打工皇帝”唐骏，最初我们在其出版物和电视访谈上看到的信息是：他是全球知名企业微软中国的名誉总裁，他领导的盛大集团正在创造一个又一个经营神话，他多次当选中国信息产业年度经济人物……他创造了日薪50万元的纪录，他获得了加州理工大学博士学位。对中国的年轻才俊来说，他是一个标杆，一座山峰。

而后来我们在互联网上看到的信息是：唐骏的“加州理工大学博士学位”

是假的，他在《我的成功可以复制》一书中所说的论文、学历乃至一些专利发明都涉嫌造假。接着，唐骏向媒体出示其“美国西太平洋大学博士学位证书”；继而，互联网、报纸杂志、广播电视等多种媒体裹挟着各类来自其校友、同事和数以亿计“不相干的人”的海量议论与考证，将唐骏的学历、经历和相关言论翻了个底朝天。在此过程中，“知名度”甚高的唐骏，其“透明度”也大增。

说到透明度，在没有互联网的日子，在传媒不能坚持客观、独立的地方，信息发布主体都是以“一对多”的方式单向地通过“严肃”的“纸质媒体”，将自己美好的一面传播给世人。因为人为垄断和成本高昂造成的媒体有限与傲慢，“信息发布主体”多为特权人士或机构，且数量十分有限，因此，人们所“熟知”的信息发布主体的形象，与其真实的本体不知要相差多远。

而在互联网普及后，信息内容与传递方式的垄断被打破，加上谷歌、手机、MSN 等无远弗届的信息工具，全球数十亿“普通人”都可能以前所未有的便利，保持着“多对多”的实时沟通，不再受信息奴役之苦。因此，任何自称或被别人尊为“伟大企业”的企业，都与信息受众处于信息发布力量均衡的环境里。所以，再神秘的企业，再伟大的人物（尤其是公众人物），如果被“盯上”，都不可能一厢情愿地单方“摆平”，而需要与其利益相关方展开平等对话，进而进行公平的价值交换。如果企业希望自己的产品与服务产生品牌溢价，它必须要在一个新的秩序里重建自己的信任和权威。正如 D. Tapscott 和 D. Ticoll 所说，曾经被华丽厚实的衣装所包裹的公司，由于透明化时代的到来，一下子成为“裸露的公司”（Naked Corporation）。那些靠信息屏障保护的企业，已不再强势，甚至因为知名度太高而变成弱势群体。

压力之八：责任投资与信贷

随着资本市场的深入发展，主流的投资主体由散户变成机构投资者。商业实践表明，主动承担社会责任的企业能够为企业带来长效利益，降低经营风险，并能够得到消费者和资本市场的信任。而不愿意承担社会责任的企业，往往在短期盈利和中长远发展上也是无能的，因此，即便机构投资者是唯利是图的，但当道德因素和社会因素已经成为影响企业财务收入的风险因素时，他们也不得不严格审视投资对象的道德风险，并尽可能地规避和控制这种风险。所以，机构投资者对于企业是否承担社会责任，越来越关注。

在机构投资者发达的美国市场，2007 年美国专业管理的资产当中，11% 含有社会责任基金运作原理，2007 年广义社会责任投资的资产总额从 1995 年的 6390 亿美元上升到 2.71 万亿美元，2007 年涨幅即达 324%；欧洲的广义社会责任投资也超过了 1 万亿美元。这些投资均对企业的商业行为作出了道德约束，以确保投资收益的最大化。在这种背景下，企业社会责任因素成为对于资本利益具有实质性影响的要素；企业如果“缺德”，不但要受到消费者制裁，还要受到资本市场的制裁。

目前中国证券投资市场也出现了社会责任投资基金，例如兴业社会责任基金，已开始在社会责任相关的产业投资，所选择的投资对象，避免有危害的产品和服务企业（例如不选择酒精、烟草、赌博、童工、核武器类企业），并要考察其经济责任和法律责任，如 PE、PG 和全年综合增长指数、税收和职员责任。在产品和服务方面会考察其安全、质量和满意程度等，还要考虑其社会责任是否可持续性发展，如环保、创新、技术和能源方面。这只基金运作一年后，净资产增长了 30.55%（同期沪深指数下降了 40%）。2007 年，招行与云南国际信托公司合作，推出国内第一只公益型信托产品“爱心成就未来——稳健收益型”集合资金信托计划。它既是金融创新产品，又是公益平台，招行担任托管银行，云南国际信托公司担任投资管理人，招行和云南信托均不收取管理费和托管费，该计划收益的 50% 定期核算捐赠给公益事业，使公益捐助由一次性捐赠改为持续性参与。

在信贷领域，商业银行也越来越注重企业社会责任的承担状况，以降低其信贷业务的风险。例如招商银行 2009 年推出《绿色金融信贷政策》与《可再生能源行业营销指引》，从公司政策与资产营销两个层面，严控对“双高”和“产能过剩”行业的信贷，同时积极支持节能工程和再生能源项目。至 2009 年末，招行对高耗能、高污染行业的贷款余额为 962.45 亿元，占境内公司贷款的 14.88%，比年初下降了 1.95% 个百分点，不良率为 0.62%。

第五节　善意与生意——模式之困

模式之一：生意是生意，公益是公益

2010 年 9 月底，比尔·盖茨和巴菲特来中国邀请富人参加慈善晚宴，引发

“陈光标模式”与“宗庆后模式”之争。企业家陈光标向社会公开表示，离世后将把企业所有财产捐出从事公益慈善事业；而“娃哈哈”老板宗庆后则认为，企业家若把钱捐出，这些资产就会失去“生命力”，应该用于投资和经营，以发挥企业家特长，为社会创造财富，这才是真正的慈善。

中国传统文化崇尚“做好事不留名、不言利、不求回报”，将生意与公益搅在一起时，容易引起公众对商家的怀疑，经常会受到“伪善”、“善心掺了沙子”等指责。因此，不少企业对社会责任的理解和行动是：经商就是拼命赚钱，公益就是无偿奉献。北京学者秋风在《南方都市报》撰文指出，宗庆后所谓的“真正的慈善”，不是慈善而是生意，这两者应该处于完全不同的领域。陈光标将未来财产所带来的收益不再用于经济目的，比如再投入，而是用于慈善，经济过程当然会因此少了一笔再投入，但社会领域却因此多了一份投入。在一个正常的国家，社会总是高于经济的——归根到底，经济不过是人们用于解决社会一个方面问题的工具。他进一步分析说，“尤其在中国，公益慈善领域资金的稀缺性，远大于一般经济领域。中国社会目前缺乏伟大的经济企业家，但更缺乏社会企业家。从某种意义上说，中国要出现伟大的经济企业家，有赖于这个社会出现一些伟大的社会企业家：今天中国的经济运作环境并不理想，所以做一个伟大的企业家很难。比如，不少企业家被迫卷入权钱交易体系中，或在法律的边缘上活动。要出现伟大的企业家，就需要改变这种环境。但这样的环境不可能自行改变。恶劣环境的受害者一方如果缺乏道德自觉，这个环境只会恶化，而不会往好的方向变化。企业家从事公益，则代表着一种道德自觉。这样的道德感或许可以改变人的心灵结构和行为模式。如果有更多人的心灵结构和行为模式发生变化，权钱交易的体制就有可能被打破，中国就有可能出现伟大的企业家。”

模式之二：成立独立或相对独立的公益基金会

在一般情况下，企业做公益首先是直接向受助者捐钱捐物，这被称为“支票簿公益”，其中缺乏过程管理，即缺乏捐助的策划、实施、监测和改进，还容易导致受助群体形成“等、靠、要”思维。因此，此类行动只能暂时缓解受助群体的一时状况，不能从根本上改善其生活基本面。从目前的状况看，短期和不专业，仍是中国企业进行企业社会责任管理的最大硬伤。近年来，每当重大灾难发生，企业出于感性或良知，捐款额会猛增（典型的宣传语是“大灾有大爱”）。

例如2008年因为有“南方雪灾”和“汶川大地震”等重大灾情，深圳企业的捐款就达到1000多亿元，2009年则又回落到2007年300多亿元的水平。整个中国的情形也差不多，说明当下企业做社会责任比较随意，有时仅靠冲动的热情或基于政府的号召，而且相关行动主要体现在救灾、助学、救困等方面，公益的效率和持续性注定是有限的。

而企业社会责任的内涵远远不仅如此。从某种意义上说，企业的社会责任行动是其对利益相关者乃至整个社会公平、善意的表达，也是有效的社会建设路径，因而需要更加可持续发展的机制来运作。以投身公益事业为例，美国现代公益事业精髓主要有两点，一是公民常态下的小额捐赠，二是充分发展的专业性社会组织。在美国，80%的捐赠来自普通中产阶级的小额常态捐赠（中国的个人小额捐赠则连20%都不到），这使得其公益事业获得了持续性保障，因此即便在没有大灾大难的年份，其公益财富的数量也是惊人的。比如盖茨—美琳达基金会，几乎每年都保持18%的增长，其背后是先进公益机制的激励和社会引导而产生的公益事业创新的生命力。因而，此类社会责任的运作，是良性循环、生生不息型的。而中国企业的公益事业仍处于“消耗型”阶段。与此同时，美国的基金会只是一种“公益输血库”，其下一个链条是各种社会组织，基金会会向这些专业组织提供资金保障，以实现公益效率最优化；而在中国，虽然来自企业、非政府组织的公益行动正成为改善社会的重要力量，但因社会组织发展不充分，各类公募、私募基金会（包括企业基金会）更倾向于自己花钱做项目，结果相应的社会组织不仅为数不多，也因无法获得资金保障而成长困难，专业性愈发难以保障。而基金会毕竟人力、精力、经验有限，公益事业的整体盘子便无法做大。

目前，不少中国企业也意识到，虽然社会责任的履行总是在灾难发生时才引人注目，但大灾大难毕竟不是人间常态，社会责任的纽带，贯穿了股东回报、员工发展、社区和谐、环境保护、教育、医疗、贫困问题直至形而上的文化、艺术、科学等发展援助和人道救援的各个领域，善意的光辉播撒在平常日子的无数细节中。“短期行为只能证明有些企业挺有人性的，但对真正可持续推进企业社会责任的工作，没有太大的帮助。”

那么，企业如何才能实现比一次性捐赠、偶尔的社区服务、对个别员工或个别学校的资助等更有效率的社会责任行动？中山大学郭巍青教授认为，中国需要有非政府的公益组织与制度，因为公益的本质就是非政府的社会行为，几乎所有国家都如此。基金会（包括企业基金会）是聚集善款的容器，中国应该大力发展民间基金会，让其大量吸纳公益善款，专业运作。但专家指出，在中国，各类研究型、运作型、资助型、网络型和公益投资理财型公益运作机制的实施，还存在很多政策障碍，从而影响公益效率。只有解套和松绑公益运作机制，才能真正改善社会参与公共服务的热情和效率。

2004 年 6 月 1 日，新的《基金会管理条例》开始实施，允许企业或个人设立非公募基金会，但企业在建立公益基金会方面，仍受到政策的多方限制，其中“主管单位”和资金门槛的限制，是中国公益行业没有迅猛发展的症结。例如民间公益组织要开展全国性活动，须到国家民政部注册，并被要求挂靠一个“级别很高”的主管单位，操作难度相当大，所以 2007 年时，中国民间的公益组织（包括企业“公益基金”）数量就已达到上百万个，但其中绝大部分无法在政府注册。2009 年，在民政部注册的基金会全国仅有 1880 个左右，其中非公募基金会 800 多个。广东有非公募基金会 82 个，数量排在北京、江苏、福建之后，但比浙江和上海的多。目前，中国 80% 以上的非公募基金会都是以企业基金会方式注册的，而且企业基金会的增长速度远超公募基金会。

在深圳资本圈企业中，香江集团 2005 年 6 月 14 日出资 5000 万元，设立了“香江社会救助基金会”，该基金会获得民政部批号为 001，是中国首个国家级非公募基金会。后来，“腾讯公益慈善基金会”、“万科公益基金会”、“博时慈善基金会”、“比亚迪慈善基金会”、“大成慈善基金会”相继成立，更有一些企业将其公益基金挂靠在“国字号”大型基金会下面，例如“招商证券博爱基金”和漫步者公司的“天使回声漫步者基金”挂靠中国红十字会，中兴通讯的“关爱儿童专项基金”挂在中国儿童基金会名下。以上企业均开始以规模化、专业化的基金会组织作为运作母体，尝试将企业财富以“阳光”的方式投入社会。

然而中国当代公益事业常因为制度缺失和实践经验太少而面临诸多问题。一批先知先觉的企业家建立以企业命名的基金会后，突然发现其公益热情正遇到运作目标、操作实践和方法工具等的诸多挑战。这些问题概括起来主要有两点，一是无法确定企业基金会和企业之间的关系（企业基金会的公益行为是否应该与商业战略协同），二是操作中的技术难题。

在企业公益基金的设立上，有企业家认为企业的公益战略应完全独立，与公司经营最好没有关系。目前一些公司的股东从每年的利润中拿出一部分固定数额

捐给其公益基金，但让这份公益基金的身份保持独立。这些企业认为，在治理结构上如果不保持基金的独立，其公益行为就会令人质疑，尤其是把公益纳入内部营销体系，作为公关性的生意，会使公益变味，招来非议。另一类企业则认为，公益基金只有与公司经营的战略目标发生关系，才能运作得长久。

如果说美国税收制度和长久的慈善传统是企业（家）基金会产生的肥沃土壤，企业基金会近年来在中国的升温，则基于更为复杂的状况，涉及企业家的个人道德理想、民营企业的处境、经营策略（例如避税与公关）与“政治智慧”等。企业基金会研究者阳光将当前的企业基金会分为三种类型：短期功利型、战略慈善型和公共利益型。第一种企业基金会资助各种社会公益项目，以期望获得比做广告效果更好的商业推广；战略慈善型基金会使基金会重要项目与公司市场战略密切相关，以达到强化公司品牌、提高商品和服务美誉度的商业效果；公共利益型基金会则纯粹以追求人类进步和社会福祉为目标，不涉及公司商业利益。阳光指出，虽然类型不同，但企业基金会受“企业”与“基金会”这两股力量的牵扯和博弈，表现出更为复杂的面貌特征，例如许多企业基金会深陷内部人控制之中，不仅无法作为，甚至沦为广受公众和媒体质疑的慈善“黑箱”。

随着中国捐赠免税相关立法和国际接轨，“税收驱动型”非公募基金会也开始出现。2009 年 3 月，财政部、国家税务总局和民政部联合下发《关于公益性捐赠税前扣除有关问题的通知》，指出符合条件的非公募基金会可申请税前扣除资格。该法规表示，非公募基金会在接受捐赠时可以开具免税证明，但个人或企业直接向受助对象的捐赠目前还得不到免税证明。福耀玻璃董事长曹德旺就表示，他之所以成立企业基金会，一方面希望自己能按照理想方式和效率投入社会公益项目，另一方面又能规避以往直接捐赠给受助对象无法解决的免税问题。过去 20 多年，曹累计捐赠 2 亿多元，大多以直接捐赠方式实现，但因无税务部门认可的捐赠证明，其大部分捐赠无法享受返税补偿。

在海外企业基金会的实践中我们看到，大多数基金会最初成立时，都曾为其企业经营直接“服务”，例如 20 世纪 60 年代初美国最大的 50 家基金会的半数（包括了前 12 家中的 9 家）都一度为某些与捐赠者有关的股票所控制，“像洛克菲勒基金会曾将 8.62 亿美元资产中的 5.53 亿美元投到 6 家石油公司这样的做法，在非公募基金会里屡见不鲜。后来随着政府税法的强制要求，许多基金会才不得不分散投资并与其他基金会交换股票以规避风险。福特基金会曾一度持有福特汽车公司88%的股份，后来被稀释到16%，并且还在进一步分散中。如今，像福特和洛克菲勒这样历史较长的大基金会，实际上慢慢都与原先企业脱钩，例如今天很多接受福特基金会援助的人已很难会想到购买汽车时会选择福特产品，但一些小的企业基金会还是带有公关性质。”①

另外，运作公益基金是一个技术性很强的活动，对专业能力要求很高，国外很多非公募基金会特别强调专业人才和专业服务能力，像税务专家、金融或投资专家、信息加工专家、各类专业的“项目管理”人员等配置，都必不可少，且往往分成两类：一部分人专门负责赚钱，确保基金会财源滚滚；另一部分人则负责花钱，以保证公益效益最大化。慈善公益专家王振耀指出，（遗憾的是）以往我们的文化并不认为公益活动的每个环节都要有专业技术，因此很少有专业化分工和技术合作。而联合与专业化分工，是一个公益组织得以维系和生长的基本条件，因此中国公益领域的知识生产需要创新与突破。他建议公益组织多向香港地区学习，“建议广东的公益组织与邻近的香港公益组织结成伙伴关系，建立更多的交流培训项目。”此外，深圳还可以充分运用经济特区立法权，探索通过立法途径助推公益事业的创新与发展，推进企业释放其公益能量，投身社会组织创新与进步之中。

社会观察家阳光指出，“企业基金会作为新生事物，目前所遭遇到的难题凸现了中国公益机构管理中的两个突出薄弱环节：缺乏战略管理能力和专业化程度偏弱。中国特别的政策环境和制度环境，如登记注册门槛过高等，令公共产品和服务大多处在创新探索阶段，有效的公共产品和服务模式并不多见。在一个充满了前所未有风险的社会危机管理情境下，企业基金会作为中国社会公益组织的一支重要力量，背负着公共产品和服务创新的重任，依旧需要继续摸索。”②

模式之三：经商即是“行善”

是否“经商”就是“赚钱”，“行善”就一定是“花钱”？实际上，在经商的过程里，何尝不包含“行善”的因素？例如客观上为社会提供了所需要的产品和服务、创造了就业机会、参与了社区建设，等等。

---

① 马向阳：《企业基金会：中国式探索》，http：//www.chinavalue.net/Blog/371761.aspx。

② 马向阳：《企业基金会：中国式探索》，http：//www.chinavalue.net/Blog/371761.aspx。

可以这么说，对于一家企业，顺便做点好事并不难，难的是一般企业缺乏做善事的持续动机。为不使企业的经济责任与伦理责任发生冲突，社会经济学家不约而同地肯定了一种“天长地久”的运作模式：让企业的商业价值与公共价值同时发生实践，把社会问题变成其商业机会，将社会基本价值与日常商业运作相整合，并嵌入到平时所做的每一件事情中。这种商业模式的运行，其实即是在履行企业社会责任。其一般做法是，与利益相关方结成利益共同体，一起构建企业营利模式，包括经营策略、产品策略、信用资本积累和声誉资本经营。因此，在企业经营战略、产品设计、生产和营销中，把各利益相关方综合考虑进来，做到公益和商业协同开展，让其公益目标群体和商业消费对象拥有潜在的一致性。

在这样的企业看来，若把公司经济目标与承担社会责任的行为隔离开来，两者的效率和效果都可能事倍功半。“在一个开放的、以知识为基础的竞争世界里，这代表一种越来越落伍的观点。”20 世纪 90 年代，哈佛商学院企业战略家迈克尔·波特就曾如此评价。其“战略性公益”理论认为，视公益活动为企业累赘是一种偏见。很多企业的公益活动之所以未能释放出企业活力，可能是因为它们把企业与社会对立起来看待，或只是追求“支票簿式捐助效应”，未能将公益活动与企业商业战略和需求有机结合起来。其观点和管理大师德鲁克的企业事业理论不谋而合：成功企业本身就是和谐社会的最重要“器官”之一，企业和社会之间是相互依存关系。

企业之所以能够存在，就是为了向社会提供某种特定的服务，以解决某种社会需求问题，所以它必须存在于社会之中，还必须雇人为其工作。因此，企业的商业行为本身，即是在创造自身商业价值和社会价值（以及社会负价值，如造成污染、工人得职业病等）。于是履行战略性社会责任的企业，会创造性地化当下社会问题为商业机会，找到企业与社会的“共振点”，在改进企业营利模式的时候，就有意识地进行系统性工作，主动承担社会责任，消除对社会的负面影响，延续商业与公益共同的可持续性之路。像克雷格·史密斯“新企业慈善行为”理论所主张的那样：企业对特定的社会公益事业和活动做长期承诺，这其中，不仅会帮助被捐助者，更重要的是，也会促进自身商业目标的实现，以保证企业的善行有可持续性和更深广的社会意义。

当然，企业对公益类伦理责任的践行程度与其利润获得并非始终呈现完全的正相关关系。这就需要企业在解构其社会责任之“经济—法律—伦理”层序时，有一个适当的次序安排。这种次序安排应当遵循的基本原则是：在利润获取（如何“赚钱”）与利润分配（如何“花钱”）两个层面上，前一层面的责任担当优先于后一层面，而社会对企业社会责任的评价，亦应遵循经济责任评价优先的原则。

目前深圳资本圈中的部分企业已开始尝试推行战略式公益，例如金地、招商地产、万科等房地产开发公司，将开发项目与社区建设和环保研发相结合；腾讯试图把其腾讯网的核心能力与公益需求相结合，通过网络平台让更多网民参与公益，其爱心积分体系鼓励网友通过腾讯公益网为公益组织捐赠现金、时间或QQ积分，其捐赠行为会被记录并在腾讯终端上并有所体现，达到一定额度后更会得到“爱心标志”奖励。而网民被激励参与公益的同时，也增加了对腾讯网的黏性，对公司品牌和收益均起到了积极作用。目前腾讯公司被人（又羡又恨地）认定“做什么成什么”，皆来自其网络“超级人气”的力量。

在企业实施“战略式公益”的路径选择上，迈克尔·波特提出两种战略模型：自内而外的“价值链模型”和自外而内的“钻石模型”（如图1－6、图1－7）。前者是企业把自身的商业价值活动加以详查，从中发现与企业社会责任相关的问题，加以共同开发。比如麦当劳在中国开店，特别注意对小孩“示好”：将店面装饰得很卡通，平日对“小顾客”的接待格外热情，店中有专门的“公关姐姐”为小朋友生日会免费当司仪并送上“神秘礼物”。该公司还经常针对少年儿童开展公益活动，例如在澳大利亚、巴西、中国、丹麦、法国、日本、美国等121个国家的3万多家餐厅同时举行“麦当劳世界儿童日”筹募活动，主要用

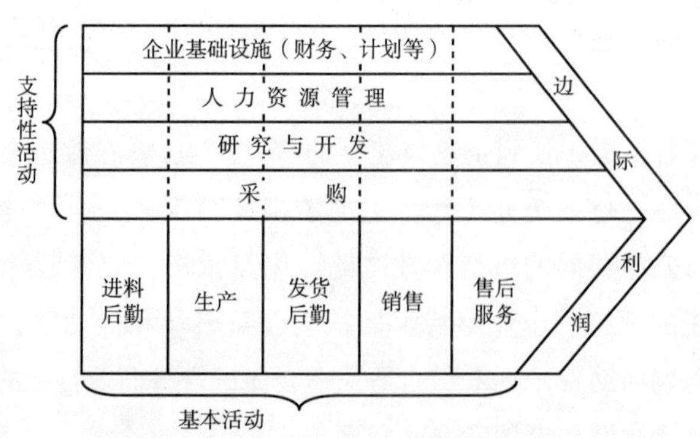

图1－6　波特的企业“价值链模型”（自内而外）

图片来源：MBA智库百科。

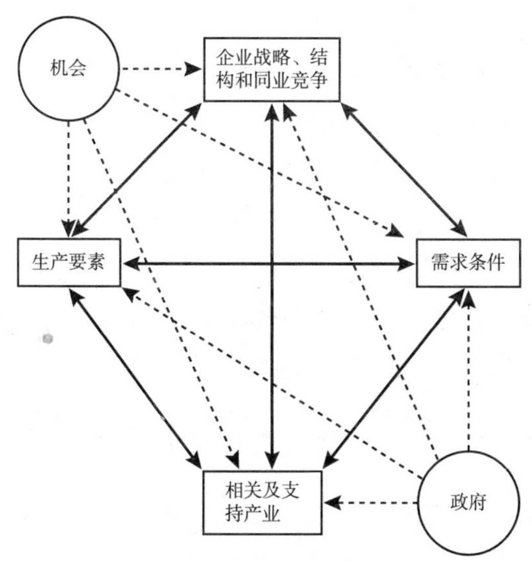

图1-7 波特的企业“钻石模型”(自外而内)

图片来源：MBA智库百科。

于“改善儿童健康”，“唤起人们对儿童事业的关心”。他们在为社会谋求共同福利的同时，也在年轻人群中树立品牌（同时培养其习惯麦当劳“口味”)，扩大了潜在客户群，达到了“价值链模型”驱动效果。招商基金管理公司举办一系列社会活动，以帮助父母培养小孩的财商，同时配合其“定投宝宝”产品的营销，也是采取类似策略。

“钻石模型”是指社会环境的变迁对生产要素、需求条件、相关产业和支持产业的表现、企业战略及对手表现等四个产业竞争力因素产生的影响，会改变企业竞争的外部环境。例如壳牌石油就从需求条件变化出发，采用“钻石模型”推动公益事业，每年提供大量资金和专业技术改善当地基础设施，如道路系统和电力设施，同时显著改善了企业经营环境。中国地产开发商万科在选择开发项目时通常问自己：如何为更多普通人提供商品住房？如何带动社区发展并提高社区成熟度？如何在大起大落的土地市场中保持审慎的投资态度？如何减少客户与开发商之间的信息不对称，以帮助购房者理性购房？如何在规模增长的同时保障产品质量？该公司在建造商品房时会雇请大量农民工。农民工问题虽然是个“社会问题”，但董事长王石认为万科亦有责任关心其精神文化生活，“对农民工表达我们的善意”。他提议设立“中城投资农民工子女教育基金”，以解决其子女在城市的读书问题，为农民工提供一个更好的工作环境。

营销名家菲利普·科特勒的“公益型市场营销”理论指出，成功的公益事业关联型营销活动可帮助企业实现公益和商业利益双赢，获得相得益彰的协同效应。科特勒提出企业公益行动六原则：①选择性地支持为数有限的社会主题；②选择当地社区关心的主题；③选择可以与企业使命、价值观、产品和服务协同配合的公益事业；④选择有能力支持经营目标的公益事业；⑤选择关键群体关心的主题；⑥选择能够得到长期支持的公益事业。

模式之难：市场原则不适合公益基金运行

即便智商、财商如“巴比”者，也感觉做公益比赚钱难多了。2010 年 9 月 30 日，比尔·盖茨和巴菲特在北京新落成的国贸大酒店举行了有数百家媒体参加的记者见面会，二人一致表示，公益事业真难做，比经商更难，“如何把公益做好”是他们在行善过程中遇到的最大困难。

做公益不就是把自己或别人捐出的钱拿来帮助穷人吗？只要不心疼钱，这事有啥难度？一般人常常会这么想。然而现代意义上的公益，要求善款必须转移给真正需要帮助的人，更重要的是，这种转移本身，还能够创造出更大的社会价值，提升整体社会福利。这就不容易做到了。

在西方社会，企业基金会勃兴的重要原因，除了履行企业社会责任的义务，以及善款可以抵免税收外，企业家更希望通过创立基金会，将企业家精神、技能和商业模式等有价值的生产要素导入公益部门，以提升公益资源的利用效率，使整个社会的公益资源，从志愿者爱心、义工时间、资金、物资到理念激情，都能有效地服务于社会的某个阶层或全体成员。然而事实证明，市场经营智慧与公益嫁接，比经商本身要难得多。社会评论家王志安分析说，这是因为经商的逻辑和机制在公益领域行不通。价格机制的神奇之处，在于能够寻找到最需要某种商品的买家，由出价高者得。而出价高者，也是对这部分资源最需要、最能充分利用者。市场最终通过效率的竞争，提升了社会整体福利水平。但是，价格机制在公益领域却失灵了。究竟谁最需要帮助？是最穷的人吗？不一定。即便是，我们也没办法通过价格机制找到这些人。每个人在争取慈善帮助时，都宣称自己是需要帮助的人。一如茅于轼所论证的，在市场上通过利他机制无法完成交易。因此，

如何将募集来的资金配置给最需要的人，是任何公益组织都会面临的困惑。

王志安在其博客上指出，市场对企业家的评价是通过利润体现的：做对了，就能赚到钱，反之就亏本被淘汰。但是，即便你的慈善项目给了完全不需要的人，市场也很难作出一个恰当的、即时的评价，因为慈善组织的成功不以盈亏论。正因为此，在市场上游刃有余的巴菲特才慨叹：做慈善即便做错了，市场也不会告诉你，一如在暗夜里前行却没有指路的灯。如此一来，市场竞争法则就很难适用于慈善组织——总是选择正确的慈善组织未必能够生存并壮大，而随意挥霍慈善资金者，若能吸引公众眼球，没准却能得到公众青睐。巴菲特在决心捐出自己财产的时候，也成立了自己的基金会，但他承认，“巴菲特基金”运转得一直不令人满意，最终他把钱更多地捐给了比尔·盖茨基金会。但即便是盖茨基金，许多慈善项目也受到不少批评，来自第三方的评价并不高。从市场角度讲，如果劣质的慈善组织得不到淘汰，如果原本不该得到帮助的人免费占用了资源，对于整个社会来说就是件坏事。正因为此，巴菲特才说，一个打着慈善之名挥霍的人，其危害程度远大于一个更看重自己财富的吝啬鬼。因为他树立了一个坏的游戏规则，侵害了社会良性发展的基础。如果上述问题得不到恰当解决，慈善就很难成为一个社会在制度上改善和提升全体福利的机制，而仅仅是普通人对“善心”的消费项目。近些年来国外一些基金会，在尽可能地将市场原则引进慈善运行中。比尔·盖茨的基金会就聘请了职业投资人管理基金，实现了基金的保值和增值；许多专业慈善组织，尽量将自己的慈善项目详实地告诉捐赠者，盖茨基金也引入了第三方对其年度慈善项目进行效果分析和评价。但这一切，除了在资产增值方面可以完全市场化以外，其他方面和市场机制相比，基本都是低效率的。①

至少从目前看，一个社会财富的积累、福利的改善，经营市场化的企业显然比纯做公益更有效率，这也是许多优秀企业家并不认可公益活动的重要原因。如何能在市场的逻辑之外，构建一个行之有效的公益活动竞争逻辑，这是巴菲特在回答中国媒体提问时，给我们提出的“巴菲特之问”，值得每一位心怀善念的国人思考。

---

① 王志安：《巴菲特之问》，原文载2010年10月11日《公益时报》。

第二章
深圳资本圈企业社会责任指数（2010）

第一节　指数体系的数据来源与设计方法

“深圳资本圈企业社会责任指数体系”的设计原则。深圳市证券业协会和深圳上市公司协会一直倡导会员企业履行其社会责任。自2005年开始，两个协会从深圳资本行业发展实践出发，着手采集会员的社会责任数据，并向社会及时传递相关资讯，以鼓励会员在公司治理和日常经营中引入社会责任理念，同时监测和推动行业实现商业价值和社会价值同步发展。2009年，协会探索性地设计并推出“一种相对客观、直观的量化数据体系”，即“深圳资本圈企业社会责任指数”，并发布了《深圳资本圈企业社会责任报告（2009）》。

在统计学上，指数的概念有广义和狭义两种。广义的指数指所有研究社会经济现象数量变动的相对数，是用来表明现象在不同时间、不同空间、不同总体等相对变动情况下的统计指标。例如，动态相对数、比较相对数、计划完成程度相对数等。狭义的指数指反映不能直接相加的复杂社会经济现象在数量上综合变动情况的相对数。例如，零售物价指数、消费价格指数、股价指数等。在经济分析中，大多采用狭义指数的概念。由于协会会员分为上市公司和非上市公司两种，因此，本报告2010年仍仅采用广义+狭义的指数概念：各企业所得指数的高低，反映出在一年时间内各企业之于深圳资本圈所有企业在社会责任方面所取得的相对值大小；指数值越高，表明其所承担的社会责任相对于其他成员越多。至于深圳资本圈（上市）企业股价指数（相对于大盘指数）、各公司（与自身相比）年度进步指数等，留待将来数据更多、从事这项工作的人手更多时再另行开发。

1979年，美国佐治亚大学阿奇·卡鲁尔教授提出了著名的金字塔模型，来描述企业应该承担的社会责任：塔基是经济责任，向上是法律责任，再向上是伦理责任，塔尖是慈善公益责任。该模型将企业社会责任回归到了企业运作的基

础：它消弭了企业“社会责任”和“财务责任”之间的对立，将之包括在企业社会责任的范畴之内。这对于中国国情来说也是非常有意义的：国人一直缺少对利益的哲学思辨。利益（哪怕是以营利为己任的企业之利）之说对我们这个“含蓄”的民族总显得过于赤裸，于是人们尽管一直趋名逐利，却从不敢直接承认。

随着20世纪70年代环保运动的展开，后续的企业社会责任理论将卡鲁尔的经济、法律、伦理、慈善“四个维度”的责任加以归并和拓展，概括为财务、社会和环境“三要素”，提出企业要承担社会责任，就是要实现财务、社会和环境的“三重盈余”。该理论20世纪90年代开始成为企业社会责任的主流理论，从美国扩散到全球。

深圳市证券业协会和深圳上市公司协会根据卡鲁尔金字塔模型，结合“三重盈余”理论，试着总结出当前阶段中国企业社会责任内容如下（见图2－1）。

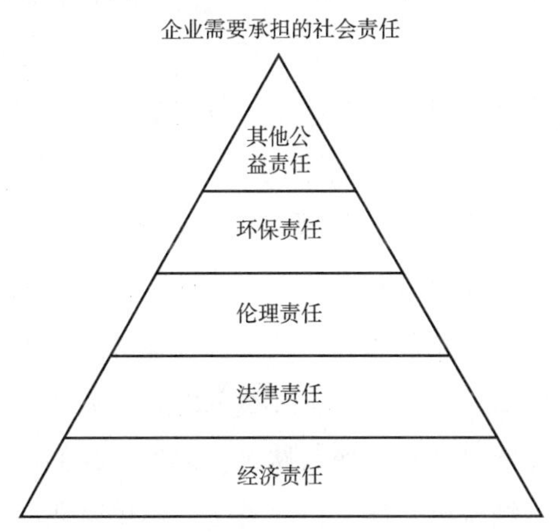

图2－1　企业社会责任内容

处于两个最基层的企业社会责任包括企业对于利益相关者的佣金责任义务，即金字塔模型中的经济责任（如股东和债权人权益责任、员工权益责任、为企业创造财富的责任）和法律责任（如纳税责任、遵守相关法规的义务），如同普通公民恪守法律和社会规范底线一样，属于奠基性的社会责任要求；进一步的企业社会责任包括企业对自身运作和社会发展中存在的各种问题的关注与贡献，涉及企业对利益相关者的非佣金类责任、（非法律法规强制类的）环境问题和社会捐助等，即金字塔模型中处于中部和塔顶的伦理责任（如不作恶地经营、社区和谐责任、员工发展责任、慈善责任）、环保责任等公益责任。

需要强调的是，两个协会虽然对企业社会责任进行了划分，但并不认为这些责任是相互孤立的，相反，“企业社会责任”中的各个要素，总体来说可分析（便于做“量化”处理）但不可分割，协会尤其推崇企业建立“商业价值与公共价值同时发生实践”的商业模式，希望企业在市场竞争中解决生存问题，同时亦能力所能及地履行“塔中责任”及“塔尖责任”，而不要视之为解决企业“生存”问题之后的“奢侈品”而暂且搁置。与此同时，只向社会表明其履行了“塔尖责任”而实际上忽略了“塔底责任”的企业，我们亦不认为这样的企业是“好企业”，尤其不赞同那些以“塔尖责任”作秀，掩盖其非法行为、猎取公众信任的企业行径。

根据图8所示的可分析模型，结合协会已经采集和能够得到的数据资源，我们延续以往“客观、独立、公正”的立场，按以下标准选定形成指数的参数体系：可对不同类型的企业进行相对客观、系统的评价，并以此重点反映深圳资本圈企业社会责任理念与实践的现状与发展，同时满足社会对深圳资本圈企业社会责任履行信息透明度的需求；选样的市场代表性强，市场覆盖面达到一定程度；指数编制方法透明，选样指标和参数数据采集简单可行，便于社会预期和跟踪；指数样本相对稳定，以降低指数跟踪成本；指数不易被操纵。

关于指数分类。我们将指数分为1个综合指数和7个子指数。综合指数按不同权重涵盖4项投入性参数和4项产出性参数的相对数值，可较为全面地反映资本圈企业整体和各企业的社会责任履行状况；此外，我们还基于各项参数，设立了营业收入、净利润、纳税额、净资产收益率、提供就业岗位数、慈善指数、环保贡献7项“子指数”；其中慈善指数列举了各公司的社会公益行动善举，环保贡献指数则更多体现为对环保行动的描述。

数据来源与样本选择。在参数体系设计上，依照上述原则，选取了深圳市证券业协会和深圳上市公司协会的“公司级”会员单位（证券营业部近200家会员因缺少多项独立数据，因此报告中只对有数据的证券营业部做了慈善和环保项目列举）共152家，作为“深圳资本圈企业”样本。在数据来源方面，2010年4月底，正值深圳资本圈企业之“2009年年报”披露尾声，协会向全体会员单位发函，采集其2009年度的企业社会责任数据，作为2010年度深圳资本圈企业社会责任指数参数数据。3个月后，协会工作人员共收到来自152家公司的完整数

据。这些第一手的数据（包括文字数据），构成了各项参数的原始数值。

参数构成与权重设置。与上年一样，本次仍设立了8个参数，其中4个为产出性参数，分别为营业收入、净利润、纳税额和净资产回报率；4个为投入性参数，分别为提供就业岗位数（正式员工总数）、慈善捐赠额、环保贡献、社会公益善举。前4个参数，对应着企业社会责任中的经济责任与法律责任；后4个参数则对应着企业社会责任之伦理责任、环保责任及其他公益责任。

需要说明的是：①计算综合指数时，我们采用的是各项参数原始值之于该项参数原始值总和的占比数（贡献率），因为占比指标较绝对的数量指标而言，各类数据拥有更多的相对可比性，且更能体现各公司的实际市场地位或社会表现；②因环保贡献和社会公益善举是非数字化数据，没有具体的数字性分值，而它们在统计计算中是需要被“量化”的，为此，我们仍像上年那样（也因时间仓促），沿用“大善小善都是善”的思路，将凡填报了具体行动事迹者，皆计为1（100%），空白填报者计为0，以鼓励各企业无论是在大灾来临还是在平常的日子里，都能随时随地地履行社会责任。当然，这样的计数方法也有鼓励企业积极提供相关数据之意。我们希望将来更新指数时，会找到更好的办法，按照某种标准将数据进行更为合理的量化处理（例如设立三个等级的分数）。③本次指数的编制，是在中国证监会深圳证监局指导下进行的。除上述8个参数外，我们还将考察协会会员单位的监管数据（如守法合规纪录等）。另需说明的是，青海玉树地震发生在2010年，因此，该项下的数据（捐赠额和所行善举）在慈善指数表中，只作为参考列出，没有统计在年度捐赠里面。

在权重设置方面，我们把营业收入设为15%、净利润为15%、纳税额（为企业实缴数据，且不包括代扣代缴、代收代缴）占15%、净资产回报率占15%、提供就业岗位数占15%、慈善捐赠额占10%、社会公益善举占5%、环保贡献为10%（如表2－1）。权重按如此比例设置，其背后的理念与逻辑是：商业文明（商业在社会发展的高级阶段所表现出来的正面状态）责任贯穿于企业社会责任的各个层面。我们对企业社会责任的评价次序是，对利润获取与分配环节均承担商业文明责任的企业给予最高的评价，对利润获取环节承担商业文明责任而分配环节未承担商业文明责任的企业给予次一级的评价，对利润分配环节承担商业文明责任而获取环节未承担商业文明责任的企业给予更次一级的评价，对利润获取与分配环节均未承担商业文明责任的企业给予负面评价。

表2－1　深圳资本圈企业社会责任指数体系

单位：%

产出参数	对应责任	权重
营业收入	经济责任（对企业与社会）	15
净利润	经济责任（对企业与社会）	15
净资产回报率	经济责任（对股东与债权人）	15
纳税税额	法律责任（对政府与社会）	15
投入参数	**对应责任**	**权重**
提供就业岗位数	伦理责任（对员工与社会）	15
慈善捐赠	慈善责任（对员工与社会）	10
社会公益善举	慈善及其他公益责任（对社会）	5
环保贡献	环保责任（对企业与社会）	10

我们希望以上参数与权重的设置，让企业社会责任的担当与社会评价没有可设定的上限标准，企业社会责任既似触手可及又永无止境。对于一家企业而言，永远有提升的空间。

指数计算原则与方法如下：

1. 为使该指数体系中各项评价能够合并，以计算每家企业的综合指数，我们采取对每家企业参数的原始数值计算其相对于所有企业参数原始数值之和占比，再将各项相对“占比值”加权相加的原则，形成该企业综合指数的绝对数值。

2. 为增加数据的直观性，2010年度我们在指数设计上作出了进一步改进：将各公司的绝对数值指数标准化到在0～100的相对指数（两家绝对数值为负的企业，相对数值亦为负），即在综合指数和各分项指数的数据表中，我们将计算结果（对综合指数而言）或绝对数据（对子指数而言）数值最高的公司的指数相对值设为100，其他公司的指数数值，为其计算结果或绝对数值除以最高数值的相对分数。

计算公式如下：

1）综合指数分值＝100×∑（各项参数绝对数值/∑该项参数×权重）/MAX（综合指数绝对数值）

2）子指数分值＝100×（某单项参数绝对值/∑该项参数）/MAX（该项参数）

深圳是中国当代资本市场的源起及繁盛之地，深圳资本圈企业市场化程度在全国范围内普遍较高，其多项经营性指标和社会责任指标在全国范围内领先。因

此，深圳资本圈企业社会责任指数的编制具有很好的产业基础，它所反映的趋势，也在全国范围内有一定的代表性和方向性。

至2009年底，深圳拥有17家证券公司（他们在全国范围内共有569家证券营业部、28家证券服务部），数量的全国占比为16%。深圳证券公司总资产达4702亿元，占全国行业总资产2.03万亿元的23.16%，较上年增长58.58%；净资产1291亿元，占全国行业净资产总额4838.77亿元的26.68%，较上年增长27.51%；净资本总额达963.2亿元，占全国行业净资本3831.82亿元的25.14%，较上年增长23.95%。2009年，深圳证券公司实现营业收入463亿元，占全国行业总营收2050.41亿元的22.58%；税后净利润225亿元，占全国行业净利润总额932.71亿元的24.12%；股票基金交易额为223916.33亿元，占全行业市场份额的22.59%；客户交易结算资金余额3734.21亿元。至2009年底，深圳证券业共有保荐人451名，占全国保荐人总数1102名的40.93%；深圳证券公司共完成股票主承销项目82个，占全行业236个项目的34.75%，完成主承销金额1406.25亿元，全国占比39.24%；完成债券主承销项目101个，全国占比33%。

至2009年底，深圳16家基金管理公司共管理基金178只，较上年增加30只，增长20.27%，所管理的资产规模达9242亿元，比上年增加2260.49亿元，增长32.37%，全国占比34.53%。其中博时、南方、鹏华和大成4家基金管理公司，资产管理规模均超千亿元，这4家基金管理公司资产规模已达4949.56亿元，全国占比18.45%。2009年深圳基金管理公司所管理的基金总份额为8071.28亿份，约占全国市场份额的32.89%。深圳有基金从业人员2464人，其中正式员工2376人。深圳基金行业，在基金公司数量、管理基金数量与基金份额、所管理基金资产规模等方面，都在全国行业中占据举足轻重的地位。

至2009年底，深圳共有113家企业在中国内地的上海证券交易所或深圳证券交易所上市，总市值为22037.2802亿元。半年后，深圳上市公司总数达到142家，其中在中国内地上市的公司有131家（主板市场76家，中小板市场48家，创业板市场7家），另有11家公司在美国、中国香港等市场上市。2010年6月30日，深圳上市公司总市值20765.1502亿元，其中境内上市公司131家总市值18007.3162亿元，在中国香港H股、美国等海外上市的11家公司（含比亚迪、腾讯、迈瑞等）总市值2757.834亿元。

深圳是全国两大证券交易所之一“深交所”所在地。近20年来，深交所借助现代技术条件，在深圳建成了辐射全国的证券市场，在中国内地建立现代企业制度、推动经济结构调整、优化资源配置、传播市场经济知识方面，起到了十分重要的促进作用。2004 年，深交所在主板市场内设立中小企业板块；2009 年，深交所开设创业板市场，为中国内地高新技术企业和成长型中小企业提供上市融资和股权交易服务。

两个协会在编制深圳资本圈企业社会责任指数和撰写相应年度报告的过程中，除得到会员的大力支持外，同时得到了中国证监会深圳证监局、中国证券业协会、深圳证券交易所、上海证券交易所、中国社会科学院、深圳市政府等机构多方面、多层次的实质性支持，并得到《上海证券报》、《中国证券报》、《证券时报》、《深圳特区报》、《深圳商报》及《南方都市报》等媒体的广泛关注和热烈响应。在设定指数种类、参数、权重、计算方法等技术层面，我们也征集了海内外业内经营者、管理者和许多业务部门的专家意见。对于数字类数据，我们严格遵循着“采用客观数据”的原则，希望真实体现各商家之于社会的创富能力和“反哺社会”、与社会共生精神的分量。

当然，任何一种指数的编制，从过程到结果都在一定程度上是片面的：总是反映某种角度而不是全视角、总是依靠某些自己所能得到的数据即便这些数据是一手的也难免失真、所取权重很可能大大有待商榷……所以，像其他所有评价一样，该指数同样不能作为体现商家某种真实状况的唯一依据。

实际上，评测是件费力不讨好的事，尤其在中国资本市场，还有不少非市场化色彩。尽管协会已有多年的积累，但不少数据的采集和指数编制方案的设计，仍存在着相当大的困难，尤其是在人手严重不足、人员专业训练有限的条件下。此外，将各类性质不一的公司（如国企、民企、垄断企业和处于充分竞争市场的企业）放在一起，颇有拿桃比李之感。

但我们意识到，着手去做并努力做好这件事，是协会需要完成的任务。因此，希望这项工作能够作为协会的常规项目，每年都做数据更新并向社会发布。实际上，我们在 2010 年采集数据时，已切身感受到相关工作的开展较上年顺利得多，例如已有 152 家深圳资本圈企业提供了完整数据，占深圳资本圈全部企业的 96.82%，而上一年为 124 家，同比增长了 22.6%（当然上市公司总家数也增加了），案例的提供也详尽了很多。在此，感谢所有提供数据的深圳市证券业协会和深圳上市公司的会员们，以及为此工作的协会同仁。

相信随着市场化的发展和我们在这方面所做的事情越来越多，协会服务的经验值会不断增加，该指数的编制会越来越科学，操作会越来越顺利，发挥的作用也会越来越大。现在，我们将2010年（采用2009年度数据）的相关结果公示于此，恳请各会员单位、业内领导者和观察家、专业人士、公益人士、协会内部交流刊物《资本圈》的读者给予大力支持、指正、指点。

第二节 综合指数：财富与责任的美好相遇

作为企业愿意履行社会责任的表征之一，表2-2中的152家深圳资本圈企业向协会（亦即向社会，因为采集数据时协会申明了数据用途）提供了完整的相关数据，这些企业无疑为其利益相关者提供了全面了解其企业的一个视角，同时也梳理了自身的企业社会责任行动及所取得的成效，并对外展示了它们。另外，企业间相关数据的对比（尽管有些企业是不具备可比性的），也可以帮助企业发现其履行社会责任的能力和与社会之间的“友好度”，以提高相关企业的风险管理水平和营利模式调整的前瞻性。

表2-2中的152家企业，行业分布非常广泛，涉及银行、证券、基金、保险、房地产、制造、IT、制药、物流、互联网、旅游、服务、电子、有色金融、农业、零售、汽车、能源等数十个领域。表2-2所列出的“2010年度深圳资本圈企业社会责任综合指数”，综合反映了深圳资本圈企业2010年度社会责任履行的基本状况。表2-2中数据显示，深圳资本圈企业社会责任的各项参数的绝对值全面超越了2009年（除了慈善捐赠参数，因为上年数据采集段中发生了“汶川大地震”和“南方雪灾”等重大自然灾害）。如表2-2、图2-2所示，2010年向协会填报企业社会责任数据的企业为152家，较上年的124家增加了28家；企业总营业收入参数为71416374.92万元，较上年的59014394.27万元增长了21%；企业净利润总额为10710051.24万元，较上年的6811282.38万元增长了57.24%；缴纳税收（为2009年1～12月份实际缴纳数，且不包括代扣代缴）总额为6438024.14万元，较上年的5851006.97万元增长了10%；向社会提供的就业岗位数（正式员工数）为835981人，较上年的688623人增加了147358人，增长了21.4%；净资产收益率的中位数为13.53%，而上年是9.49%；深圳资本圈企业向社会捐款总额为24776.60万元，较上年的66954.86万元减少42178.26万元。

表 2－2　2010 年度深圳资本圈企业社会责任综合指数

企业名称	营业收入（万元）	占比（%）	净利润（万元）	占比（%）	净资产收益率（%）	占比（%）	纳税（万元，不含代扣代缴）	占比（%）
中国平安保险（集团）股份有限公司	14783500.00	20.7004	1448200.00	13.5219	18.50	1.3251	632500.00	9.8244
招商银行股份有限公司	5144600.00	7.2037	1765100.00	16.4808	20.74	1.4856	709700.00	11.0236
万科企业股份有限公司	4888000.00	6.8444	533000.00	4.9766	15.37	1.1009	749000.00	11.6340
腾讯控股有限公司	1243996.00	1.7419	522161.10	4.8754	42.46	3.0413	161367.00	2.5065
比亚迪股份有限公司	3976518.00	5.5681	407844.00	3.8080	11.00	0.7879	302000.00	4.6909
中兴通讯股份有限公司	6027300.00	8.4397	245800.00	2.2950	15.83	1.1339	252400.00	3.9205
中信证券股份有限公司	2200700.00	3.0815	898400.00	8.3884	15.38	1.1016	439000.00	6.8189
深圳发展银行股份有限公司	1511444.00	2.1164	503072.90	4.6972	13.17	0.9433	224635.50	3.4892
国信证券股份有限公司	834100.00	1.1679	414400.00	3.8693	31.58	2.2620	149917.00	2.3286
招商证券股份有限公司	867995.00	1.2154	372772.00	3.4806	34.98	2.5055	122224.00	1.8985
广深铁路股份有限公司	1238575.66	1.7343	135626.60	1.2663	5.96	0.4269	67538.16	1.0491
中国国际海运集装箱（集团）股份有限公司	2047550.70	2.8671	146538.50	1.3682	7.00	0.5014	55765.10	0.8662
金地（集团）股份有限公司	1210000.00	1.6943	180000.00	1.6807	15.33	1.0981	250000.00	3.8832
深圳华侨城控股股份有限公司	1095700.00	1.5342	170600.00	1.5929	17.08	1.2234	127100.00	1.9742
深圳迈瑞生物医疗电子股份有限公司	337862.00	0.4731	127217.00	1.1878	44.00	3.1516	39106.00	0.6074
深圳能源集团股份有限公司	1138867.31	1.5947	231758.24	2.1639	15.32	1.0973	124527.92	1.9343
深圳市怡亚通供应链股份有限公司	264900.95	0.3709	7689.56	0.0718	6.35	0.4548	343387.90	5.3337
博时基金管理有限公司	189445.00	0.2653	85888.00	0.8019	73.00	5.2288	28459.00	0.4420
招商局地产控股股份有限公司	1013770.00	1.4195	175447.00	1.6382	10.54	0.7550	142600.00	2.2150
安信证券股份有限公司	467900.00	0.6552	211600.00	1.9757	39.62	2.8379	69540.77	1.0802
康佳集团股份有限公司	1325000.00	1.8553	15100.00	0.1410	3.93	0.2815	134500.00	2.0892
中国建银投资证券有限责任公司	437900.00	0.6132	185900.00	1.7358	38.01	2.7226	68195.98	1.0593

续表

企业名称	营业收入（万元）	占比（%）	净利润（万元）	占比（%）	净资产收益率（%）	占比（%）	纳税（万元，不含代扣代缴）	占比（%）
中国长城计算机深圳股份有限公司	2267313. 95	3. 1748	44306. 49	0. 4137	27. 41	1. 9633	4050. 49	0. 0629
华润三九医药股份有限公司	485300. 00	0. 6795	70900. 00	0. 6620	21. 30	1. 5257	58300. 00	0. 9056
中国南玻集团股份有限公司	527910. 01	0. 7392	91460. 95	0. 8540	16. 86	1. 2076	39800. 00	0. 6182
南方基金管理有限公司	178420. 90	0. 2498	78494. 92	0. 7329	44. 28	3. 1717	27801. 57	0. 4318
深圳长城开发科技股份有限公司	1340531. 29	1. 8771	31039. 05	0. 2898	7. 24	0. 5186	7360. 86	0. 1143
深圳市中金岭南有色金属股份有限公司	758321. 00	1. 0618	41423. 00	0. 3868	11. 22	0. 8037	50621. 00	0. 7863
深圳一致药业股份有限公司	1094993. 69	1. 5333	19825. 96	0. 1851	25. 99	1. 8616	22215. 79	0. 3451
大成基金管理有限公司	119042. 00	0. 1667	44597. 00	0. 4164	39. 50	2. 8293	20913. 00	0. 3248
深圳市漫步者科技股份有限公司	68021. 94	0. 0952	10851. 03	0. 1013	39. 00	2. 7935	6487. 37	0. 1008
深圳中航集团股份有限公司	509228. 30	0. 7130	-28878. 00	-0. 2696		0. 0000	25263. 00	0. 3924
长城基金管理有限公司	60721. 00	0. 0850	24151. 00	0. 2255	39. 30	2. 8150	9795. 00	0. 1521
华联控股股份有限公司	191966. 00	0. 2688	43644. 00	0. 4075	21. 55	1. 5436	33292. 00	0. 5171
深圳香江控股股份有限公司	216791. 66	0. 3036	25557. 74	0. 2386	20. 98	1. 5027	32788. 27	0. 5093
深圳劲嘉彩印集团股份有限公司	215444. 42	0. 3017	32704. 77	0. 3054	18. 06	1. 2936	26041. 14	0. 4045
深圳世联地产顾问股份有限公司	73828. 88	0. 1034	15087. 21	0. 1409	24. 57	1. 7599	11347. 03	0. 1763
深圳市洪涛装饰股份有限公司	131047. 35	0. 1835	6906. 36	0. 0645	31. 98	2. 2907	4963. 91	0. 0771
雅致集成房屋股份有限公司	191571. 11	0. 2682	14686. 58	0. 1371	16. 56	1. 1862	14891. 04	0. 2313
深圳市机场股份有限公司	166271. 66	0. 2328	58292. 65	0. 5443	11. 74	0. 8409	25721. 38	0. 3995
深圳市海三生物工程股份有限公司	271004. 29	0. 3795	1415. 90	0. 0132	1. 83	0. 1311	12577. 19	0. 1954
深圳市美盈森环保科技股份有限公司	70100. 00	0. 0982	13200. 00	0. 1232	25. 19	1. 8043	6934. 00	0. 1077
国投瑞银基金管理有限公司	37053. 52	0. 0519	10501. 15	0. 0980	29. 00	2. 0772	4326. 00	0. 0672
华林证券有限责任公司	87000. 00	0. 1218	23700. 00	0. 2213	22. 42	1. 6059	9943. 80	0. 1545

续表

企业名称	营业收入（万元）	占比（%）	净利润（万元）	占比（%）	净资产收益率（%）	占比（%）	纳税（万元，不含代扣代缴）	占比（%）
长城证券有限责任公司	166500.00	0.2331	70900.00	0.6620	12.21	0.8746	18946.98	0.2943
深圳市振业（集团）股份有限公司	184923.58	0.2589	21716.24	0.2028	17.59	1.2599	24942.78	0.3874
深圳市中青宝网网络科技股份有限公司	7868.00	0.0110	4113.00	0.0384	26.81	1.9203	1403.00	0.0218
深圳中航地产股份有限公司	175174.04	0.2453	9348.51	0.0873	3.70	0.2650	22158.81	0.3442
深圳市华测检测技术股份有限公司	26367.31	0.0369	5655.06	0.0528	23.76	1.7019	2836.84	0.0441
深圳市新纶科技股份有限公司	33696.00	0.0472	3486.00	0.0325	24.22	1.7348	2321.00	0.0361
深圳高速公路股份有限公司	144167.35	0.2019	54021.86	0.5044	6.61	0.4735	15891.38	0.2468
众成证券经纪有限公司	20600.00	0.0288	6200.00	0.0579	24.12	1.7277	2631.57	0.0409
深圳市格林美高新技术股份有限公司	36773.00	0.0515	5698.00	0.0532	22.33	1.5994	2334.00	0.0363
深圳华强实业股份有限公司	219690.90	0.3076	20053.01	0.1872	12.08	0.8653	14980.89	0.2327
深圳信隆实业股份有限公司	105840.82	0.1482	4612.39	0.0431	9.37	0.6712	2281.00	0.0354
研祥智能科技股份有限公司	122851.00	0.1720	8092.00	0.0756	9.80	0.7020	7242.00	0.1125
深圳市盐田港股份有限公司	40142.23	0.0562	46020.80	0.4297	11.71	0.8388	8442.00	0.1311
方大集团股份有限公司	91297.91	0.1278	4405.25	0.0411	7.07	0.5064	5581.33	0.0867
深圳市通产丽星股份有限公司	58568.89	0.0820	6782.44	0.0633	13.50	0.9670	4757.07	0.0739
深圳市拓邦电子科技股份有限公司	55276.00	0.0774	4494.30	0.0420	13.79	0.9877	1469.00	0.0228
深圳市得润电子股份有限公司	65377.00	0.0915	3160.00	0.0295	10.22	0.7320	5223.00	0.0811
宝盈基金管理有限公司	15896.94	0.0223	3900.38	0.0364	16.20	1.1604	804.00	0.0125
深圳市同洲电子股份有限公司	198981.02	0.2786	4800.09	0.0448	5.06	0.3624	1461.63	0.0227
深圳赤湾石油基地股份有限公司	33232.22	0.0465	11817.89	0.1103	12.73	0.9118	2946.66	0.0458
深圳市农产品股份有限公司	124595.49	0.1745	8518.76	0.0795	2.97	0.2127	2480.77	0.0385
深圳顺络电子股份有限公司	32600.00	0.0456	6145.00	0.0574	12.12	0.8681	1101.00	0.0171

续表

企业名称	营业收入（万元）	占比（%）	净利润（万元）	占比（%）	净资产收益率（%）	占比（%）	纳税（万元，不含代扣代缴）	占比（%）
深圳市沃尔核材股份有限公司	40489.00	0.0567	5345.00	0.0499	13.07	0.9362	3569.00	0.0554
深圳市天威视讯股份有限公司	75283.79	0.1054	7818.61	0.0730	6.44	0.4613	5703.71	0.0886
信达澳银基金管理有限公司	12657.00	0.0177	2425.00	0.0226	13.17	0.9433	1158.00	0.0180
银泰证券有限责任公司	22100.00	0.0309	7100.00	0.0663	11.62	0.8323	3284.25	0.0510
深圳市天健（集团）股份有限公司	266647.15	0.3734	5771.47	0.0539	2.45	0.1755	14197.66	0.2205
深圳市宇顺电子股份有限公司	53163.82	0.0744	3512.77	0.0328	7.62	0.5458	1934.57	0.0300
深圳市大族激光科技股份有限公司	195036.60	0.2731	3294.97	0.0308	0.15	0.0107	14928.51	0.2319
深圳市特发信息股份有限公司	87111.33	0.1220	4060.04	0.0379	5.52	0.3954	3246.42	0.0504
深圳南山热电股份有限公司	186782.97	0.2615	7411.54	0.0692	4.01	0.2872	12789.27	0.1987
深圳市芭田生态工程股份有限公司	14173.39	0.0198	1193.27	0.0111	2.21	0.1583	920.91	0.0143
深圳市拓日新能源科技股份有限公司	22936.83	0.0321	3102.46	0.0290	4.83	0.3460	1289.03	0.0200
深圳市特力（集团）股份有限公司	43268.00	0.0606	812.00	0.0076	3.78	0.2708	6628.00	0.1030
深圳市实益达科技股份有限公司	61617.72	0.0860	664.44	0.0060	1.30	0.093	579.53	0.0090
天马微电子股份有限公司	219044.76	0.3060	-20563.76	-0.1920	-17.96	-1.2864	7725.34	0.1200
深圳市深宝实业股份有限公司	18414.22	0.0258	-1290.51	-0.0120	-3.95	-0.2829	1505.71	0.0234
摩根士丹利华鑫基金管理有限公司	3909.00	0.0055	-2683.00	-0.0251	-34.00	-2.4353	176.00	0.0027
深圳市海普瑞药业股份有限公司	222412.00	0.3114	80905.00	0.7554	120.15	8.6061	7512.00	0.1167
平安证券有限责任公司	245100.00	0.3432	106900.00	0.9981	25.00	1.7907	30125.00	0.4679
健康元药业集团股份有限公司	368324.71	0.5157	78453.76	0.7325	15.57	1.1152	50010.90	0.7768
深圳市兆驰股份有限公司	284210.48	0.3980	24958.58	0.2330	41.50	2.9725	2895.26	0.0450
长盛基金管理有限公司	56610.97	0.0793	22971.67	0.2145	38.36	2.7476	8114.45	0.1260
中国宝安集团股份有限公司	326938.94	0.4578	25345.97	0.2367	13.55	0.9706	40109.68	0.6230

续表

企业名称	营业收入（万元）	占比（%）	净利润（万元）	占比（%）	净资产收益率（%）	占比（%）	纳税（万元，不含代扣代缴）	占比（%）
深圳诺普信农化股份有限公司	130823.00	0.1832	14267.00	0.1332	23.33	1.6711	2328.00	0.0362
深圳日海通讯技术股份有限公司	68497.12	0.0959	7254.21	0.0677	26.45	1.8945	5038.33	0.0783
招商基金管理有限公司	50602.24	0.0709	14053.93	0.1312	26.33	1.8860	5519.76	0.0857
中粮地产（集团）股份有限公司	201353.96	0.2819	37589.64	0.3510	10.49	0.7514	37139.44	0.5769
深圳赤湾港航股份有限公司	146543.45	0.2052	41886.48	0.3911	14.68	1.0515	14295.81	0.2221
深圳和而泰智能控制股份有限公司	32613.00	0.0457	3675.00	0.0343	26.55	1.9017	581.00	0.0090
第一创业证券有限责任公司	99200.00	0.1389	42100.00	0.3931	15.80	1.1317	20006.00	0.3107
长园集团股份有限公司	96960.84	0.1358	14097.16	0.1316	12.11	0.8674	9494.64	0.1475
深圳信立泰药业股份有限公司	84959.77	0.1190	21567.90	0.2014	13.29	0.9519	10102.27	0.1569
深圳市新亚电子制程股份有限公司	36524.73	0.0511	3113.78	0.0291	19.55	1.4003	2517.11	0.0391
深圳市科陆电子科技股份有限公司	43473.77	0.0609	7859.17	0.0734	16.10	1.1532	5609.80	0.0871
深圳市深信泰丰（集团）股份有限公司	33936.56	0.0475	12312.85	0.1150	15.27	1.0938	1046.44	0.0163
深圳莱宝高科技股份有限公司	63627.00	0.0891	17666.00	0.1649	10.98	0.7865	4287.00	0.0666
中航三鑫股份有限公司	168516.00	0.2360	3852.00	0.0360	6.68	0.4785	6059.00	0.0941
深圳市远望谷信息技术股份有限公司	23989.00	0.0336	5577.00	0.0521	12.83	0.9190	3268.00	0.0508
深圳市飞马国际供应链股份有限公司	134567.00	0.1884	1737.00	0.0162	4.02	0.2879	1020.00	0.0158
深圳中国农大科技股份有限公司	6008.06	0.0084	453.25	0.0042	3.96	0.2836	265.19	0.0041
深圳中恒华发股份有限公司	50826.28	0.0712	415.46	0.0039	1.66	0.1189	442.14	0.0069
五矿证券经纪有限责任公司	3337.00	0.0047	101.00	0.0009	0.37	0.0265	205.00	0.0032
广东宝利来投资股份有限公司	1009.24	0.0014	31.34	0.0003	0.43	0.0308	35.54	0.0006
深圳市太光电信股份有限公司	490.90	0.0007	-795.28	-0.0074	-0.06	-0.0044	18.73	0.0003
民生加银基金管理有限公司	2892.00	0.0040	-5996.00	-0.0560	-48.00	-3.4381	131.00	0.0020

续表

企业名称	营业收入（万元）	占比（%）	净利润（万元）	占比（%）	净资产收益率（%）	占比（%）	纳税（万元，不含代扣代缴）	占比（%）
人人乐连锁商业集团股份有限公司	876662.97	1.2275	22960.88	0.2144	26.53	1.9003	28805.71	0.4474
华泰联合证券有限责任公司	298900.00	0.4185	121500.00	1.1344	41.07	2.9417	42694.26	0.6632
景顺长城基金管理有限公司	79711.00	0.1116	33966.00	0.3171	46.00	3.2949	12827.00	0.1992
深圳市燃气集团股份有限公司	386419.76	0.5411	26930.71	0.2515	18.41	1.3187	41612.06	0.6463
深圳市富安娜家居用品股份有限公司	79178.54	0.1109	8610.53	0.0804	32.59	2.3343	6879.35	0.1069
深圳市齐心文具股份有限公司	71838.32	0.1006	7652.77	0.0715	17.13	1.2270	3293.25	0.0512
深圳市飞亚达（集团）股份有限公司	123739.79	0.1733	7075.05	0.0661	10.29	0.7370	5115.73	0.0795
深圳市长城投资控股股份有限公司	204072.67	0.2858	26663.58	0.2490	14.07	1.0078	1030.00	0.0160
深圳市广聚能源股份有限公司	92683.00	0.1298	11123.00	0.1039	7.01	0.5021	5370.00	0.0834
深圳市康达尔（集团）股份有限公司	143563.21	0.2010	5107.37	0.0477	0	0.0000	6207.63	0.0964
深圳赛格股份有限公司	28969.09	0.0406	-31256.67	-0.2918	-26.98	-1.9325	10748.13	0.1669
深圳赛格三星股份有限公司	53499.95	0.0749	-192637.01	-1.7987	-1092.55	-78.2567	2288.01	0.0355
融通基金管理有限公司	78621.95	0.1101	25816.30	0.2410	52.05	3.7282	8477.89	0.1317
诺安基金管理有限公司	63403.00	0.0888	32057.00	0.2993	48.80	3.4954	11800.00	0.1833
鹏华基金管理有限公司	80062.00	0.1121	27902.00	0.2605	39.79	2.8501	10367.00	0.1610
深圳市英威腾电气股份有限公司	32121.55	0.0450	8168.30	0.0763	51.29	3.6738	3401.76	0.0528
银华基金管理有限公司	86763.00	0.1215	28871.00	0.2696	38.80	2.7792	8579.00	0.1333
深圳市银之杰科技股份有限公司	7514.78	0.0105	2927.45	0.0273	31.38	2.2477	958.90	0.0149
深圳天源迪科信息技术股份有限公司	24631.07	0.0345	5665.78	0.0529	29.61	2.1209	1416.71	0.0220
深圳市卓翼科技股份有限公司	51693.81	0.0724	4970.53	0.0464	27.95	2.0020	857.63	0.0133
深圳浩宁达仪表股份有限公司	26880.81	0.0376	5463.89	0.0510	23.05	1.6510	3421.68	0.0531
深圳市朗科科技股份有限公司	27277.21	0.0382	3968.61	0.0371	22.38	1.6030	1028.48	0.0160

续表

企业名称	营业收入（万元）	占比（%）	净利润（万元）	占比（%）	净资产收益率（%）	占比（%）	纳税（万元，不含代扣代缴）	占比（%）
世纪证券有限责任公司	42000. 00	0. 0588	13500. 00	0. 1260	16. 60	1. 1890	4409. 38	0. 0685
英大证券有限责任公司	61700. 00	0. 0864	18600. 00	0. 1737	15. 51	1. 1109	8217. 00	0. 1276
深圳键桥通讯技术股份有限公司	17282. 94	0. 0242	4248. 21	0. 0397	18. 98	1. 3595	1930. 97	0. 0300
沙河实业股份有限公司	69389. 00	0. 0972	8023. 00	0. 0749	17. 26	1. 2363	2776. 00	0. 0431
深圳市成霖洁具股份有限公司	136764. 00	0. 1915	6866. 00	0. 0641	8. 60	0. 6160	2344. 00	0. 0364
华鑫证券有限责任公司	56100. 00	0. 0786	21400. 00	0. 1998	13. 15	0. 9419	6195. 72	0. 0962
深圳市惠程电气股份有限公司	31434. 04	0. 0440	7311. 30	0. 0683	13. 26	0. 9498	4138. 53	0. 0643
中山证券有限责任公司	53100. 00	0. 0744	23400. 00	0. 2185	8. 80	0. 6303	9335. 44	0. 1450
深圳市鸿基（集团）股份有限公司	69671. 83	0. 0976	6435. 64	0. 0601	7. 51	0. 5379	8538. 99	0. 1326
深圳新宙邦科技股份有限公司	30613. 00	0. 0429	5695. 00	0. 0532	11. 00	0. 7879	2895. 00	0. 0450
深圳市证通电子股份有限公司	54734. 00	0. 0766	3561. 00	0. 0332	9. 89	0. 7084	2180. 00	0. 0339
深圳市特尔佳科技股份有限公司	16603. 00	0. 0232	2801. 00	0. 0262	11. 84	0. 8481	1764. 00	0. 0274
深圳市天地（集团）股份有限公司	78013. 12	0. 1092	2460. 54	0. 0230	8. 00	0. 5730	7034. 80	0. 1093
深圳市纺织（集团）股份有限公司	48807. 33	0. 0683	3801. 55	0. 0355	8. 88	0. 6361	1479. 05	0. 0230
深圳市彩虹精细化工股份有限公司	32307. 52	0. 0452	3891. 29	0. 0363	9. 83	0. 7041	1519. 24	0. 0236
中信海洋直升机股份有限公司	80750. 40	0. 1131	11183. 45	0. 1044	4. 94	0. 3538	4856. 51	0. 0754
深圳奥特迅电子设备股份有限公司	14102. 58	0. 0197	2422. 23	0. 0226	4. 14	0. 2965	1550. 97	0. 0241
深圳市国际企业股份有限公司	2269. 40	0. 0032	691. 65	0. 0065	3. 11	0. 2228	73. 67	0. 0011
深圳中华自行车（集团）股份有限公司	26090. 81	0. 0365	－10616. 08	－0. 0991	0. 00	0. 0000	447. 88	0. 0070
泰复实业股份有限公司	1523. 60	0. 0021	－1383. 42	－0. 0129	－30. 17	－2. 1610	208. 53	0. 0032
合　计	71416374. 92		10710051. 24				6438024. 14	

续表

企业名称	提供就业岗位	占比（%）	社会捐赠（万元）	占比（%）	慈善事迹	环保贡献	综合数值	社会责任指数	排序
中国平安保险(集团)股份有限公司	100267	11.9939	2000.00	8.0721	1	1	2441.21	100.00	1
招商银行股份有限公司	40340	4.8255	1094.75	4.4185	1	1	2159.47	88.46	2
万科企业股份有限公司	17616	2.1072	4391.60	17.7248	1	1	2077.20	85.09	3
腾讯控股有限公司	7515	0.8989	8200.00	33.0957	1	1	2026.92	83.03	4
比亚迪股份有限公司	160000	19.1392	340.40	1.3739	1	1	2023.65	82.90	5
中兴通讯股份有限公司	70345	8.4147	300.00	1.2108	1	1	1875.16	76.81	6
中信证券股份有限公司	10282	1.2299	774.57	3.1262	1	1	1840.57	75.40	7
深圳发展银行股份有限公司	15347	1.8358	57.00	0.2301	1	1	1698.53	69.58	8
国信证券股份有限公司	9197	1.1001	423.51	1.7093	1	1	1678.01	68.74	9
招商证券股份有限公司	6064	0.7254	245.00	0.9888	1	1	1657.27	67.89	10
广深铁路股份有限公司	33170	3.9678	686.86	2.7722	1	1	1654.39	67.77	11
中国国际海运集装箱(集团)股份有限公司	32060	3.8350	112.10	0.4524	1	1	1646.09	67.43	12
金地(集团)股份有限公司	6958	0.8323	30.00	0.1211	1	1	1639.04	67.14	13
深圳华侨城控股股份有限公司	17066	2.0414	145.00	0.5852	1	1	1631.34	66.83	14
深圳迈瑞生物医疗电子股份有限公司	5763	0.6894	730.00	2.9463	1	1	1621.10	66.41	15
深圳能源集团股份有限公司	3871	0.4630	196.00	0.7911	1	1	1616.71	66.23	16
深圳市怡亚通供应链股份有限公司	2291	0.2740	462.00	1.8647	1	1	1616.23	66.21	17
博时基金管理有限公司	257	0.0307	284.27	1.1473	1	1	1613.01	66.07	18
招商局地产控股股份有限公司	8911	1.0659	99.00	0.3996	1	1	1610.40	65.97	19
安信证券股份有限公司	2361	0.2824	154.78	0.6247	1	1	1608.72	65.90	20
康佳集团股份有限公司	19800	2.3685	60.00	0.2422	1	1	1603.45	65.68	21
中国建银投资证券有限责任公司	4016	0.4804	18.30	0.0739	1	1	1599.91	65.54	22

续表

企业名称	提供就业岗位	占比（%）	社会捐赠（万元）	占比（%）	慈善事迹	环保贡献	综合数值	社会责任指数	排序
中国长城计算机深圳股份有限公司	3721	0.4451	43.25	0.1746	1	1	1592.64	65.24	23
华润三九医药股份有限公司	7716	0.9230	143.00	0.5772	1	1	1576.21	64.57	24
中国南玻集团股份有限公司	10109	1.2092	0.00	0.0000	1	1	1569.42	64.29	25
南方基金管理有限公司	305	0.0365	0.00	0.0000	1	1	1569.34	64.29	26
深圳长城开发科技股份有限公司	13955	1.6693	20.00	0.0807	1	1	1567.84	64.22	27
深圳市中金岭南有色金属股份有限公司	10209	1.2212	47.00	0.1897	1	1	1565.79	64.14	28
深圳一致药业股份有限公司	3016	0.3608	6.35	0.0256	1	1	1564.54	64.09	29
大成基金管理有限公司	199	0.0238	122.44	0.4942	1	1	1561.36	63.96	30
深圳市漫步者科技股份有限公司	2772	0.3316	168.50	0.6801	1	1	1558.14	63.83	31
深圳中航集团股份有限公司	12399	1.4832	539.00	2.1754	1	1	1556.54	63.76	32
长城基金管理有限公司	112	0.0134	13.05	0.0527	1	1	1549.89	63.49	33
华联控股股份有限公司	603	0.0721	3.40	0.0137	1	1	1542.27	63.18	34
深圳香江控股股份有限公司	1728	0.2067	3.00	0.0121	1	1	1541.54	63.15	35
深圳劲嘉彩印集团股份有限公司	2601	0.3111	32.00	0.1292	1	1	1540.54	63.11	36
深圳世联地产顾问股份有限公司	3481	0.4164	34.40	0.1388	1	1	1540.34	63.10	37
深圳市洪涛装饰股份有限公司	452	0.0541	5.00	0.0202	1	1	1540.25	63.09	38
雅致集成房屋股份有限公司	6582	0.7873	20.90	0.0844	1	1	1540.00	63.08	39
深圳市机场股份有限公司	3926	0.4696	38.34	0.1547	1	1	1538.85	63.04	40
深圳市海王生物工程股份有限公司	3076	0.3680	518.56	2.0929	1	1	1537.24	62.97	41
深圳市美盈森环保科技股份有限公司	1420	0.1699	18.00	0.0726	1	1	1535.28	62.89	42
国投瑞银基金管理有限公司	129	0.0154	7.40	0.0299	1	1	1534.95	62.88	43
华林证券有限责任公司	1542	0.1845	5.36	0.0216	1	1	1534.53	62.86	44

续表

企业名称	提供就业岗位	占比（%）	社会捐赠（万元）	占比（%）	慈善事迹	环保贡献	综合数值	社会责任指数	排序
长城证券有限责任公司	1110	0.1328	0.00	0.0000	1	1	1532.95	62.79	45
深圳市振业（集团）股份有限公司	250	0.0299	4.22	0.0170	1	1	1532.25	62.77	46
深圳市中青宝网网络科技股份有限公司	571	0.0683	25.00	0.1009	1	1	1531.91	62.75	47
深圳中航地产股份有限公司	9400	1.1244	14.13	0.0570	1	1	1531.56	62.74	48
深圳市华测检测技术股份有限公司	1226	0.1467	4.30	0.0174	1	1	1529.91	62.67	49
深圳市新纶科技股份有限公司	1000	0.1196	0.00	0.0000	1	1	1529.55	62.66	50
深圳高速公路股份有限公司	1881	0.2250	106.35	0.4292	1	1	1529.07	62.64	51
众成证券经纪有限公司	261	0.0312	2.18	0.0088	1	1	1528.39	62.61	52
深圳市格林美高新技术股份有限公司	918	0.1098	5.40	0.0218	1	1	1527.97	62.59	53
深圳华强实业股份有限公司	1436	0.1718	0.17	0.0007	1	1	1526.48	62.53	54
深圳信隆实业股份有限公司	6527	0.7808	8.08	0.0326	1	1	1525.51	62.49	55
研祥智能科技股份有限公司	1932	0.2311	150.00	0.6054	1	1	1525.45	62.49	56
深圳市盐田港股份有限公司	676	0.0809	7.85	0.0317	1	1	1523.37	62.40	57
方大集团股份有限公司	2175	0.2602	193.00	0.7790	1	1	1523.12	62.39	58
深圳市通产丽星股份有限公司	1472	0.1761	59.63	0.2407	1	1	1522.84	62.38	59
深圳市拓邦电子科技股份有限公司	2309	0.2762	4.50	0.0182	1	1	1521.27	62.32	60
深圳市得润电子股份有限公司	2823	0.3377	31.70	0.1279	1	1	1520.36	62.28	61
宝盈基金管理有限公司	112	0.0134	2.00	0.0081	1	1	1518.75	62.21	62
深圳市同洲电子股份有限公司	4105	0.4910	12.00	0.0484	1	1	1518.48	62.20	63
深圳赤湾石油基地股份有限公司	423	0.0506	12.00	0.0484	1	1	1517.96	62.18	64
深圳市农产品股份有限公司	5370	0.6424	17.10	0.0690	1	1	1517.90	62.18	65
深圳顺络电子股份有限公司	1300	0.1555	10.00	0.0404	1	1	1517.56	62.16	66

续表

企业名称	提供就业岗位	占比（%）	社会捐赠（万元）	占比（%）	慈善事迹	环保贡献	综合数值	社会责任指数	排序
深圳市沃尔核材股份有限公司	496	0.0593	4.00	0.0161	1	1	1517.52	62.16	67
深圳市天威视讯股份有限公司	422	0.0505	115.00	0.4641	1	1	1516.32	62.11	68
信达澳银基金管理有限公司	71	0.0085	12.00	0.0484	1	1	1515.64	62.09	69
银泰证券有限责任公司	443	0.0530	0.49	0.0020	1	1	1515.52	62.08	70
深圳市天健(集团)股份有限公司	1458	0.1744	8.13	0.0328	1	1	1515.29	62.07	71
深圳市宇顺电子股份有限公司	2439	0.2918	1.00	0.0040	1	1	1514.66	62.05	72
深圳市大族激光科技股份有限公司	2790	0.3337	23.00	0.0928	1	1	1514.13	62.02	73
深圳市特发信息股份有限公司	1136	0.1359	61.35	0.2476	1	1	1513.60	62.00	74
深圳南山热电股份有限公司	363	0.0434	0.50	0.0020	1	1	1512.92	61.97	75
深圳市芭田生态工程股份有限公司	2361	0.2824	115.00	0.4641	1	1	1511.93	61.93	76
深圳市拓日新能源科技股份有限公司	1258	0.1505	3.04	0.0123	1	1	1508.79	61.80	77
深圳市特力(集团)股份有限公司	719	0.0860	3.27	0.0132	1	1	1508.05	61.77	78
深圳市实益达科技股份有限公司	1726	0.2065	5.00	0.0202	1	1	1506.22	61.70	79
天马微电子股份有限公司	6063	0.7253	200.00	0.8072	1	1	1503.18	61.58	80
深圳市深宝实业股份有限公司	440	0.0526	0.72	0.0029	1	1	1497.13	61.33	81
摩根士丹利华鑫基金管理有限公司	70	0.0084	7.97	0.0322	1	1	1463.66	59.96	82
深圳市海普瑞药业股份有限公司	523	0.0626		0.0000	0	1	1147.78	47.02	83
平安证券有限责任公司	1062	0.1270	222.00	0.8960	0	1	1064.86	43.62	84
健康元药业集团股份有限公司	9766	1.1682	0.00	0.0000	0	1	1064.63	43.61	85
深圳市兆驰股份有限公司	2201	0.2633	5.50	0.0222	0	1	1058.90	43.38	86
长盛基金管理有限公司	155	0.0185	0.00	0.0000	0	1	1047.79	42.92	87
中国宝安集团股份有限公司	5148	0.6158	0.00	0.0000	0	1	1043.56	42.75	88

续表

企业名称	提供就业岗位	占比（%）	社会捐赠（万元）	占比（%）	慈善事迹	环保贡献	综合数值	社会责任指数	排序
深圳诺普信农化股份有限公司	3857	0. 4614	0. 00	0. 0000	0	1	1037. 28	42. 49	89
深圳日海通讯技术股份有限公司	1106	0. 1323	0. 00	0. 0000	0	1	1034. 03	42. 36	90
招商基金管理有限公司	170	0. 0203	0. 00	0. 0000	0	1	1032. 91	42. 31	91
中粮地产(集团)股份有限公司	1513	0. 1810	0. 00	0. 0000	0	1	1032. 13	42. 28	92
深圳赤湾港航股份有限公司	1899	0. 2272	8. 30	0. 0335	0	1	1031. 79	42. 27	93
深圳和而泰智能控制股份有限公司	959	0. 1147	0. 00	0. 0000	0	1	1031. 58	42. 26	94
第一创业证券有限责任公司	819	0. 0980	10. 00	0. 0404	0	1	1031. 49	42. 25	95
长园集团股份有限公司	3573	0. 4274	0. 00	0. 0000	0	1	1025. 65	42. 01	96
深圳信立泰药业股份有限公司	1465	0. 1752	0. 00	0. 0000	0	1	1024. 07	41. 95	97
深圳市新亚电子制程股份有限公司	568	0. 0679	6. 00	0. 0242	0	1	1024. 06	41. 95	98
深圳市科陆电子科技股份有限公司	1541	0. 1843	13. 00	0. 0525	0	1	1023. 91	41. 94	99
深圳市深信泰丰(集团)股份有限公司	1200	0. 1435	0. 00	0. 0000	0	1	1021. 24	41. 83	100
深圳莱宝高科技股份有限公司	1088	0. 1301	0. 00	0. 0000	0	1	1018. 56	41. 72	101
中航三鑫股份有限公司	3108	0. 3718	0. 00	0. 0000	0	1	1018. 24	41. 71	102
深圳市远望谷信息技术股份有限公司	425	0. 0508	0. 00	0. 0000	0	1	1016. 59	41. 64	103
深圳市飞马国际供应链股份有限公司	384	0. 0459	0. 00	0. 0000	0	1	1008. 32	41. 30	104
深圳中国农大科技股份有限公司	291	0. 0348	0. 00	0. 0000	0	1	1005. 03	41. 17	105
深圳中恒华发股份有限公司	1071	0. 1281	0. 00	0. 0000	0	1	1004. 93	41. 17	106
五矿证券经纪有限责任公司	105	0. 0126	0. 00	0. 0000	0	1	1000. 72	40. 99	107
广东宝利来投资股份有限公司	22	0. 0026	0. 00	0. 0000	0	1	1000. 54	40. 99	108
深圳市太光电信股份有限公司	10	0. 0012	0. 00	0. 0000	0	1	999. 86	40. 96	109
民生加银基金管理有限公司	65	0. 0078	0. 00	0. 0000	0	1	947. 80	38. 82	110

续表

企业名称	提供就业岗位	占比（%）	社会捐赠（万元）	占比（%）	慈善事迹	环保贡献	综合数值	社会责任指数	排序
人人乐连锁商业集团股份有限公司	19112	2. 2862	8. 23	0. 0332	1	0	591. 47	24. 23	111
华泰联合证券有限责任公司	3578	0. 4280	80. 00	0. 3229	1	0	587. 02	24. 05	112
景顺长城基金管理有限公司	109	0. 0130	0. 00	0. 0000	1	0	559. 04	22. 90	113
深圳市燃气集团股份有限公司	4906	0. 5869	31. 77	0. 1282	1	.0	551. 45	22. 59	114
深圳市富安娜家居用品股份有限公司	3132	0. 3746	20. 00	0. 0807	1	0	545. 91	22. 36	115
深圳市齐心文具股份有限公司	2847	0. 3406	86. 00	0. 3471	1	0	530. 33	21. 72	116
深圳市飞亚达（集团）股份有限公司	2379	0. 2846	201. 51	0. 8133	1	0	528. 24	21. 64	117
深圳市长城投资控股股份有限公司	1214	0. 1452	6. 71	0. 0271	1	0	525. 83	21. 54	118
深圳市广聚能源股份有限公司	728	0. 0871	16. 00	0. 0646	1	0	514. 24	21. 06	119
深圳市康达尔（集团）股份有限公司	451	0. 0539	5. 51	0. 0222	1	0	506. 21	20. 74	120
深圳赛格股份有限公司	138	0. 0165	1. 04	0. 0042	1	0	470. 04	19. 25	121
深圳赛格三星股份有限公司	212	0. 0254	9. 20	0. 0371	1	1	301. 58	12. 35	122
融通基金管理有限公司	130	0. 0156		0. 0000	0	0	63. 40	2. 60	123
诺安基金管理有限公司	95	0. 0114		0. 0000	0	0	61. 17	2. 51	124
鹏华基金管理有限公司	176	0. 0211	200. 00	0. 8072	0	0	59. 14	2. 42	125
深圳市英威腾电气股份有限公司	520	0. 0622	2. 81	0. 0113	0	0	58. 76	2. 41	126
银华基金管理有限公司	221	0. 0264	0. 00	0. 0000	0	0	49. 95	2. 05	127
深圳市银之杰科技股份有限公司	289	0. 0346	0. 00	0. 0000	0	0	35. 02	1. 43	128
深圳天源迪科信息技术股份有限公司	810	0. 0969	0. 00	0. 0000	0	0	34. 91	1. 43	129
深圳市卓翼科技股份有限公司	1018	0. 1218	0. 00	0. 0000	0	0	33. 84	1. 39	130
深圳浩宁达仪表股份有限公司	734	0. 0878	0. 00	0. 0000	0	0	28. 21	1. 16	131
深圳市朗科科技股份有限公司	236	0. 0282	0. 00	0. 0000	0	0	25. 84	1. 06	132

续表

企业名称	提供就业岗位	占比（%）	社会捐赠（万元）	占比（%）	慈善事迹	环保贡献	综合数值	社会责任指数	排序
世纪证券有限责任公司	1595	0.1908	0.05	0.0002	0	0	24.50	1.00	133
英大证券有限责任公司	432	0.0517	0.00	0.0000	0	0	23.25	0.95	134
深圳键桥通讯技术股份有限公司	246	0.0294	0.00	0.0000	0	0	22.24	0.91	135
沙河实业股份有限公司	104	0.0124	2.00	0.0081	0	0	22.04	0.90	136
深圳市成霖洁具股份有限公司	4500	0.5383	0.00	0.0000	0	0	21.69	0.89	137
华鑫证券有限责任公司	486	0.0581	0.00	0.0000	0	0	20.62	0.84	138
深圳市惠程电气股份有限公司	610	0.0730	0.00	0.0000	0	0	17.99	0.74	139
中山证券有限责任公司	672	0.0804	0.00	0.0000	0	0	17.23	0.71	140
深圳市鸿基（集团）股份有限公司	1926	0.2304	0.00	0.0000	0	0	15.88	0.65	141
深圳新宙邦科技股份有限公司	382	0.0457	0.00	0.0000	0	0	14.62	0.60	142
深圳市证通电子股份有限公司	693	0.0829	10.00	0.0404	0	0	14.43	0.59	143
深圳市特尔佳科技股份有限公司	257	0.0307	0.00	0.0000	0	0	14.33	0.59	144
深圳市天地（集团）股份有限公司	1107	0.1324	0.00	0.0000	0	0	14.20	0.58	145
深圳市纺织（集团）股份有限公司	770	0.0921	6.81	0.0275	0	0	13.10	0.54	146
深圳市彩虹精细化工股份有限公司	512	0.0612	0.00	0.0000	0	0	13.06	0.53	147
中信海洋直升机股份有限公司	730	0.0873	0.00	0.0000	0	0	11.01	0.45	148
深圳奥特迅电子设备股份有限公司	372	0.0445	0.00	0.0000	0	0	6.11	0.25	149
深圳市国际企业股份有限公司	281	0.0336	0.00	0.0000	0	0	4.01	0.16	150
深圳中华自行车（集团）股份有限公司	87	0.0104	0.00	0.0000	0	0	（0.68）	-0.03	151
泰复实业股份有限公司	8	0.0010	0.00	0.0000	0	0	（32.51）	-1.33	152
合计	835981		24776.60						

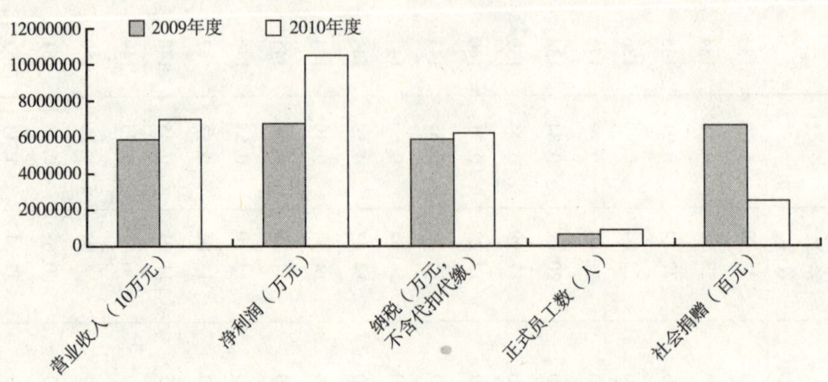

图2－2　深圳资本圈企业2009、2010年社会责任参数对比

如图2－3，相关度分析数据表明，深圳资本圈中的各个企业，其营业收入与社会捐赠数额呈正相关，相关度达93%以上。也就是说，收入越高的企业，越能捐钱；企业营业收入与纳税额的数据亦呈正相关，相关度达近99%，表明高收入企业几乎百分之百是纳税大户；企业净利润与其员工总数相关度为97%以上，表明这些企业绝大多数为非劳动密集型企业，凸显其“单位人力资本”的价值；企业员工人数与其社会捐赠相关度则为92%以上，表明人数越多的公司，其“善人”人数一般也较多。综上所述，深圳资本圈企业创造的经济价值，与其慈善责任、解决员工就业的责任、纳税责任成正相关。

如表2－2，“综合指数TOP10%”企业（综合指数列在前15位的企业）依

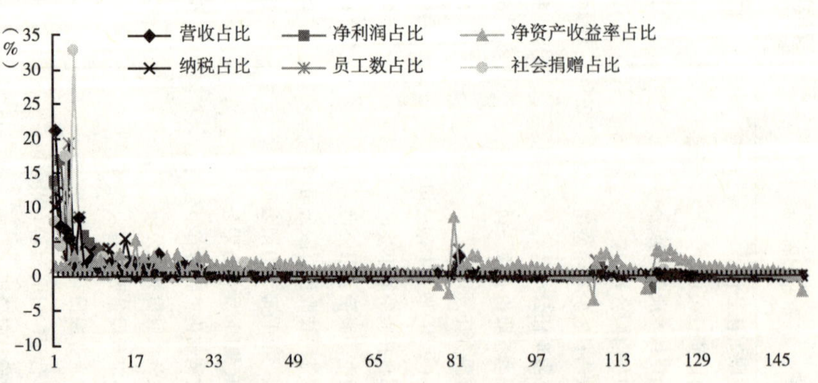

图2－3　深圳资本圈企业六项社会责任参数相关度示意*

*为便于阅读，本图剔除了“赛格三星”净资产收益率的“极端”数据。

次为，中国平安、招商银行、万科、腾讯、比亚迪、中兴通讯、中信证券、深发展、国信证券、招商证券、广深铁路、中集集团、金地、华侨城控股、迈瑞。其中除国信证券外，皆为上市公司，可见上市公司在各项参数上更容易产生“规模效应”。在这前15位企业中，6家为“金融类企业”，即中国平安、招商银行、中信证券、国信证券、深发展、招商证券；3家为房地产公司，即万科、金地、华侨城控股（地产和旅游）；1家为互联网企业，即腾讯公司；1家为能源类企业，即“深能源”；1家为交通类企业，即广深铁路；其余4家为“实业公司”，分别为比亚迪、中兴通讯、中集集团迈瑞。在这15家企业中，腾讯、金地、华侨城、迈瑞为“新晋TOP 10%”。

计算表明，综合指数TOP10%的企业，其营业收入加总为47407841.36万元，占深圳资本圈企业总营收的66.38%；其净利润总和为7870732.1万元，占表2-2所有公司净利润总和的73.49%；税收加总为4282252.76万元，占比为66.52%；员工总数为531990人，占比为63.64%；慈善捐赠总额为19530.78万元，占比达到78.83%；

2010年度，深圳资本圈企业社会责任综合指数位列第一的公司为中国平安，其各项参数均表现优异，其中“营业收入”占比为20.7%，“净利润”占比为13.52%，净资产收益率为18.5%，“实缴税收”占比达9.82%，提供全职就业岗位数占比为11.99%，“社会慈善捐助”占比为8.07%，其综合指数为100；位居榜眼的是招商银行，万科企业蝉联探花之位，其综合指数分别为88.46和85.09，它们除各项参数“均好”外，招商银行的“净利润”和“纳税额”参数非常优越，占比分别达到16.48%和11.02%。万科的两项非常棒的参数则是纳税额（占比11.63%）和慈善捐赠（占比17.72%）；第4位的腾讯各项指标也都不错，其中慈善捐赠项尤为突出，占比高达33.1%，其综合指数为83.03。比亚迪2009年吸纳就业人数（正式员工）达16万人，比上年增加3万人，其综合指数位列第5，为82.9。

在智力密集型的证券行业，中信证券、国信证券和招商证券均跻身“综合指数TOP10%”，其净利润、净资产收益和慈善捐赠指标突出。在员工人数较少的基金管理公司中，博时基金、南方基金、大成基金分别名列第18、26、30位，综合指数分别达到66.07、64.29和63.96。

从某种意义上来说，表2-2中综合指数越高的企业，其在社会责任履行方面越值得称道。但我们并非只关注高指数公司，因为各企业因所处发展阶段、所处行业、营商环境和资源掌控程度不同，所以，其对社会责任的承担方式与承担程度也不尽相同。我们认为，肯为社会责任作出努力者，其行为均应得到肯定与鼓励，因此，对于那些经济规模较小或面临困难而仍然牢记社会责任的企业，我们也在后文中列举了它们的相关事迹。例如位列第 111 的“人人乐连锁”，为社会创造了 19112 个就业岗位。

第三节　经济责任：赚钱机器的本色是财务成功

营业收入：企业的“打底衣裳”

“营利”对于我们这个“含蓄”的民族来说，总有点说不出口，然而在市场经济社会，利己也好，利他也好，企业一定是要为赚钱而劳碌且不允许空劳一场的——若没有正常的营业收入进账，不仅企业的股东得不到收益，其员工、上下游客户、消费者等所有利益相关者及其家庭的生计也会受到影响，更别说有能力（长久地）支付其他“社会责任”。因此，纵然一些企业将赚钱的终极目标落实在实现社会价值上，但如果没有营收，又如何去完成崇高的使命？所以，企业赚钱能力比“花钱行善能力”来得重要。与此同时，社会也应该意识到，履行企业社会责任，也是需要成本的。专家指出，这将是影响更为深远的企业社会责任教育。

营业收入即企业在从事销售商品和服务，或提供劳务、让渡资产使用权等日常经营业务过程中所形成的经济利益的总流入，该数据分为主营业务收入和其他业务收入。其计算公式为：营业收入 = 主营业务收入 + 其他业务收入 + 投资收益 + 营业外收入 + 补贴收入。该参数是直观反映一家企业市场地位的重要指标之一。企业的精神在于执著创造经济价值的精神，经济价值需要要通过交易来实现，有人愿意花钱乃至花大价钱购买一家企业的产品或服务，便说明其劳动被社会所接受了，这家企业就有了营业收入，它主观上创造了企业价值，客观上则创造了社会财富。该项参数，是综合反映一家企业市场地位的关键数据之一。

表 2 - 2 显示，2009 年，深圳资本圈企业共创造近 7142 亿元营业收入，平均每家企业营收额近 47 亿元。不过各公司间的差距也是十分明显的：第一名“中

国平安”的总营收（1478.35 亿元），是营收排名倒数第一的“太光电信”总营收（490.9 万元）的 3 万多倍；营收排名前 10 位的公司，其营收总额达 44187457.94 万元，占营业收入总额近 62%。

表 2－3 数据显示，中国平安、中兴通讯和招商银行位列 2010 年度深圳资本圈企业营业收入指数前三甲（上年为平安保险、招商银行和中集集团），万科和比亚迪分列第四、五名。

表 2－3　2010 年度深圳资本圈企业营业收入指数前 50 名

排序	企业名称	2009 年营业收入（万元）	营收指数
1	中国平安保险(集团)股份有限公司	14783500.00	100.00
2	中兴通讯股份有限公司	6027300.00	40.77
3	招商银行股份有限公司	5144600.00	34.80
4	万科企业股份有限公司	4888000.00	33.06
5	比亚迪股份有限公司	3976518.00	26.90
6	中国长城计算机深圳股份有限公司	2267313.95	15.34
7	中信证券股份有限公司	2200700.00	14.89
8	中国国际海运集装箱(集团)股份有限公司	2047550.70	13.85
9	深圳发展银行股份有限公司	1511444.00	10.22
10	深圳长城开发科技股份有限公司	1340531.29	9.07
11	康佳集团股份有限公司	1325000.00	8.96
12	腾讯控股有限公司	1243996.00	8.41
13	广深铁路股份有限公司	1238575.66	8.38
14	金地(集团)股份有限公司	1210000.00	8.18
15	深圳能源集团股份有限公司	1138867.31	7.70
16	深圳华侨城控股股份有限公司	1095700.00	7.41
17	深圳一致药业股份有限公司	1094993.69	7.41
18	招商局地产控股股份有限公司	1013770.00	6.86
19	人人乐连锁商业集团股份有限公司	876662.97	5.93
20	招商证券股份有限公司	867995.00	5.87
21	国信证券股份有限公司	834100.00	5.64
22	深圳市中金岭南有色金属股份有限公司	758321.00	5.13
23	中国南玻集团股份有限公司	527910.01	3.57
24	深圳中航集团股份有限公司	509228.30	3.44
25	华润三九医药股份有限公司	485300.00	3.28
26	安信证券股份有限公司	467900.00	3.17

续表

排序	企业名称	2009 年营业收入（万元）	营收指数
27	中国建银投资证券有限责任公司	437900.00	2.96
28	深圳市燃气集团股份有限公司	386419.76	2.61
29	健康元药业集团股份有限公司	368324.71	2.49
30	深圳迈瑞生物医疗电子股份有限公司	337862.00	2.29
31	中国宝安集团股份有限公司	326938.94	2.21
32	华泰联合证券有限责任公司	298900.00	2.02
33	深圳市兆驰股份有限公司	284210.48	1.92
34	深圳市海王生物工程股份有限公司	271004.29	1.83
35	深圳市天健(集团)股份有限公司	266647.15	1.80
36	深圳市怡亚通供应链股份有限公司	264900.95	1.79
37	平安证券有限责任公司	245100.00	1.66
38	深圳市海普瑞药业股份有限公司	222412.00	1.50
39	深圳华强实业股份有限公司	219690.90	1.49
40	天马微电子股份有限公司	219044.76	1.48
41	深圳香江控股股份有限公司	216791.66	1.47
42	深圳劲嘉彩印集团股份有限公司	215444.42	1.46
43	深圳市长城投资控股股份有限公司	204072.67	1.38
44	中粮地产(集团)股份有限公司	201353.96	1.36
45	深圳市同洲电子股份有限公司	198981.02	1.35
46	深圳市大族激光科技股份有限公司	195036.60	1.32
47	华联控股股份有限公司	191966.00	1.30
48	雅致集成房屋股份有限公司	191571.11	1.30
49	博时基金管理有限公司	189445.00	1.28
50	深圳南山热电股份有限公司	186782.97	1.26

平安保险，这家22年前诞生于蛇口的公司，如今已成为资产近万亿元、年净利润超百亿元的全能金融企业，其目标是实现“保险·银行·投资”三驾马车并驾齐驱。“跟同业比起来，平安不安分”，其副董事长兼副 CEO 孙建一说，公司的很多灵感来自境外，平安善于捕捉新理念，并能够迅速开展从模仿、创新到超越的行动。

中兴通讯 2009 年实现营业收入 602.7 亿元，同比增长 36.08%，净利润 24.58 亿元，同比增长 48.06%，全面摊薄后每股收益为 1.33 元。其经济表现主要得益于内销收入较上年增长74.1%。有分析师认为，中国3G建设启动、宽产品线战略和技术及服务能力，使其在无线、光传输有线及终端等领域大有作为，其研发费用占营收比重升至9.6%，更为其后续收入增长奠定了创新基础。因金融危机冲击，全球电信投资在2008下半年及2009年出现紧缩，而以华为、中兴为代表的中国电信设备提供商，在历经20多年的全球竞争中逐渐成长壮大，以致形成“华为、中兴近年收入及利润快速增长，同时爱立信、诺西、阿朗、摩托罗拉等世界巨头收入下滑甚至长期亏损”的局面。华为与中兴在欧美等发达国家频频获得订单，说明世界主流电信运营商已认可中国公司的技术及服务能力。

招商银行在此次营业收入中排名第三，实际上该行2009年营收同比下降了6.98%，其中净息差收窄是主要原因。但该行净手续费及佣金收入占总营入达15.54%，比上年增加1.54%；代理基金收入11.14亿元，比上年增长65.28%。目前其高端客户“金葵花客户”数量为55.3万户，管理其资产达9444亿元，增长43.24%；私人银行客户数比年初增长39.18%，私人银行客户总资产管理规模比年初增长39.67%。优异的基本面结构，构成了该行未来不错的竞争力。

万科企业2009年实现营业收入488.8亿元，较上年增长19.2%，成为国内首家销售额突破600亿元的房地产公司，并在第二年获得全球住宅企业销售冠军。万科将2009年自行设定为“绿色战略元年”，表示至此将全面推动装修房、标准化、工业化以及绿色住宅方面的探索与实践，以迎接低碳经济时代。“2010年公司将以业绩增长和绿色战略为中心，在确保经营稳健的同时，促进业绩增长和市场地位的提升，推动公司向绿色企业转型，实现投资者、客户、员工、产品和服务等各方面的均好发展。”该公司总裁郁亮称。

比亚迪2009年营业收入达到397.65亿元，这归因于其汽车业务增长强劲——营业额为209.91亿元，净利润35.13亿元，同比增长约6倍。在中汽协公布的数据中，该公司2009年实现了44.84万辆的销量，同比增长1.6倍，在乘用车企业销量中排名第9。而据比亚迪年报，其旗下的F3车型全年销量约29万辆，是2009年全国轿车单一车型销售冠军。该公司希望未来进入MPV及SUV产品领域，扩充产能并拓展销售渠道，还希望加大海外市场开拓力度和新能源汽车投入力度。

据媒体报道，2010年9月底，世界投资家巴菲特在中国采取了如下行动：

出现在比亚迪汽车销售突破100万辆庆功会上、为比亚迪和南方电网合作站台、在长沙见证了其K9电动客车下线，还在北京助阵比亚迪M6发布和比亚迪援助西藏的慈善捐赠活动，免费与上千名比亚迪经销商共进晚餐，并自掏腰包从美国带来500份餐后甜点……在几乎所有活动公开场合，巴菲特对这个2008年9月选择的投资对象，不吝赞美之词。在参观了比亚迪在坪山、葵涌、宝龙以及惠州的生产基地后，他称该公司“应该是把汽车和新能源结合得最好的企业”。巴菲特在比亚迪的参观内容，集中在与电动汽车有关的项目上，如铁电池车间、电池隔膜纸车间、电动汽车充电站等，可以看出这位投资家这笔投资的主要着眼点在于新能源领域。“是比亚迪在新能源领域‘电动汽车、储能电站、太阳能电站’的三大梦想打动了我。”他说，此次中国之行更是坚定了其投资信心。招商证券一份研究报告指出，新能源已成为全球发展趋势，而比亚迪在这方面有先发优势，这是巴菲特最看重的；而投资必须在产业完全兴起之前完成，因此巴菲特如果增持股份也不意外。渤海证券亦认为，从巴菲特的紧密行程来看，他不仅会重申对比亚迪的支持，有可能还会加大投资规模。

利润指数TOP50：金融、地产、互联网、制造业、物流全齐了

经济学告诉我们，企业要生存和发展，必须要有足够的利润，利润是市场给予企业成功与否的评价。市场的伟大之处在于，通过价格配置资源，通过利润寻找成功的企业。企业经营的好坏，都是通过利润体现的。因此，企业中每一位称职的经理，都应竭力让企业创造更多的利润，并不断提醒员工注意其个人活动与公司生命的因果关系，以确保利润不致下降。从宏观层面讲，国家经济的持续增长亦来源于企业利润。企业一旦赚钱，便可进行转投资、吸纳就业、增加消费，并带来至少5倍的乘数效应。

企业净利润（即税后利润或净收入）和净资产收益率，可大体反映一家公司一年来的整体经营成果：净利润可综合体现出一家公司按规定缴纳所得税后的净经营成果。对股东而言，它是获得投资回报率的基本数据，对企业管理者而言，它是进行经营管理决策的基础，也是评价企业盈利能力、管理绩效以至偿债能力的基本工具。因此，协会对企业盈利能力的评定，一直以利润为主要导向。

2009年，招商银行仍是利润最高的企业，中国平安相对于招商银行100的净利润指数，得分为82，中信证券得分为51，此净利润三甲所处的行业分别为

银行、保险、证券。接下来是地产企业万科、互联网企业腾讯，得分都在30左右。在净利润指数前10的公司中，有3家证券公司（中信、国信、招商）、2家银行（招银与深发展）、1家保险公司（平保）、1家地产公司（万科）、1家互联网公司（腾讯）以及2家制造业企业（比亚迪、中兴通讯）。而深圳资本圈企业净利润总额为10710051.24万元，较上年的6811282.38万元同比增长了57.24%。该项指标大幅上涨的原因，除各企业基本面数据增长外，2010年度有数据的企业从124家增至152家，也是重要因素。

深圳企业大多是市场化运作的公司，很少依靠政府之手获得高额溢价，更少见通过特殊身份求得源源不断的低息贷款、企业债与股票发行价格。因此，它们的生存大都以市场需求为导向，以竞争的优胜劣汰为手段，崇尚效率。所以这些企业能够在市场中盈利，较有政府隐性担保的企业或垄断类公司，更能赢得市场尊敬。

净资产收益率的“含金量”

净资产收益率即股东权益收益率，是公司税后净利润与平均股东权益（净资产）的百分比。该指标值的高低，可衡量公司对股东投入资本的利用效率公司运用自有资本的效率，指标值越高，说明投资带来的收益越高。用该指标来衡量企业的获得能力和投资管理水平，可弥补净利润指标的不足。当然，该指标的高低与行业和具体企业的某些项目是否在投资期，也有很大关系，与此同时，高净资产收益率只有与净资产本身做依托，其“含金量”才充足。

如表2-4、表2-5，“净利润”和“净资产收益率”指数前50位，几乎成了银行、证券、基金、保险等金融服务企业，以及地产、交通、资源类企业的天下，好在还不乏比亚迪、中兴通讯、迈瑞、南玻、海普瑞、长城开发科技、劲嘉、兆驰、英威腾电气、富安娜、漫步者科技、人人乐等制造、零售和高科技企业，以及互联网公司腾讯的身影。而据报道，美国前10名最赚钱的企业，5家是IT公司，2家在能源行业，1家为零售企业，1家属于日化业，1家为医药业。业内人士认为，若银行是最赚钱的行业，则反映出中国企业使用资金的成本较高。而中国大企业的红利，不少是资源红利、行业红利、人口红利、政策红利，较少是经营管理红利和创新技术红利，因此，让经营管理和创新技术创造价值，将越来越成为企业持续发展的战略任务。

表2-4　2010年度深圳资本圈企业净利润指数前50名

排序	企业名称	净利润(万元)	净利润指数
1	招商银行股份有限公司	1765100.00	100.00
2	中国平安保险(集团)股份有限公司	1448200.00	82.05
3	中信证券股份有限公司	898400.00	50.90
4	万科企业股份有限公司	533000.00	30.20
5	腾讯控股有限公司	522161.10	29.58
6	深圳发展银行股份有限公司	503072.90	28.50
7	国信证券股份有限公司	414400.00	23.48
8	比亚迪股份有限公司	407844.00	23.11
9	招商证券股份有限公司	372772.00	21.12
10	中兴通讯股份有限公司	245800.00	13.93
11	深圳能源集团股份有限公司	231758.24	13.13
12	安信证券股份有限公司	211600.00	11.99
13	中国建银投资证券有限责任公司	185900.00	10.53
14	金地(集团)股份有限公司	180000.00	10.20
15	招商局地产控股股份有限公司	175447.00	9.94
16	深圳华侨城控股股份有限公司	170600.00	9.67
17	中国国际海运集装箱(集团)股份有限公司	146538.50	8.30
18	广深铁路股份有限公司	135626.60	7.68
19	深圳迈瑞生物医疗电子股份有限公司	127217.00	7.21
20	华泰联合证券有限责任公司	121500.00	6.88
21	平安证券有限责任公司	106900.00	6.06
22	中国南玻集团股份有限公司	91460.95	5.18
23	博时基金管理有限公司	85888.00	4.87
24	深圳市海普瑞药业股份有限公司	80905.00	4.58
25	南方基金管理有限公司	78494.92	4.45
26	健康元药业集团股份有限公司	78453.76	4.44
27	华润三九医药股份有限公司	70900.00	4.02
28	长城证券有限责任公司	70900.00	4.02
29	深圳市机场股份有限公司	58292.65	3.30
30	深圳高速公路股份有限公司	54021.86	3.06
31	深圳市盐田港股份有限公司	46020.80	2.61
32	大成基金管理有限公司	44597.00	2.53
33	中国长城计算机深圳股份有限公司	44306.49	2.51
34	华联控股股份有限公司	43644.00	2.47
35	第一创业证券有限责任公司	42100.00	2.39

续表

排序	企业名称	净利润(万元)	净利润指数
36	深圳赤湾港航股份有限公司	41886.48	2.37
37	深圳市中金岭南有色金属股份有限公司	41423.00	2.35
38	中粮地产(集团)股份有限公司	37589.64	2.13
39	景顺长城基金管理有限公司	33966.00	1.92
40	深圳劲嘉彩印集团股份有限公司	32704.77	1.85
41	诺安基金管理有限公司	32057.00	1.82
42	深圳长城开发科技股份有限公司	31039.05	1.76
43	银华基金管理有限公司	28871.00	1.64
44	鹏华基金管理有限公司	27902.00	1.58
45	深圳市燃气集团股份有限公司	26930.71	1.53
46	深圳市长城投资控股股份有限公司	26663.58	1.51
47	融通基金管理有限公司	25816.30	1.46
48	深圳香江控股股份有限公司	25557.74	1.45
49	中国宝安集团股份有限公司	25345.97	1.44
50	深圳市兆驰股份有限公司	24958.58	1.41

表 2-5　2010 年度深圳资本圈企业净资产收益率指数前 50 名

排序	企业名称	净资产收益率(%)	净资产收益率指数
1	深圳市海普瑞药业股份有限公司	120.15	100.00
2	博时基金管理有限公司	73.00	60.76
3	融通基金管理有限公司	52.05	43.32
4	深圳市英威腾电气股份有限公司	51.29	42.69
5	诺安基金管理有限公司	48.80	40.62
6	景顺长城基金管理有限公司	46.00	38.29
7	南方基金管理有限公司	44.28	36.85
8	深圳迈瑞生物医疗电子股份有限公司	44.00	36.62
9	腾讯控股有限公司	42.46	35.34
10	深圳市兆驰股份有限公司	41.50	34.54
11	华泰联合证券有限责任公司	41.07	34.18
12	鹏华基金管理有限公司	39.79	33.12
13	安信证券股份有限公司	39.62	32.98
14	大成基金管理有限公司	39.50	32.88
15	长城基金管理有限公司	39.30	32.71
16	深圳市漫步者科技股份有限公司	39.00	32.46
17	银华基金管理有限公司	38.80	32.29

续表

排序	企业名称	净资产收益率(%)	净资产收益率指数
18	长盛基金管理有限公司	38.36	31.93
19	中国建银投资证券有限责任公司	38.01	31.64
20	招商证券股份有限公司	34.98	29.11
21	深圳市富安娜家居用品股份有限公司	32.59	27.12
22	深圳市洪涛装饰股份有限公司	31.98	26.62
23	国信证券股份有限公司	31.58	26.28
24	深圳市银之杰科技股份有限公司	31.38	26.12
25	深圳天源迪科信息技术股份有限公司	29.61	24.64
26	国投瑞银基金管理有限公司	29.00	24.14
27	深圳市卓翼科技股份有限公司	27.95	23.26
28	中国长城计算机深圳股份有限公司	27.41	22.81
29	深圳市中青宝网网络科技股份有限公司	26.81	22.31
30	深圳和而泰智能控制股份有限公司	26.55	22.10
31	人人乐连锁商业集团股份有限公司	26.53	22.08
32	深圳日海通讯技术股份有限公司	26.45	22.01
33	招商基金管理有限公司	26.33	21.91
34	深圳一致药业股份有限公司	25.99	21.63
35	深圳市美盈森环保科技股份有限公司	25.19	20.97
36	平安证券有限责任公司	25.00	20.81
37	深圳世联地产顾问股份有限公司	24.57	20.45
38	深圳市新纶科技股份有限公司	24.22	20.16
39	众成证券经纪有限公司	24.12	20.07
40	深圳市华测检测技术股份有限公司	23.76	19.78
41	深圳诺普信农化股份有限公司	23.33	19.42
42	深圳浩宁达仪表股份有限公司	23.05	19.18
43	华林证券有限责任公司	22.42	18.66
44	深圳市朗科科技股份有限公司	22.38	18.63
45	深圳市格林美高新技术股份有限公司	22.33	18.59
46	华联控股股份有限公司	21.55	17.94
47	华润三九医药股份有限公司	21.30	17.73
48	深圳香江控股股份有限公司	20.98	17.46
49	招商银行股份有限公司	20.74	17.26
50	深圳市新亚电子制程股份有限公司	19.55	16.27

第四节　法律责任：一定要吃的“霸道果实”

法律责任是指因违反了法定义务或契约义务，或不当行使法律权利、权力所产生的，由行为人承担的不利后果。就其性质而言，法律关系可以分为法律上的功利关系和法律上的道义关系，与此相适应，法律责任方式也可以分为补偿性方式和制裁性方式（据“百度百科”）。

社会观察家杜君立认为，如果简单回望一下西方崛起的历史，其首要条件或许并不是民主和自由，而是法律——建立在民众陪审制度上的法律成为神圣至上的天条。法律会保护民众、维护道德、控制国王和权力。法律的契约精神使人类得以以体面的姿态，奢谈尊严、人权、公平、正义、财产、道德与爱。

遵守公共部门的法律法规，是企业最基本的社会责任之一。在发达市场，违背该项责任会产生高成本的经济、诉讼与声誉风险。随着企业的全球化扩展，如果不主动遵守本地与全球的法律法规，轻则损坏公司商誉，重则导致被市场剔除。

纳税指数：光荣与被光荣

在企业日常经营中，依法纳税是企业法律责任的重要内容。税收是保证国家机器运转的经济基础和宏观调控的重要手段，也是公共部门服务民生、调节贫富差距的重要财源。企业纳税，是其“爱国守法、明礼诚信”在经济体系中的行为表现。什么时候，诚信纳税成为企业的主流意识，社会的稳定和谐就不大会有问题了。当然，要让所有企业达到诚信的境界需要一个前提，那就是要让诚信纳税的企业能够切实体会到纳税的好处。

2010 年度深圳资本圈企业社会责任指数编制所采用的纳税参数，仍沿用上年的口径，为各企业在 2009 年度的实际缴纳税收金额，且不包括代扣代缴、代收代缴部分。

从表 2 - 6 中我们看到，在纳税指数前 50 位的企业中，券商有中信、国信、招商、安信、中投、华泰联合、平安、第一创业、长城 9 家公司；基金管理公司有南方、博时、大成 3 家公司；商业银行有招商、深发展两家公司；地产公司有万科、金地、招商局地产、天健、华侨城控股等企业；怡业通、比亚迪、中兴通讯、健康元、香江控股、腾讯、劲嘉、迈瑞、人人乐、大族激光、雅致集成等民企类上市公司的纳税表现非常抢眼。

表 2－6　2010 年度深圳资本圈企业纳税指数前 50 名

排序	企业名称	实际纳税额（万元，不含代扣代缴等）	纳税指数
1	万科企业股份有限公司	749000.00	100.00
2	招商银行股份有限公司	709700.00	94.75
3	中国平安保险（集团）股份有限公司	632500.00	84.45
4	中信证券股份有限公司	439000.00	58.61
5	深圳市怡亚通供应链股份有限公司	343387.90	45.85
6	比亚迪股份有限公司	302000.00	40.32
7	中兴通讯股份有限公司	252400.00	33.70
8	金地（集团）股份有限公司	250000.00	33.38
9	深圳发展银行股份有限公司	224635.50	29.99
10	腾讯控股有限公司	161367.00	21.54
11	国信证券股份有限公司	149917.00	20.02
12	招商局地产控股股份有限公司	142600.00	19.04
13	康佳集团股份有限公司	134500.00	17.96
14	深圳华侨城控股股份有限公司	127100.00	16.97
15	深圳能源集团股份有限公司	124527.92	16.63
16	招商证券股份有限公司	122224.00	16.32
17	安信证券股份有限公司	69540.77	9.28
18	中国建银投资证券有限责任公司	68195.98	9.10
19	广深铁路股份有限公司	67538.16	9.02
20	华润三九医药股份有限公司	58300.00	7.78
21	中国国际海运集装箱（集团）股份有限公司	55765.10	7.45
22	深圳市中金岭南有色金属股份有限公司	50621.00	6.76
23	健康元药业集团股份有限公司	50010.90	6.68
24	华泰联合证券有限责任公司	42694.26	5.70
25	深圳市燃气集团股份有限公司	41612.06	5.56
26	中国宝安集团股份有限公司	40109.68	5.36
27	中国南玻集团股份有限公司	39800.00	5.31
28	深圳迈瑞生物医疗电子股份有限公司	39106.00	5.22
29	中粮地产（集团）股份有限公司	37139.44	4.96
30	华联控股股份有限公司	33292.00	4.44
31	深圳香江控股股份有限公司	32788.27	4.38

续表

排序	企业名称	实际纳税额（万元，不含代扣代缴等）	纳税指数
32	平安证券有限责任公司	30125.00	4.02
33	人人乐连锁商业集团股份有限公司	28805.71	3.85
34	博时基金管理有限公司	28459.00	3.80
35	南方基金管理有限公司	27801.57	3.71
36	深圳劲嘉彩印集团股份有限公司	26041.14	3.48
37	深圳市机场股份有限公司	25721.38	3.43
38	深圳中航集团股份有限公司	25263.00	3.37
39	深圳市振业（集团）股份有限公司	24942.78	3.33
40	深圳一致药业股份有限公司	22215.79	2.97
41	深圳中航地产股份有限公司	22158.81	2.96
42	大成基金管理有限公司	20913.00	2.79
43	第一创业证券有限责任公司	20006.00	2.67
44	长城证券有限责任公司	18946.98	2.53
45	深圳高速公路股份有限公司	15891.38	2.12
46	深圳华强实业股份有限公司	14980.89	2.00
47	深圳市大族激光科技股份有限公司	14928.51	1.99
48	雅致集成房屋股份有限公司	14891.04	1.99
49	深圳赤湾港航股份有限公司	14295.81	1.91
50	深圳市天健（集团）股份有限公司	14197.66	1.90

表2－6显示，万科企业、招商银行和中国平安，位列纳税指数前三甲，指数分别为100、94.75和84.45。万科企业以74.9亿元的纳税额蝉联了深圳资本圈企业纳税额第1名（上年为82.5亿元），招商银行纳税额为70.97亿元，较上年的59.15亿元增加了近20%。纳税额出现突破性增长的是腾讯公司：其2007年实缴税收近5亿元，2008年该数字变为10.321亿元，2009年又增至16.14亿元。

2009年度，整个深圳资本圈企业实缴纳税额为6438024.14万元，较去年的5851006.97万元增长了10%。包括劳动密集型企业在内，人均创造税收7.7万元以上（不包括员工个人所得税等属于“个人”支出的税项，下同）。

专家指出，目前中国税收体制最大的问题是，征税成本高、税负不合理。2009年中国的宏观税负已上升30%左右，如果加上各类隐性税收和制度外收费，其比例之高可谓惊人，令实体企业尤其是充分竞争行业的企业生存困难。而1987年世界银行研究报告显示，低收入国家的最佳宏观税负水平为13%左右、中下等收入国家约为20%、中上等收入国家的约为23%、高收入国家才30%左右（目前按国家分类的收入水平标准发生了变化，但最优宏观税收负担率变化不大）。“在税负激励机制方面，中国处于工业化阶段，远未成为高收入国家，创新型、中高端制造的实体企业理应成为激励的重点，但事实是，企业所得税采用的是比例税率，无论企业大小，在依法扣除有关项目后，一律按25%的税率征纳（外资企业、经认证的‘高科技企业’才有优惠），另一方面，中国的制造类企业（一般为代工类企业）大多处于整个产业链的利润最低端，分享到的利润只有5%~10%左右，其余10%~15%为贸易中介佣金，50%~60%为零售商利润，后两者大多不为中国企业所掌握。因此，目前的税收体制，导致民营中小企业只有靠逃税才能偷生。据统计，中国在工商部门登记的中小企业有1000多万家，占全部注册企业的99%以上，其经营范围几乎涉及所有竞争性行业，总产值、销售收入和出口总额分别占全部工业总量的60%、57%和60%，解决了70%以上的就业，却在税收方面饱受歧视。因此，中国目前虽然鼓励创新型企业发展和企业提高效率，税收体制却在唱对台戏，不利于中国经济发展。”①

鉴于中国赋税比例之高，可以说，减少对企业与个人的税收，应该是可行与能行的。但是，这种惠及企业、个人乃至整个社会的便捷方式目前不但不能行之，甚至在某些方面还在酝酿着加税，如车船税、房产税。在通胀与税收双重挤压之下，民生何堪？资本市场与公共政策研究者马光远分析说，中国企业面临着难以自圆其说的“三维环境”：对内，宏观税负追英超美，企业负担沉重；对外，在整个产业链上，中国企业处于产业链的最低端，利润空间日益被压缩。企业要生存下去：一是压低人力资本的成本，二是逃税漏税，对于小企业而言，在国民财富的大蛋糕中，在利润空间很低的情况下，只能从国家税收中逃一点，从员工那里压一点，用秦晖的话说，就是基本靠“低法治”优势、“低环境”优势、“低人权”优势等制度禀赋生存。而这样的生存逻辑，不要说崛起，不要说走出去竞争，即使一场汇率的“货币战争”，就可以让很多企业立即倒下。②

① 叶檀：《目前的税负体制将压垮中小民企》，自2010年10月11日《南方都市报》。

② 马光远：《靠逃税生存的民企何来幸福感?》，见2010年10月15日《南方都市报》。

中国证券、基金业处于发展壮大的初期，但承受着较发达国家和地区更重的税负，5%的营业税和33%的所得税让众多证券、基金管理公司“气喘吁吁”。深圳以往实行税收减免政策，因此对基金业有一定的吸引力，而中国内地潜力巨大的证券投资市场，正吸引大批海内外投资者来深圳开办资产管理公司。在中国亟须启动民间投资的情况下，证券、基金市场的各项制度设计，应秉承推动行业持续健康发展的原则，在体制和政策上予以扶持，特别是在税收方面，应充分体现鼓励发展金融机构及机构投资者的理念。深圳作为中国改革开放的门户，其相关政策对全国的影响举足轻重，因此在推进证券、基金业发展中，应充当开路先锋，积极探索合宜的税收政策。

香港是亚洲区内主要的基金管理中心，其基金管理市场不论是在管理资产规模、监管架构成熟程度、专业知识及产品开发方面，都处于前列位置。香港基金管理业务能持续稳步发展，主要原因是有适合其发展的一流沃土：那里可以让基金管理业充分发展，当地的运作机制会积极配合基金管理公司满足零售及机构客户的需求。香港拥有简单的税务结构、低税率、人才及信息优势以及公平、透明的司法系统。以往深圳实行税收减免政策，税负与香港基本持平，建议深圳在金融产业方面多借鉴香港的优惠政策，利用可以立法的优势，以吸引香港及其他国家和地区的证券公司、基金管理公司落户深圳。

第五节 伦理责任：是“情分”还是“本分”

近年来，中国企业界不断发生“雷人”事件，例如跨国公司在中国群体性行贿、乳制品行业集体青睐“三聚氰胺”和几大巨头“互黑”行为、“血汗工厂”遍地开花、网友为房地产企业绘制“血房”地图（涉及强制拆迁中的各类流血事件）、罄竹难书的食品安全问题、员工讨薪频上高楼……这一切皆表明，我们的企业社会责任出了问题，我们的商业文明出了问题，整个中国社会的守法意识、道德理想、伦理责任、价值观和信仰皆出了问题，而且很严重。

“亚当·斯密年轻的时候，写了一部著作——《道德情操论》，试图解释伦理道德的重要意义，但当时这本书几乎没有带来多少反响。很多年以后，他以《国富论》一举成名。他论证了金钱是一种伟大的力量，是金钱和市场这只‘看不见的手’，推动人类社会向前发展，而不是什么伦理道德。”社会观察家杜君立分析说，“从某种意义上说，唯利是图和‘去道德化’是资本主义的本能和本质。信奉自由市场经济的资本主义本身，具有强烈的去道德化色彩。”然而后来，在企业“野蛮生长”和社会商业文明的拉扯中，先发达起来的国家认识到，伦理在资本主义社会，仍是一种不可或缺的价值支撑：它规范了人们的行为方式，甚至为人们树立了人生目标，标明了人的价值本身。于是西方世界全面反思了原始资本主义的血腥道路对人类造成的灾难，所以自资本主义后期开始，社会进行了一场波及政治制度和思想文化等所有领域的社会革命，社会伦理重建工作取得了长足进步，正义和文明开始得到广泛尊重。

过去20多年来，在过分强调GDP的背景下，社会整合面临着前所未有的危机，“去道德”化已成为当下中国的一种残酷现实。在金钱的强大力量面前，法律这一社会文明秩序底线，成了人们行为的最高圭臬，而在法治建设举步维艰的困境中，法律“底线”都已走向虚化境地，更别说作为社会较高理想的“伦理道德”了。从毒疫苗、毒猪肉，到铅污染、毒泄露，企业发展似乎无须付出道德成本。“然而巨额的道德成本会在历史层面累积，而不会自然消失归零。这种道德成本总有一天需要偿还，当它被承认是成本的时候。”①

事实上，随着互联网时代的到来，信息透明度和传播度的提升，已让中国企业伦理道德成本时代来到眼前。

伦理（道德）是旨在避免人际冲突的行为规范。企业的伦理（道德）责任，体现在其营利活动中对实现其目标的合理性认识、行为的恰当选择和对后果承担责任的伦理意识。公平竞争、诚信经营、为消费者提供安全的产品和服务（不仅仅是政府“检验”合格）、对内部与外部利益相关者有权利义务的一致性、为员工提供一顿营养卫生的午餐、尽可能在生产中减少污染、为他乡灾民提供捐赠等，都属于企业伦理责任范畴。

20世纪70年代，“企业伦理学”作为一门学科，肇始于美国一系列公司丑闻案所引发的关于“利润先于伦理”还是相反的争论，由此酝酿出一场“企业伦理运动”。后来美国学者卡鲁尔曾提出，“企业社会责任包含了在特定时期内社会对经济组织经济上的、法律上的、伦理上的和自行裁量的期望”，得到了较高的理论和实践认同。

---

① 杜君立：《去道德化时代的道德焦虑》，http://club.kdnet.net/dispbbs.asp?id=6372311。

经过30多年的理论与实践探索，当代经济伦理学认为，经济与伦理本质上是内在统一、相互渗透或嵌入的，人们既无法建构脱离人类经济活动的虚幻伦理，也无法想象失却道德之维度的纯粹经济。例如，一个企业为增加利润而改进产品设计、质量和服务，从而获得更大的市场份额，这一趋利行动内涵并完成了“满足客户要求”的向善目标，是企业“经济—伦理”责任内在统一的典型例证。

美国学者普拉利曾从劳动条件、自然环境、产品功能三个方面提出了“企业核心伦理责任三层次”理论，无论是在劳动条件上设定的以“没有折磨、不雇用童工、最低安全和卫生标准”为内容的“最低劳动条件标准”，还是在自然环境上设定的以“废物处理的规范”为内容的“输出导向的环境保护”目标，又或在产品功能上设定的以“使用方便的设计等”为内容的“消费者安全”目标，都是企业在生产领域即利润获取层面上应当履行的伦理责任。而被称为企业“伦理标准”的SA8000社会责任标准，其核心内容是劳工权益问题，强调企业为员工提供安全、健康、卫生的工作、生活环境，提供必要的劳动报酬，保证适度的工作时间。“显然，上述责任也表现为企业在利润获取层面上的伦理取向与责任。对于企业社会责任担当而言，普拉利的上述伦理责任显然是企业的‘分内之责’或曰‘强义务’，它优先于以慈善捐赠等形式体现的利润分配层面的‘弱义务’。”①

至于慈善公益在伦理责任中的位置，不同的企业则有不同的理解和诉求，但总的来说，其“情分”之责要大于“本分”之责。因此一直以来，企业的慈善都易受到人们的欢迎与赞扬，这不仅仅是因为当今社会在经济上、物质上仍需要这样的善意之举，而且因为慈善行动容易体现“善良”、“爱”这种人类至美的价值观与道德要求。

就业岗位指数：看看谁是海量的岗位提供商

“我认为能够创造就业岗位的企业是最好的企业。企业创造高利润，对自身有益，但如果创造就业岗位，将会给整个社会带来积极影响。”2010年10月14日，韩国总统李明博在韩国“第73届国民经济对策会议暨国家雇用战略会议”

① 王露璐：《企业伦理责任与经济责任的交融互生》，原载《中国社会科学报》2010年3月2日。

上表示，“与欧美国家相比，我们不缺工作岗位，但政府的国政目标仍是创造更多就业岗位。”

“就业”对每个人、每个家庭的重要性自不必说，不然，我们也不会看到为了一个看起来“较铁”的“国家能源局”公务员职位，4616 人参与激烈角逐的中国新闻了。实际上，就业岗位紧张是一个全球性话题，我们的政府是否也向这个近邻国家学习学习，将创造就业岗位（指市场化的“岗位”，尤其是那些高薪高效的“市场化优质岗位”，而不是“一个国有收费站竟有 113 人领工资”的“岗位”）放在政策优先地位？

2009 年，深圳资本圈企业共提供正式就业岗位 835981 个（按每人 1 个工作岗位计），较上年增加了 147358 个。

如表 2－7，与上年一样，比亚迪仍高居深圳资本圈企业就业岗位提供指数第 1 名，指数达到 100。至 2009 年底，有 16 万员工在该公司正式上班，比上年多了 3 万；中国平安和中兴通讯分别吸纳了 10 万多名（去年为 8.28 万）和 7 万多名（去年为 6.14 万名）正式员工。

表 2－7　2009 年度深圳资本圈企业提供就业岗位指数前 50 名

排序	企业名称	提供就业岗位数（企业正式员工数）	就业指数
1	比亚迪股份有限公司	160000	100.00
2	中国平安保险(集团)股份有限公司	100267	62.67
3	中兴通讯股份有限公司	70345	43.97
4	招商银行股份有限公司	40340	25.21
5	广深铁路股份有限公司	33170	20.73
6	中国国际海运集装箱(集团)股份有限公司	32060	20.04
7	康佳集团股份有限公司	19800	12.38
8	人人乐连锁商业集团股份有限公司	19112	11.95
9	万科企业股份有限公司	17616	11.01
10	深圳华侨城控股股份有限公司	17066	10.67
11	深圳发展银行股份有限公司	15347	9.59
12	深圳长城开发科技股份有限公司	13955	8.72
13	深圳中航集团股份有限公司	12399	7.75
14	中信证券股份有限公司	10282	6.43
15	深圳市中金岭南有色金属股份有限公司	10209	6.38
16	中国南玻集团股份有限公司	10109	6.32

续表

排序	企业名称	提供就业岗位数（企业正式员工数）	就业指数
17	健康元药业集团股份有限公司	9766	6.10
18	深圳中航地产股份有限公司	9400	5.88
19	国信证券股份有限公司	9197	5.75
20	招商局地产控股股份有限公司	8911	5.57
21	华润三九医药股份有限公司	7716	4.82
22	腾讯控股有限公司	7515	4.70
23	金地(集团)股份有限公司	6958	4.35
24	雅致集成房屋股份有限公司	6582	4.11
25	深圳信隆实业股份有限公司	6527	4.08
26	招商证券股份有限公司	6064	3.79
27	天马微电子股份有限公司	6063	3.79
28	深圳迈瑞生物医疗电子股份有限公司	5763	3.60
29	深圳市农产品股份有限公司	5370	3.36
30	中国宝安集团股份有限公司	5148	3.22
31	深圳市燃气集团股份有限公司	4906	3.07
32	深圳市成霖洁具股份有限公司	4500	2.81
33	深圳市同洲电子股份有限公司	4105	2.57
34	中国建银投资证券有限责任公司	4016	2.51
35	深圳市机场股份有限公司	3926	2.45
36	深圳能源集团股份有限公司	3871	2.42
37	深圳诺普信农化股份有限公司	3857	2.41
38	中国长城计算机深圳股份有限公司	3721	2.33
39	华泰联合证券有限责任公司	3578	2.24
40	长园集团股份有限公司	3573	2.23
41	深圳世联地产顾问股份有限公司	3481	2.18
42	深圳市富安娜家居用品股份有限公司	3132	1.96
43	中航三鑫股份有限公司	3108	1.94
44	深圳市海王生物工程股份有限公司	3076	1.92
45	深圳一致药业股份有限公司	3016	1.89
46	深圳市齐心文具股份有限公司	2847	1.78
47	深圳市得润电子股份有限公司	2823	1.76
48	深圳市大族激光科技股份有限公司	2790	1.74
49	深圳市漫步者科技股份有限公司	2772	1.73
50	深圳劲嘉彩印集团股份有限公司	2601	1.63

金融类公司是知识、资本双重密集型企业，这其中，中信证券、深发展、招商银行、国信证券、招商证券、华泰联合证券等，皆为社会提供了可观的就业岗位（具体如表2－7）。与此同时，另有部分公司因采用了不同的人力资源管理策略，正式员工数量有限，但间接提供的“岗位贡献量”要大得多。

企业是社会财富的创造者，也是推动全球就业机会和就业福利增加的引擎。“就业不仅关系一个人的生计，而且关系他的尊严。”中国国家领导人温家宝总理如是说。薪金对员工来说永远是重要的，负责任的企业，应该开拓视野，通过各个层面的创新，重构价值分配模式，努力提升创造财富的业态，让员工的劳动变得更值钱，让企业所创造的饭碗，更有含金量。

从全球产业链视角看，专家指出，2009年中国消费占GDP的比率不足30%，表明中国是个消费力严重不足的国家，这是因为中国的人力资源价格太低了——1997～2007年，劳动报酬占GDP的比重从53.4%降至39.74%，改革开放30年，中国的GDP年均增速远高于居民收入的增长。据克鲁格曼计算，中国工人平均工资只是美国工人的4%，与1975年的韩国类似，即使墨西哥产业工人的工资也是中国工人工资的3倍。经济学家郎咸平亦指出，目前欧美等国每小时最低工资为25～30美元，中国则只有0.2～0.8美元，泰国都接近2美元/小时。与此同时，国人的工作时间却世界第一：一年长达2200个小时，而美国只有1610小时，荷兰只有1389小时。可见中国低廉的“国际劳工”成本，为“中国制造”的崛起做出了世界性的巨大贡献，他们却流离失所，夫妻分居，孩子辍学，超负荷劳动，甚至没有最基本的社会保障，生命安全都成问题，以至于“到智利做矿工”成了流行语（2010年8月5日，智利圣何塞铜金矿塌方，导致井下作业的32名智利籍矿工和1名玻利维亚籍矿工陷于700米深地下，但充满人道的井下生存条件和负责任的救援机制，让这些矿工69天重见“天日”）。郎咸平进一步分析说，中国企业家和工人都非常辛苦，拿的却是全球最低的工资，原因之一是在全球制造产业链中，海外“实业公司”（产业资本）掌控了除制造以外的所有产业链环节，包括产品设计、原料采购、仓储运输、订单处理、批发、零售，因此掌控了销售的定价权，至于生产成本，原材料定价权又被华尔街的“金融资本”控制。因此中国制造业刚好被卡在中间，“金融资本和产业资本一起把夹在中间的中国制造业剥削得干干净净，并形成中国越制造，欧美越富裕的局面。”与此同时，也有专家指出，中国企业除了在全球产业链中处于最低端，还面临税负沉重、法律苛刻的制度成本问题，例如一些企业呼吁废除《劳动合同法》那些不合理的规定，政府应当承担起本该由政府承担的社会保障职责；一些企业主呼吁废除最低工资，就是因为企业生存面临着艰难的时世，“太不容易了”。

2008年以来的华尔街金融风暴，令不少金融巨擘倒下，2010年世界金融危机余波未了，人们开始对过去商业模式和消费方式作出检讨，引起全球资本价格、资源价格和人力资源价格体系重构。随着经济市场化和全球化时代来临，中国企业的治理结构与管理体制也走向全球化。我们希望有创新精神和社会责任的深圳企业，能够在自身发展模式调整中，寻找到更健康的生存方式，创造出更多高价值的岗位，赋予“被低估”的中国人力资源以更多的尊严。

除了薪金上的追求，更多的人同时希望从工作中寻找人生意义和人际关系上的身份认同。因此，好的就业岗位提供商们，除提供给员工饭碗，还会行使这样的职责：让员工觉得自己对于所做的工作有一定的控制力；让员工感觉为公司工作在不断改善自己的生活质量；在企业利润上升时，及时与员工分享劳动果实，企业处于逆境时，则为员工创建新项目提供便利，并向员工提供更多接触管理层的机会，更加关注员工的进步，让更多的人担任“变革推动者”或“项目领导者”，并使其工作成绩和公司目标挂钩；见证雇主确实信守社会责任和商业道德。相信深圳资本圈企业若能切实将这些原则付诸实践，也会像世界优秀企业那样，建立起不会轻易被替代的竞争优势。

万科公司认为，企业应该给员工提供可持续发展的空间，而不是终身饭碗。万科不提倡企业是员工的家，认为企业和员工之间首先应该是一种契约关系，但除了契约关系，企业还应为员工提供从价值观到生活方式的“舒适区”，例如提倡简单、融洽的人际关系，不强迫员工做其不想做的事（向权力部门行贿等）、不打扰员工的私人生活、建立12条沟通渠道以保持员工与管理层随时沟通、反对暗箱操作等。

目前深圳正处于推进产业转型、升级的整体布局之中，处理好发展劳动密集型产业、资本密集型产业、技术知识密集型产业间的关系，以及眼前的经济增长速度和长期经济发展质量之间的关系至关重要。这其中，就业问题是牵一发而动全身的重要命题。有评论家指出，解决就业的方向性领域有两个，一是提升民企的就业容纳率，二是开放垄断行业。

数据显示，民营企业创造全国 GDP 的 65%、容纳 70% 以上就业人口、贡献总出口额 60% 以上，但与此形成对比的是，2009 年上半年新增 7 万多亿元银行贷款，但据工银国际监事长王为强透露，银行信贷及用于“保增长保就业”的 4 万亿纾困计划——，其用途“首先是全力支持国有企业、中央企业、国家大项目、重点项目，其次是地方重点项目，再次是支持房地产企业，特别是大型房地产企业。”可见民企很难在 4 万亿元投资中分一杯羹。

目前民间资本在电力生产和供应业中只占 13.6%，在金融业中只占 9.6%，在交通运输、仓储和邮政业中只占 7.5%，至于在石油、电信、铁路等领域，所占比例几乎可以忽略不计；雪上加霜的是，2010 年铁腕治理落后产能，在很多领域，民间投资因规模所限，淘汰落后产能的“指标”只能靠关闭民企来完成。中国科学院农业政策研究中心副研究员陶然表示，“现在主要不是高端人才过剩或不适应市场，而是高端服务业部门还缺乏开放，如医疗、教育、金融、电信等行业。下一步经济增长的动力在于最大限度地放开市场，以解决就业、促进经济增长。”

上海金融与法律研究院研究员李华芳指出，在应该开放的行业中，还应包括非政府组织（NGO）。“美国 NGO 发达，其中重要的不仅仅是扶危济困，而且提供大量就业岗位，尽管有不同的统计数字，但大致上 NGO 就业人口占就业总人口的 8% 到 10%。这还不包括大量兼职人员和志愿者。对 NGO 的限制变相使得中国的就业难问题少了一个重要的解决出口。如果民政部能放松对 NGO 设立的主管单位和资金门槛限制，为 NGO 设立发展提供更多便捷服务，将会极大鼓励 NGO 的发展并提供广阔的就业前景，也改善民政部在国务院系统里‘只知道伸手拿钱’的尴尬处境。”①

另外，有人就业的前提是有人（成功地）创业，事实上，一个企业创业（或经营）失败，社会整体的损失往往远大于股东的投资。而目前，企业创业及其草创时期的经营遭遇多重掣肘，其背后的原因，与政策环境、企业成长环境、创投基金运作环境、创业板的开设等创业生态环境联在一起。愿 2009 年已在深圳证券交易所开设的创业板，能够改进新股发行制度，真正发挥其基本功能和历史使命，给创业企业带来更多的福祉。

① 李华芳：《从巴比宴学到什么?》，2010 年 10 月 16 日《南方都市报》。

慈善指数："好人"与"好报"是一种什么关系

企业履行慈善责任即企业将钱物、智力、人力、情感等"好东西"直接或间接捐赠出来，用于慈善公益目的的行为。长期以来，企业一直是中国民间捐赠的主体。在本报告中，深圳资本圈共有 137 家企业填报了与慈善责任有关的 2009 年度数据。

慈善与道德。从道德视角来审视，企业慈善行为包含着丰富的价值理念和人文诉求，常常体现着企业对社会、对生命和人的价值的敬畏，体现着超越直接甚至间接功利考量的济世精神，体现着它们从纯经济机器到获得人格的某种提升。

当然，企业慈善捐赠与企业道德并非绝对是正相关关系。"毫无疑问，热心慈善和慷慨捐赠的企业值得赞赏和尊重，但企业营利性的生产和投资活动同样可以惠及他人（若从市场资源配置效率来考量，后者的效果更容易被证实）。因此，通过企业经营还是纯粹的慈善行为来增进人类福祉，只有选择路径的不同，不存在截然分明的道德高下之分，它只是企业或个人基于其价值观而做出的选择。尤其在中国社会目前条件下，民营资本力量薄弱、地位憋屈，民间投资严重不足，而慈善组织又缺乏发育，相关的法律制度也不存在的情况下，大规模捐献恐怕不会有好的效果，私人资本留在实业领域或许更有机会增进国民福祉。"①

慈善与企业。企业做慈善与其营利行为之间的鸿沟如何才能被彻底填平？这是很多企业正在考虑的问题。传统观念认为，有能力的企业，应该在更大范围内改善社会条件，包括向学校、文化机构和其他有价值的社会服务事业捐赠，并认为企业从事公益事业的行为应该"发自内心"且动机要"纯"——如果慈善行为会给企业或企业家带来好处，那么其行为就值得怀疑。在这样的慈善环境下，一些企业为了维护其一贯的慈善形象，不得不走向高高的道德祭坛而难以下来。

如果人们总是把社会目标和企业经济目标对立起来看待，就无法找到其中的内在一致性。事实上，企业很多经济投资都会有社会回报，很多社会投资也会产生经济回报。一些企业希望达到的境界是：自己成为行业内的领先公司，愿意首先承担起这个行业的社会责任，但从消费者那里获取的回报也很直接：自己的公益形象有助于自己的产品和服务成为这个行业内消费者的首选。

---

① 周飚：《慈善不是道德武器》，2010 年 9 月 14 日《21 世纪经济报道》。

企业若谋求其经营行为和公益行为的“双重长久性”，确实应该改善或重构其公益模式，把战略重点放在既有明显经济回报又有显著社会效益的项目上，即利用其在专业领域的核心所长，更加有效地解决社会问题，获得更好的协同效应，而不是人云亦云地做一些跟随式、敷衍式的零散慈善活动。这便是前文所提到的波特的“战略性慈善”：20 世纪 90 年代，麦可 · 波特提出的“战略性慈善”概念在国际社会兴起，其内涵和价值在于：企业竞争能力极大程度上依赖于其运营环境。经过精心设计，企业对那些既能带来社会效益，又能带来经济效益的“互利”慈善领域进行战略性投资，将对竞争环境的各个方面都将产生十分重要的影响，从而实现社会公益和企业绩效双赢。IBM 公司前总裁郭士纳在谈到企业如何将支票簿式慈善转变成对社会问题的解决时说：“如果企业将其独特的技能和资源应用到解决社会问题上，那么给社会带来的效益，不知是现金捐款的多少倍了。”

目前，深圳很多企业如腾讯、万科、招商银行、研祥科技、博时基金、比亚迪等，已开始战略性将慈善事业与企业竞争方式放在一起考量，从社会问题的发现和解决途径的思考中开拓商业视野，在尝试解决社会问题（如就业问题、环境问题、客户关系管理问题、减灾问题）的同时，改善企业的竞争环境和长远业务前景。这种公益模式创新的做法，不仅支持了企业将慈善元素作为公关或广告的一种形式，以树立和丰富企业的品牌形象，也试图在企业社会责任和企业发展战略之间找到接驳点，选择有回报的公益活动，以取得明显的商业业绩和社会效益，同时提升企业的可持续发展能力，实现利益相关者平衡管理的核心竞争力。

将专业能力与灾难事件做最好的结合，就要求企业平常要有意识地将自己的能力与可能用到这种能力的潜在灾难进行结合研究，帮助社会提前预防、规避类似灾难。即使灾难发生，也能很快贡献自己的专业能力，从而超越单纯的支票簿式的慈善事业履责方式；而反过来，解决类似问题的能力积累，又可能成为企业创新的不竭动力。这一点，应该是有志于在救灾事业上有所作为的深圳企业的努力方向之一。

协会数据显示，2009 年深圳资本圈企业共有 136 家公司有向社会捐款、捐物、捐人力、捐智力、捐时间等行为，所捐款项为 2.47766 亿元人民币（少量实物捐赠亦折成现金计算），其中绝大部分公司详细列出了其向社会所行的各种善举。

与上年相比，2009 年中国境内发生的“重大天灾”减少了一些，但中国资本圈企业的善行仍在继续，其中部分企业已将此举做出了可持续的制度安排，这无疑会推进企业社会责任的持续进步。表 8 中，慈善指数处于 TOP15 高位的公司，依次为腾讯、万科、中国平安、招商银行、中信证券、迈瑞、广深铁路、中航集团、海王生物、怡亚通、国信证券、比亚迪、中兴通讯、博时基金。其中腾讯公司以 8200 万元的社会捐赠额，成为深圳资本圈企业的“首善”。

本报告同样列出了深圳证券营业部的年度慈善捐赠数据和所行善举。因为各证券营业部的善款已计入各自母公司的捐款项下，因此，我们没有为其编制相关指数。

协会会员们在慈善捐赠方面不甘人后，常做表率，但同时也关注以下问题：是否所有的善款都能财尽其用？接受捐助的人们，到底过得好不好呢？什么样的对象值得被捐助？在中国，这样的疑问是普遍存在的，这是因为：①中国慈善事业尚未形成必要的规则和法律制度，缺少监管和调校、竞争机制，缺少国家政策特别是私有产权政策和税收政策的支持；②中国慈善事业尚未建立自我发展途径。事实上，如果有恰当的机会，许多富人（以及赚了钱的企业）愿意帮助穷人提高福利水平，愿意资助一些使社会弱势群体受益的项目，同时希望自己的资助真正用于好的、适合自己的项目，没有浪费，受捐者也值得信赖。因此，中国社会需要一个促进慈善活动的有效市场，这个市场要足够透明并拥有一定的“产业”规模；③慈善事业的管理水准和人力资源问题。慈善事业的运作者，要有深厚的慈善文化底蕴和专业能力，它们皆来自丰富的实践。如果慈善事业的操作者不能在专业能力和文化底蕴上“脱贫”，就不会在慈善运作成果上脱贫；④慈善从本质上说不是宣传，而是文化，而文化是需要时间渗透的，并要改变一些根深蒂固的传统和当下不安全的慈善心态（如“枪打出头鸟”、仇富思维等）。

总之，新的世代拥有新的慈善需求与供给，因此，中国社会需要新的理念、新的组织和新的运作来开展慈善事业，以实现更好的慈善效率、透明度和创意力，让捐助者、被捐助者、慈善组织和第三方监管部门都“买账”。

整体而言，来自资本圈的企业和人力资源，拥有较高的资产管理和运营经验，熟悉专业化的商业、金融管理模式，希望资本产业能够孕育出应因时代发展的中国慈善产业的优秀组织和人才。

表2-8　2010年度深圳资本圈企业社会捐赠指数及所行善举

企业名称	2009年1~12月社会捐赠额(万元)	2009年1~12月向社会所行善举	2010年玉树地震捐赠及善举	所获第三方评　价	社会捐赠指　数
腾讯控股有限公司	8200.00	腾讯开创了互联网公益的2.0模式,影响到数亿网友的公益习惯。2009年,腾讯发挥WEB2.0时代网友关系链威力,探索与腾讯产品和服务结合,开发和推出各种公益性产品,向更多人推广和传递公益和爱心理念。 ①2009年第三季度推出“QQ公益图标”。通过腾讯公益网平台给公益组织捐款的网友,可获爱心积分,并在QQ客户端资料卡首位显示公益标识(被网友称为“QQ首席图标”),在关系链的广泛互动中鼓励了向善、献爱心的人际氛围。②2009年6月启动“腾讯月捐计划”,探索在常态下运用网络让民众参与日常性的捐赠行为。已有爱德基金会、扶贫基金会、中国绿化基金会、中国儿童少年基金会等加入到该“月捐计划”,网友可通过腾讯公益网平台每月向指定的上述公益组织捐赠10元,已有30多万网友开通了“月捐计划”,累计为公益组织募集善款超过1千万元。③2009年10月,为推广“腾讯月捐”计划,腾讯结合QQ农场,推出“爱心果”公益产品。凡通过腾讯公益网参加“月捐”计划的网友,均得到“爱心果”大礼包,包括“爱心种子和爱心化肥”等专门礼品,在自己的农场种出爱心果。④2009年11月,腾讯QQ秀产品推出“公益月捐徽章”。参加“月捐计划”3个月及以上网友就可领取银质公益月捐徽章,参加月捐6个月及以上可领取金质公益月捐徽章。网友领取后的徽章将展示在QQ对话框头像上,让其他好友看到。腾讯基金会还和SOSO、QQ邮箱开发了各种应用性公益产品。	①玉树地震发生当天,腾讯即捐赠200万元用于紧急救援;4月20日,又追加捐赠2000万元用于灾后重建项目;腾讯还联合中国儿童少年基金会腾讯网友爱心基金,通过腾讯公益网平台,开展在线捐赠,为灾区募集救灾和灾后重建资金。截至6月30日,数十万网友累计捐赠超过660万元;腾讯更第一时间联合爱德基金会,在灾区开展紧急救援工作,腾讯爱德联合救援队共在灾区发放腾讯网友捐赠购买的物资6批,超过100万元,同时腾讯向爱德捐赠运输费等费用10多万元。	①2009年11月由中国社会工作协会颁布为“五星级企业公民”; ②由亚太环境保护协会评定为“2009年中华两岸四地低碳行动范例”; ③由深圳市委宣传部等评定为“最具爱心企业”; ④由福布斯杂志评定为“最具社会责任感企业”。 ⑤在2009年,由民政部下属的中民慈善信息中心授予“智慧慈善合作伙伴”。 ⑥由深圳市南山、福田税务局分别评定为“纳税百强”。	100.00

续表

企业名称	2009 年 1 ~ 12 月社会捐赠额(万元)	2009 年 1 ~ 12 月向社会所行善举	2010 年玉树地震捐赠及善举	所获第三方评价	社会捐赠指数
腾讯控股有限公司	8200.00	腾讯建立了民间扶贫救灾的网络模式。在孤儿救助、青少年心脏病救治、重大灾难救助等方面,腾讯自身建立了对重大灾难的紧急救援模式,同时也建立通过整合腾讯的网络资讯和在线平台,发动网民参与救助的联动模式。 ①2009 年,腾讯扶贫救灾捐赠金额超过 2300 万元。腾讯在自身捐赠资金的同时,更建立了利用腾讯的网络平台,号召和发动网民参与救助的联动模式。②2009 年春节前夕,腾讯启动"手牵手回家过年"公益活动,为在外打工的川籍民众免费提供火车票,让他们与家人一同过年。③2009 年 3 月份,腾讯启动灾后教师的心理重建项目,为都江堰、北川的教师开展了多次心理重建工作坊。④2009 年 8 月,台湾水灾后,腾讯更第一时间捐出 200 万元,并发起网络募捐,为壹基金募集资金 40 万元。⑤腾讯捐赠 1100 万元给儿童少年基金会,用于先天性心脏病儿童的救治工作,并成立腾讯网友爱心基金,启动网救童心项目,发动网友参与先心病救治的网救至今已经为儿基会募集资金超过 200 万元。⑥捐赠 1000 万元给壹基金,用于以灾难救助为主的各公益项目。 腾讯致力于探索乡村教育扶贫发展的新思路: ①腾讯在云贵两县一州启动"腾讯新乡村行动",计划在未来 5 年内,捐赠超过 5000 万元开展一系列以教育为核心,兼顾当地民族文化传承的公益项目,其中包括捐建 100 个以上的"腾讯梦想空间",通过网络缩小城乡教育差距。②在贵州开展了 400 余人次的西部乡村教师培训,建设了 6 所梦想空间和 6 所阳光操场;在迪庆捐建的尼西			100.00

续表

企业名称	2009年1~12月社会捐赠额(万元)	2009年1~12月向社会所行善举	2010年玉树地震捐赠及善举	所获第三方评价	社会捐赠指数
腾讯控股有限公司	8200.00	完小也已经正式动工。③2009年6月，腾讯基金会还联合重庆市委宣传部启动了“灯塔行动”，计划在3年的时间内，捐赠300万，在重庆边远地区建设30~40所梦想空间。④腾讯基金会新增在6所高校设立了腾讯科技卓越奖学金，同时开展了全国性的腾讯创新大赛，鼓励大学生的创新精神。资助川大、西南政法、社科院等高校院所开展互联网知识产权和新媒体发展等公益科研研究。⑤腾讯基金会在中山大学、华中科技大学举办了2届腾讯公益高校论坛，让学者、名人和大学生对话公益，在大学校园里引发了巨大反响。同时，资助了北航和人大学生社团的2次公益活动。 推动中国企业的社会责任建设及公益新闻环境的发展。腾讯和企业公民委员会、公益时报、社会工作协会等机构战略合作，持续在中国推动企业公民和企业社会责任意识和理念的普及，弘扬表彰优秀企业公民，并推动中国公益新闻环境的发展。腾讯联合企业公民委员会第三次启动“优秀企业公民论坛和表彰”公益活动，倡议更多的企业关注企业公民。同时联合公益时报启动第二届公益新闻评选表彰活动。 在公司内开展各种员工志愿者项目，鼓励员工为社区奉献。700余人次的志愿者为社区和公益组织贡献服务。			100.00
万科企业股份有限公司	4391.60	一、完成“汶川大地震”灾后无偿捐建，并推广防震减灾技术应用。至2009年底，万科所参与的汶川大地震应急救援与无偿捐建工作全面完成。包括万科集团、万科员工、万科分支机构、万科合作伙伴、万科公益基金会在	捐款200万元。	1.《经济观察报》社、北京大学管理案例研究中心授予“中国最受尊敬企业”；	53.56

续表

企业名称	2009 年 1 ~ 12 月社会捐赠额(万元)	2009 年 1 ~ 12 月向社会所行善举	2010 年玉树地震捐赠及善举	所获第三方评价	社会捐赠指数
万科企业股份有限公司	4391.60	内,在应急救援和捐资捐建的总投入为 124621577.88 元。通过系统整合应用多种技术措施,万科所有捐建项目均实现了建筑主体九度设防。设有抗震技术展示厅的遵道学校,从建设到交付,已有逾百批次、数以千计的参观者和考察团队来访。万科还通过支持或参与"映秀镇灾后恢复重建国际研讨会"(四川省建设厅主办)、"抗震建筑人才培养项目"(由中国建筑设计研究院与日本国际协力机构 JICA 具体实施)等研讨和交流来推动行业对防震减灾的认识和应用。 二、以"万科公益基金会"为主开展公益慈善。万科公益基金会为万科发起设立的全国性非公募基金会,45% 投入孤贫儿童大病救治等扶贫助残项目,46% 投入四川地震灾区的重建和社区发展,剩余 9% 投入救援救助及其他项目。万科公益基金会共开展了 9 项公益活动,具体情况如下: 1."爱佑童心"万科四川专项基金,捐资 300 万。为帮助四川地区的孤贫先天性心脏病儿童及家庭摆脱困境。2009 年 6 月,作为爱佑华夏慈善基金会发起单位的万科前期捐资 300 万元,联合爱佑华夏慈善基金会合作设立"爱佑童心"万科四川专项基金。对困难家庭中患有先行病的儿童进行手术治疗的资助。 2. 绵竹市遵道镇梨花广场改造工程及其他公共项目维护,捐资 400 万。梨花广场位于绵竹市遵道镇境内。长期在此举行的梨花节是绵竹市乃至川西地区一年一度的重大旅游节日。5.12 特大地震中梨花广场严重损坏,		2.《财富》杂志授予"2009 最受赞赏的中国公司"; 3. 中国企业社会责任同盟、上海交大中国企业发展研究院授予"中国最具和谐竞争力的上市公司"称号; 4. 证券时报社授予"中国最具社会责任上市公司"; 5. 世界自然基金会(WWF)授予"'地球一小时'企业参与最佳创意奖"; 6. 入选南方周末－中国企业社会责任研究中心发布的"2008 中国国有上市企业社会责任榜"。	53.56

续表

企业名称	2009 年 1 ~ 12 月社会捐赠额(万元)	2009 年 1 ~ 12 月向社会所行善举	2010 年玉树地震捐赠及善举	所获第三方评价	社会捐赠指数
万科企业股份有限公司	4391.60	2009 年的梨花节异地举行。万科公益基金会出资 400 万元重新改造梨花广场，建设面积约 8000 平方米并于 2009 年 12 月 25 日交付使用。以此撬动绵竹市投入约三千万元重修以梨花广场为中心贯穿绵竹沿山乡镇的道路，惠及数万村民。剩余款项将用于遵道学校的教育资助。 3. 资助并参与“都江堰三梯次悲伤与失落辅导工作坊”项目，捐资 69550 元。为推进汶川地震灾区教师，特别是受灾较为严重的教师的心理重建工作，经思科（中国）有限公司牵头，由万科公益基金会和腾讯公益慈善基金会共同捐资，乙方具体执行，在四川都江堰市针对都江堰、北川的 100 余名教师开展“都江堰三梯次悲伤与失落辅导工作坊”项目。在六天三个批次的心理辅导中，邀请台湾著名心理辅导专家李文媛和陶晓清老师和来自都江堰及映秀的近百位老师一起重塑心灵。 4. 社区水体生态治理和社区参与示范项目，捐资 42742 元。使用廉价长效的生态治理方法净化社区内一条水体，为人造景观赋予健康的生命活力，并在社区内组织居民和学校参与到生态治理的过程中，达到宣传教育的目的。 5. 捐赠深圳市见义勇为基金会，捐资 50 万元。为褒扬、鼓励见义勇为、挺身而出与违法犯罪分子作斗争的勇敢行为，慰问、抚恤在同违法犯罪分子作斗争中光荣牺牲、负伤的人员及其家属，奖励、表彰在维护社会治安中作出突出贡献的有功人员和有功单位，建立并完善维护			53.56

续表

企业名称	2009 年 1～12 月社会捐赠额(万元)	2009 年 1～12 月向社会所行善举	2010 年玉树地震捐赠及善举	所获第三方评　价	社会捐赠指　　数
万科企业股份有限公　　司	4391.60	社会治安的物质保障机制，促进社会驻义精神文明建设和治安稳定，深圳市于 1992 年 1 月经深圳市民政局批准成立了深圳市社会治安基金会，2002 年 4 月主管单位由深圳市公安局转为深圳市委常委并同时更名为深圳市见义勇为基金会。2009 年 6 月，万科公益基金会捐赠 50 万人民币。 6. 捐助江西省青苗关爱工程暨江西省"城乡居民困难家庭儿童大病救助慈善基金"，捐资 100 万元。"青苗关爱工程"是江西省民政厅和江西省慈善总会针对全省城乡居民困难家庭患大病的儿童实施医疗的一个慈善项目。2009 年 6 月 1 日，"青苗关爱工程"在江西南昌正式启动。"青苗关爱工程"救助对象为江西本省 14 周岁以下，患恶性肿瘤（含白血病）、尿毒症（肾衰竭）、血友病、脑瘫等重大疾病的贫困家庭患儿。万科公益基金会捐助 100 万元。 7. 资助深圳登山户外运动协会山地救援队，捐资 15 万元。深圳市登山户外运动协会山地救援队（简称深圳山地救援队）于 2008 年 7 月经深圳市体育局批准成立，旨在配合政府完善社会应急救援机制，为深圳市及周边地区的登山户外爱好者和广大市民提供专业的户外紧急救援技术支持，倡导安全户外理念，传授安全户外知识。万科公益基金会 2009 年捐助 15 万元支持深圳山地救援队的建设与发展，以为深圳市民营造一个健康、安全的户外运动环境，并为减灾救难提供支持。 8. 资助《AA1000 利益相关者参与标准》的修订，资助			53.56

续表

企业名称	2009年1~12月社会捐赠额(万元)	2009年1~12月向社会所行善举	2010年玉树地震捐赠及善举	所获第三方评价	社会捐赠指数
万科企业股份有限公司	4391.60	11.4万元。AccountsAbility是一个全球的、非营利、独立管理的合伙制机构，成立于1995年。其核心工作AA1000系列标准获得政府、企业和社会组织的广泛、共同认可。该标准得到包括经济合作与发展组织等国际组织、安永、毕马威等审计机构的认可，修订后将成为新的被广泛采用的标准。万科公益基金会向非营利性组织AccountsAbility资助1万英镑(约合114000元人民币)进行国际标准《AA1000利益相关者参与标准》的制定。 9. 向壹基金定向捐赠1000万元，捐赠“壹基金公益基金会”原始基金，资助1000万元。为推动中国公益慈善事业的健康发展，搭建公信透明的、专业、规范、可持续发展的公益平台，以传播创新的、人人参与的公益文化，并尽可能地为各种自然灾难提供人道主义援助，万科向上海李连杰壹基金公益基金会捐赠，协助申请设立“中国壹基金公益基金会”。 三、鼓励万科员工参与的社会志愿服务，支持社区中的社团发展和公益活动。万科将能力输出和社区参与作为企业参与、推动社会公益事业的重要方式。2009年，万科志愿者数量超过400人，志愿服务时间超过2000小时。此外，还有20多位万科员工出任了近60个不领取薪酬的社会职务。在万科的支持下，14个非政府组织和非营利性组织在万科社区开展了活动，参与业主数量超过十万人。			53.56

续表

企业名称	2009年1~12月社会捐赠额(万元)	2009年1~12月向社会所行善举	2010年玉树地震捐赠及善举	所获第三方评价	社会捐赠指数
中国平安保险(集团)股份有限公司	2000.00	平安认为,社会的健康和谐包含了社会各阶层的均衡协同发展。所有的社会力量都应该享受到科技发展和社会进步所带来的生活改善,公平的社会资源分配和共同发展也是社会文明进步的表现。2009年平安通过教育公益、红十字公益、社群公益三个方向进行社区投资,改善和提升社区环境,与社区共同进步。 1. 教育公益 (1)基础教育事业:截至2009年,平安已在全国各省市边远贫困地区援建84所平安希望小学(包括32所在建)。在持续援建学校硬件之余,每年还划拨100万元,定期组织各希望小学所在地的员工对希望小学进行回访,并结合学校地域特色开展专项教育。同时,平安与21世纪经济报道合作的"小橘灯乡村小学图书馆计划"募集的数万册图书已在全国13个学校落户。 2009年,平安还出资1000万元在全国平安希望小学设立了"中国平安希望奖学金",以持续激励的方式,鼓励所有平安出资设立的小学中符合条件的学生,完成从小学至大学的全部学业,帮助品学兼优的同学获得不断进步和提升。2009年,已有1425名平安希望小学的同学获得了总计81.25万元的奖学金奖励。 平安同样关注学校师资力量建设,在平安希望小学设立了优秀教师教育奖励金,鼓励那些在平凡的岗位上无私奉献的希望小学教师,目前已经有300名平安希望小学教师获得奖励人均1000元的奖励。2009年,平安就西部甘肃省渭源地区代课老师再就业问题继续开展"燃烛行动",并给该地区100名代课老师,每人4000元再	2010年4月20日,中国平安宣布捐赠1000万支持青海省玉树藏族自治州地震灾区重建。 2010年4月,中国平安旗下平安证券捐赠100万支持青海省玉树藏族自治州地震灾区重建。	2009年,连续第八次荣获"中国最受尊敬企业"称号,并成为唯一获此殊荣的综合金融保险集团;第五次当选"2009年度中国最佳企业公民"。中国最佳企业公民评选由《21世纪商业评论》、《21世纪经济报道》主办;获评"2009第一财经中国企业社会责任榜杰出企业奖——社会贡献奖";在2009中国企业社会责任蓝皮书中,以64分名列中国100强企业社会责任发展指数第10名,位列保险业首位;入选中国企业社会责任同盟主办的中国企业社会责任同盟上市公司可持续发展指数,并在此基础上荣膺"中国最具和谐竞争力上市公司"称号;入选由上海证券交易所和中证指数有限公司联合编制的上证社会责任	24.39

续表

企业名称	2009 年 1～12 月社会捐赠额(万元)	2009 年 1～12 月向社会所行善举	2010 年玉树地震捐赠及善举	所获第三方评价	社会捐赠指数
中国平安保险(集团)股份有限公司	2000.00	就业贷款,同时进行家畜饲养、中药材种植方法、农药、化肥的使用方法和辨别等课程的培训支持。 平安也积极响应行业号召,2009 年出资 45 万元,在地震灾区援建了 1000 所空中课堂,在受 2008 年汶川大地震影响的甘肃、成都、德阳、广元、绵阳及雅安等地区,通过卫星传输的方式,利用网络设备播出中小学学习和教师培训类的课程。 (2)高等教育事业:自 2003 年,平安开始启动中国平安励志计划这一高等教育公益项目以来,活动以论文奖、奖学金、论坛、同学会的形式,吸引了全国 50 所多高校数千名学生的参与。六年来获奖学生 2285 人,总奖金达到 774 万元。中国平安励志计划在 50 多所著名高校和研究机构的支持下,在 60 多位国内顶尖学者、专家的扶助下,在众多莘莘学子的参与下,正在逐步成为中国最具公正性、最有影响力的教育公益品牌之一。 2009 年,受金融危机影响,在校大学生就业难成为社会关注的焦点。平安适时推出励志创业大赛,激发学生内在潜能,发挥其自我创业的激情和能力,全面打造大学生核心竞争力。项目分为“创业测试、创业点子秀和创业 PK 赛”三个模块。从 2009 年 9 月启动以来,取得了较好反响,共有 19049 名用户登录创业大赛网站参与了创业测试,共征集到 1070 个创业点子,收到 435 份创业计划书。最后,共 166 名同学获得总计 42. 8 万元创业奖励金。其中,创业大赛一、二等奖分获 10 万和 5 万的高额创业基金。		指数,成为该指数 100 只样本股之一;在 2008 年中国金融营销奖评选中荣获“最佳企业社会责任奖”;在深圳上市公司协会会员大会上荣获深圳资本圈“年度捐赠奖”和“5. 12 大地震慈善捐助奖”;第三度蝉联“最具责任感企业”。	24. 39

续表

企业名称	2009 年 1～12 月社会捐赠额(万元)	2009 年 1～12 月向社会所行善举	2010 年玉树地震捐赠及善举	所获第三方评价	社会捐赠指数
中国平安保险(集团)股份有限公司	2000.00	2. 红十字公益 2009 年,积极开展红十字主题公益月活动,在新疆、甘肃、佛山、宁夏、天津、广州、深圳、河南、浙江、福建、广西、海南、陕西、重庆等区域以“你的平安我的承诺”开展了无偿献血活动,2009 年累计献血量达 36.3 万毫升,参与人数近 2000 人。此外,平安还与中国造血干细胞资料库达成战略合作伙伴,通过分布在全国各省、市、自治区分公司,向社会宣传造血干细胞捐赠知识,为骨髓捐赠者量身定做的保险保障,关注无偿提供造血干细胞的社会热心人士。2009 年,我们已为 897 名造血干细胞捐献者无偿提供了一年期重大疾病、意外伤害及住院安心保险保障计划。 3. 社群公益 平安认为利益相关方的参与是将企业社会责任有效融入企业战略和经营的关键环节,是企业社会责任得以履行的保障,所以一直高度重视和鼓励我们的利益相关方参与社会责任实践的相关活动,重视培养他们的责任意识,营造热心公益、关注社会的良好氛围。 以“精神扶贫,启迪心智”为宗旨的中国平安希望小学支教行动已开展了三年。2007 年约 121 名志愿者参加平安希望小学支教行动;2008 年约 360 名志愿者参加平安希望小学支教行动;2009 年该活动又在安徽、甘肃、贵州、河北、河南、宁夏、内蒙古、云南、广西、浙江、重庆、江西等 12 个省(自治区、直辖市)13 所学校开展,约有313 名志愿者参加,当年度志愿服务时间超过 22536 小时。			24.39

续表

企业名称	2009年1~12月社会捐赠额(万元)	2009年1~12月向社会所行善举	2010年玉树地震捐赠及善举	所获第三方评价	社会捐赠指数
中国平安保险(集团)股份有限公司	2000.00	平安客户、员工等利益相关方以平安希望小学为依托，奔赴援助地，开展志愿者服务工作，通过培训、教学授课等方式，帮助学校改善教学软环境，探索当地可持续发展的教育模式。截至2009年，参与支教的志愿者达794人，受助学生近9000人。			24.39
招商银行股份有限公司	1094.75	一、促进经济稳健发展：招行积极贯彻国家相关政策指引，通过优化信贷资源和信贷结构，助力中小企业发展，在实现自身健康发展的同时，促进宏观经济的稳健发展。 （一）优化信贷资源配置：2008年下半年爆发的金融危机冲击了全球金融体系，但在政府坚定而积极的政策指引下，本行果断加大对实体经济的支持力度，积极参与市场信心的重建，并通过信贷支持帮助客户平稳渡过金融危机，其中部分客户还抓住危中之机开拓了新的市场，在原有的基础上实现了较大发展。截至2009年底，本行自营贷款余额达1.13万亿元，比年初增加2960亿元，同比多增1356亿元；年增幅35.51%，同比提高11.69%；同时，加大信贷政策对经济社会薄弱环节、就业、战略性新兴产业、产业转移等方面的支持。 招行的信贷资源在地区上分布较为均衡。2009年，三大经济圈以及中西部地区均得到较为均衡的信贷支持，其中长江三角洲、珠江三角洲、环渤海经济圈对公贷款增分别为30%、26%、27%，包括中西部在内的其他地区对公贷款增速为35%。为了更好地应对金融危机，招行积极响应国家的经济刺激计划和产业发展规划，不断调整	捐款722.67万元。	获《银行家》杂志“最佳企业形象奖”。金葵花理财整合营销案例、点金公司理财、CBS跨银行现金管理三个案例入选“金融产品十佳奖”；获国务院发展研究中心企业研究所、北大中国信用研究中心、搜狐财经及光华传媒主办的“最佳企业公众形象奖”，以及搜狐财经和光华传媒主办的“最佳企业公众形象奖”；被搜狐2009中国新视角高峰论坛授予“2008最佳企业公众形象奖”；在胡润百富发布的《中国千万富豪品牌倾向报告》中，本行第五次蝉联中国千万富豪“最青睐	13.35

续表

企业名称	2009年1~12月社会捐赠额(万元)	2009年1~12月向社会所行善举	2010年玉树地震捐赠及善举	所获第三方评价	社会捐赠指数
招商银行股份有限公司	1094.75	信贷规模，优化信贷结构，为国民经济发展提供金融动力。2009年，招行信贷主要投向制造业、批发和零售业、水利/环境和公共设施管理业、房地产业、租赁和商务服务业、交通运输/仓储和邮政业等六大行业。上述六行业年信贷增量约占总增量的89.75%，主要用于配合国家经济振兴计划、政府4万亿经济激励方案以及经济复苏所涉及的产业和项目。 在确保经济增长的同时，招行主动进行信贷结构调整，通过强化预警退出机制主动防范和化解风险，2009年累计退出风险资产154.25亿元。同时，本行对经济环境和宏观政策变化保持关注，从下半年起即加大对中小企业支持力度、压缩过剩行业信贷规模，最终通过了严峻的资产质量考验，取得了关注类贷款和不良资产“双降”。截至2009年末，不良贷款总额为93.61亿元，比年初减少1.38亿元；不良率0.83%，比年初下降0.31个百分点，关注类贷款总额为136.21亿元，比年初减少1.16亿元；关注类贷款占比1.21%，比年初下降0.44个百分点。 （二）助力中小企业发展：中国中小企业的经济总量已占国民经济总量的70%以上，对国民经济发展至关重要，但融资难也正成为中小企业发展的瓶颈。2009年，招行践行“银企相拥、共度严冬”的承诺，积极推进中小企业金融战略，采取系列措施，助力中小企业发展。 1. 推动体制变革，提高服务水平。2009年，本行深入		的人民币理财银行”和“最青睐信用卡发卡行”两项大奖； 在《欧洲货币》杂志第六届“最佳私人银行与财富管理”年度评选中，荣获“中国区最佳私人银行奖”，此奖是私人银行与财富管理业务在中国市场的唯一综合性大奖；被道农研究院、北大光华管理学院评为“中国绿色公司2008年度星级标杆企业”；获《财资》(Asset)“中国最佳托管银行新星奖”和《证券时报》“中国新锐基金托管银行”奖，成为唯一获得境内外托管业务奖项的股份制托管银行；获《亚洲银行家》“2009零售金融服务卓越大奖”这是本行第三度荣获“中国最佳零售银行”，并连续第五次获得“中国最佳股份制	13.35

续表

企业名称	2009 年 1～12 月社会捐赠额(万元)	2009 年 1～12 月向社会所行善举	2010 年玉树地震捐赠及善举	所获第三方评价	社会捐赠指数
招商银行股份有限公司	1094.75	推进中小企业专业化经营,从体制上提升对中小企业客户的服务。大力推动两类专业化机制:一是加快准法人的小企业信贷中心的发展,目前,已在苏州、上海、杭州、南京、宁波、北京和东莞等城市建立了 20 家分中心。二是正式启动分行中小企业专业化经营改革。在 7 家试点分行成立首批中小企业金融部,专门负责分行中小企业业务的营销、管理和授信审查。 2. 打造多渠道的营销体系。针对小企业的融资特点,小企业信贷中心着重加强了营销渠道的建设,重点打造了五大服务平台,即政府部门,工商联、行业协会和商会,担保和风投公司,专业市场以及网络运营商等平台。目前已经在长三角地区的五大区域全面启动了小企业“伙伴工程”,分别与江苏省中小企业局、上海市工商联、宁波市民营企业协会、苏州工业园区政府和南通市工商联签署了长期合作协议,建立了持续的小企业营销渠道。 3. 开发产品,助力业务发展。2009 年,本行积极改变业务品种、产品类型,通过增强过程控制、创新产品组合和引入外部信用等方式主动为企业进行信用增级。根据中小企业特点推出了符合其需求的业务品种和系列业务支持系统,为中小企业客户提供了重要的支持和优质服务。其中,小企业信贷中心开发并推出了“易速贷”、“贸易融资贷”、“特色贷”等 5 大系列 30 多种产品,构建起中小企业的“金融产品超市”。 4. 突出重点,加大信贷支持力度。继 2008 年成立国内首家小企业信贷中心后,2009 年本行进一步加大对中		零售银行”;中国电子商会呼叫中心与客户关系管理专业委员会授予本行信用卡中心客服中心“2009 年中国(亚太)最佳呼叫中心”;获得民政部中国社会工作协会和金融界(www.jrj.com)评选的“2008 中国金融企业慈善榜——银行业突出贡献奖”,“希望工程——爱心操场红动中国项目”荣获“最受公众认可的公益项目”奖项;在《福布斯》杂志网络版评出的全球 2000 大企业中,本行名列第 221 位;在《金融时报》全球品牌 100 强排名中,本行在品牌价值增幅排名位居全球第一,实现 168% 的增长;位列全球品牌 100 强排名第 81 位。本行品牌价值 80.52 亿美元,同比增长 50.52 亿美元;本行被中华(海外)企业信誉	13.35

续表

<table>
<tr><th>企业名称</th><th>2009 年 1～12 月社会捐赠额(万元)</th><th>2009 年 1～12 月向社会所行善举</th><th>2010 年玉树地震捐赠及善举</th><th>所获第三方评价</th><th>社会捐赠指数</th></tr>
<tr><td>招商银行股份有限公司</td><td>1094.75</td><td>小企业的信贷投放力度。截至 2009 年末，本行全国服务中小企业客户数达 12620 户，占全部公司客户的 82%，中小企业贷款余额为 3083.70 亿元，比年初增加 878.33 亿元，占境内企业贷款的 47.68%，比年初提高了 4.6 个百分点。
招行中小企业贷款情况表
单位：折人民币亿元
<table>
<tr><th></th><th>余额</th><th>余额占比</th><th>不良额</th><th>不良率(%)</th></tr>
<tr><td>2007 年</td><td>1895.18</td><td>43.11</td><td>66.63</td><td>3.52</td></tr>
<tr><td>2008 年</td><td>2205.37</td><td>43.10</td><td>59.02</td><td>2.68</td></tr>
<tr><td>2009 年</td><td>3083.7</td><td>47.68</td><td>56.53</td><td>1.83</td></tr>
</table>
二、坚持定点扶贫扶贫工作是招行助力和谐社会建设的重点工作之一。1998 年 9 月，本行承担了云南省楚雄彝族自治州所辖的永仁、武定两县的定点帮扶任务，通过委派扶贫干部、捐助资金物资、协助招商引资等方式促进帮扶地区的脱贫致富和新农村建设。
2009 年是定点扶贫两县的第十一年，全年：
1. 选派扶贫干部 4 名，累计选派 11 批共 42 名扶贫干部。
2. 向两县投入小额信贷循环资金 400 万元。
3. 员工捐款 575 万元，累计捐款 3720 万元。
<table>
<tr><th></th><th>捐助奖金总额(万元)</th><th>捐助衣物总量(万件)</th></tr>
<tr><td>2007 年</td><td>292.62</td><td>1.10</td></tr>
<tr><td>2008 年</td><td>437.41</td><td>2.74</td></tr>
<tr><td>2009 年</td><td>575.00</td><td>3.16</td></tr>
</table></td><td></td><td>协会授予“中国信誉企业认证”；被《亚洲货币》评选为“中国最佳私人银行”；荣获“广东省纳税百强企业”称号，深圳市福田区“纳税百强企业”称号；在商务部《WTO 经济导刊》主办的“2008 金蜜蜂企业社会责任——中国榜”活动中，获“金蜜蜂——客户服务”奖；在《财富》中文版“2009 年中国上市公司 100 强排行榜”中列居第 39，比去年上升 6 名，在中国银行业中排名第 5；荣膺中华英才网评选的第七届大学生“最佳雇主 50 强”称号；获《经济观察报》“2008 中国最佳信用卡业务银行”、“2008 中国最佳创新银行”、“2008 中国最佳现金管理银行”；获《理财周报》</td><td>13.35</td></tr>
</table>

续表

<table>
<tr><th>企业名称</th><th>2009 年 1 ~ 12 月社会捐赠额(万元)</th><th>2009 年 1 ~ 12 月向社会所行善举</th><th>2010 年玉树地震捐赠及善举</th><th>所获第三方评价</th><th>社会捐赠指数</th></tr>
<tr><td>招商银行股份有限公司</td><td>1094.75</td><td>2009 年,本行通过建设“温饱示范村”,有针对性地开展扶贫工作,取得了良好效果。
<table>
<tr><th>县别</th><th>建设项目</th><th>捐助金额(万元)</th><th>建设效益</th></tr>
<tr><td rowspan="2">永仁</td><td>永定镇乍石村委会玉碗水村</td><td>15</td><td>解决了全村 68 户 282 人交通困难,改变了村庄面貌。</td></tr>
<tr><td>插甸乡和尚庄村委会长岭岗村综合项目</td><td>7.67</td><td>解决了 101 户 384 人的村间交通、农田灌溉等困难。</td></tr>
<tr><td rowspan="2">武定</td><td>田心乡利米村饮水工程</td><td>6</td><td>解决了 816 户 3490 人的饮水困难问题。</td></tr>
<tr><td>狮山镇古柏村委会山居大村综合项目(一、二期)</td><td>70</td><td>1. 解决了 76 户 345 人的交通困难,预计带来间接经济效益、社会效益 50 万元。
2. 发展经济作物,预计带来直接经济效益 64 万元。
3. 开展村容建设、文化建设,有效提升村民的精神文明水平。</td></tr>
<tr><td colspan="2">合计(万元)</td><td>98.67</td><td></td></tr>
</table></td><td></td><td>“2009 中国上市公司最佳董事会”、“2009 中国上市公司最佳治理董事会”奖项；获英国《银行家》“2009 年全球银行 1000 强排名”第 87 位；在 CCTV“60 年 60 品牌”颁奖晚会上，获改变民众生活的“60 年 60 品牌”大奖；在成都市政府与南方报业传媒集团主办的首届中国企业社会责任年会上，荣获“2008 中国国有上市企业社会责任榜百强企业”与“首届中国企业社会责任年会优秀责任建言”两项大奖；在《财资》杂志举办的“财资三 A 投资奖 2009”评选中，本行私人银行荣获了“中国最佳私人银行”大奖；获《亚洲银行家》“2009 年中国零售卓越大奖”；获《亚洲风险》“2009 年度</td><td>13.35</td></tr>
</table>

续表

<table>
<tr><th>企业名称</th><th>2009 年 1～12 月社会捐赠额(万元)</th><th>2009 年 1～12 月向社会所行善举</th><th>2010 年玉树地震捐赠及善举</th><th>所获第三方评　价</th><th>社会捐赠指　　数</th></tr>
<tr><td>招商银行股份有限公　　司</td><td>1094.75</td><td>招行秉承“教育扶贫”理念，大力资助两县的教育事业。2009 年，在促进当地教育基础设施建设和提升当地师资水平等方面取得了显著成果：
1. 资助两县贫困大学生 65 名。
2. 通过“1＋1 结对子”帮扶两县中小学生 1030 人，其中 67 人考入大中专院校。
3. 召开招银希望小学教师研讨会 13 期。
4. 建成招银希望小学 4 所、学生宿舍楼 1 栋、园丁活动室 1 个、文化室 2 个、图书室 14 个。
5. 颁发园丁奖 10 名、成才奖 40 名。
2009 年 3 月，在本行的努力和协调下，华中师范大学与武定县签署了共建“国家教师教育创新与改革综合实验区”协议，开创了校、企、地三方合作新模式，极大地提升了武定县中学教育师资水平。
招行 2009 年希望小学修建情况<table><tr><th>县别</th><th>学校名称</th><th>建设进度</th><th>总投资(万元)</th><th>招行出资(万元)</th><th>建设效益</th></tr><tr><td>永仁</td><td>城关中学教学主楼(一期)</td><td>2009 年 10 月开工，预计 2010 年 5 月开工</td><td>295</td><td>150</td><td>教学楼面积 4515 平方米，至少容纳 1800 名学生，有利于集中全县 7 个</td></tr></table></td><td></td><td>最佳风险管理银行（中国区）”大奖；在《亚洲金融》主办的“2009 年度亚洲最佳公司”评选中，获“最佳管理公司奖”、“最佳公司治理奖”、“最佳投资者关系奖”；马蔚华行长荣获“亚洲最佳 CEO 奖”；在《财富》中国杂志评选的“2009 最受赞赏的中国公司”全明星榜中，连续第四年入选，排名前五；获《首席财务官》“2009 年度中国 CFO 最信赖的银行”、“最佳公司理财奖”、“最佳现金管理奖”、“最佳绿色金融奖”、“最佳企业金融品牌奖”；荣膺《中国企业家》“中国最佳领导力培养公司”奖，综合排名第五；在金融界“2009 年电子银行业务及风险管理论坛暨最佳</td><td>13.35</td></tr>
</table>

续表

<table>
<tr><th>企业名称</th><th>2009 年 1 ~ 12 月社会捐赠额(万元)</th><th>2009 年 1 ~ 12 月向社会所行善举</th><th>2010 年玉树地震捐赠及善举</th><th>所获第三方评价</th><th>社会捐赠指数</th></tr>
<tr><td>招商银行股份有限公司</td><td>1094.75</td><td>
<table>
<tr><th>县别</th><th>学校名称</th><th>建设进度</th><th>总投资(万元)</th><th>招行出资(万元)</th><th>建设效益</th></tr>
<tr><td>永仁</td><td>城关中学教学主楼(一期)</td><td></td><td></td><td></td><td>乡镇初中到县城，实现集中办学，优化教育教学资源。</td></tr>
<tr><td>武定</td><td>发窝乡黑虎山招银希望小学</td><td>2009 年 8 月完工</td><td>6.3</td><td>6.3</td><td>生源覆盖黑虎山 1 个自然村，32 户人家，总人口 167 人。现有两个年级一个复式教学班，学生 21 人，教职工 1 人。</td></tr>
<tr><td colspan="3">招行出资合计(万元)</td><td colspan="3">156.3</td></tr>
</table>
2009 年 6 月 23 日，“纪念招行帮扶云南十周年座谈会”在昆明举行。马蔚华行长在座谈会上做了“扶贫、企业社会责任与招行发展”的主题发言，就对扶贫工作的认识、扶贫对招行发展的深远意义、招行今后的扶贫工作</td><td></td><td>电子银行颁奖盛典”上，本行荣获“2009 年最具客户忠诚度奖”；信用卡中心获得共青团中央中国青少年发展基金会授予的“希望工程 20 年特别贡献奖”；本行“银合理财”项目荣获“深圳市人民政府金融创新一等奖”，“6S 资产托管综合业务平台”项目同时荣获该奖项二等奖；在 3G 门户“金手机”最有价值手机银行评选中，本行荣获“2009 年度最具创新手机银行”；荣获《南方日报》“南方致敬・2009 扶贫公益创新奖”；在《福布斯》中文版和富国基金举办的“2009 福布斯富国中国优选理财师”评选中，招行 9 名贵宾理财经理入围全国 50 强，10 名贵宾理财经理入围区域 10 强，总人数居同业首位；获《亚洲周刊》</td><td>13.35</td></tr>
</table>

续表

企业名称	2009 年 1 ~ 12 月社会捐赠额(万元)	2009 年 1 ~ 12 月向社会所行善举	2010 年玉树地震捐赠及善举	所获第三方评价	社会捐赠指数
招商银行股份有限公司	1094. 75	措施以及当地经济社会发展有关问题做了深入阐述和总结。与会代表对招行十年扶贫的显著成就给予了充分肯定,云南省曹建方副省长、楚雄州州委邓先培书记分别向本行颁发了荣誉纪念牌。 三、助力社区发展:助力所在社区的健康发展是企业回馈社会、履行社会责任的重要表现,也是企业关爱员工、服务客户的间接方式。多年来,招行通过资助教育、艺术、体育事业,促进所在社区的文化发展;通过对弱势群体的帮扶,维护社区的公平与和谐;通过拓展公益平台,带动更多社会公众参与社区建设。 (一)促进文教发展:招行在促进定点扶贫地区教育发展的同时,对所在社区的教育事业也给予了大力支持。2009 年,本行在 11 所高校设立了奖学金、助学金,全年共发放 147. 3 万元。同时还向"新长城基金"捐助 13 万元,用于资助贫困大学生。招行通过主办、赞助各种艺术、体育活动,不断创新活动形式和内容,有力地支持了社会文化事业的建设。本行先后资助了 2009 年北京音乐节"非洲之声——肯尼亚男童合唱队音乐会"、首届博鳌亚洲艺术展、"与谁同坐"曾梵志苏州博物馆个人画展等 10 余项优秀文化活动。同时,本行继续赞助中国天荣 F1 摩托艇招商银行队及中国电视围棋快棋赛。 自 2007 年本行成为深圳 2011 世界大学生夏季运动会首家合作伙伴以来,本行作为深圳 2011 大运会独家金融运营商,在为大运会提供全方位金融支持的同时,也为大运赞助商的各类金融服务需求提供量身订制的投融资综		2009 年度"全球华商 1000 中国区最绩优企业大奖";获得银率网首届《"360°银行评测"年度报告》之"2009 年度理财产品、个人贷款、信用卡、贵宾理财、电话银行、手机银行、电子银行及综合服务"等 8 项满意度奖;获《理财周报》"2009 年最受尊敬银行特别贡献大奖"、"2009 年最佳风控私人银行"、"2009 年最佳零售银行(最佳财富管理银行)"	13. 35

续表

企业名称	2009 年 1 ~ 12 月社会捐赠额(万元)	2009 年 1 ~ 12 月向社会所行善举	2010 年玉树地震捐赠及善举	所获第三方评价	社会捐赠指数
招商银行股份有限公司	1094.75	合解决方案。继 2009 年 5 月发行贷记卡"我爱深圳城市卡——大运会纪念版信用卡"之后，本行于 12 月又推出了借记卡——"大运会一卡通"。 （二）关爱弱势群体：招行时刻关注需要帮助的群体，通过多种形式改善弱势群体的生存状态，与社会共享企业发展成果。2009 年，为传承和保护在地震中遭受重大破坏的羌族非物质文化遗产，呼吁各界关注羌族文化，1 月份启动了"金葵花"羌族少儿合唱团音乐教育公益计划。本行向中国儿童少年基金会捐赠了 150 万元作为该计划运作基金，并结合羌族爱心义卖、爱心家庭温暖结对等活动，增加活动的社会效益。 1. 成立"金葵花"羌族少儿合唱团：合唱团自成立伊始便受到广泛关注，并邀请著名钢琴家郎朗出任艺术顾问。2009 年 6 月 30 日，合唱团参加了"魅力中国 · 北京鸟巢夏季音乐会"，让全世界人民共同感受羌族原生态音乐的魅力。 2. 启动羌寨爱心行和爱心义卖：在"5.12 地震"一周年之际，本行组织志愿者赴羌寨探访，同时发起"金葵花"羌族爱心义卖活动。截至 2009 年 7 月底活动结束，共义卖物品 7057 件，筹得善款 332380 元。其中，各分行爱心义卖专柜募得善款 317743.5 元，"拍拍网"上爱心义卖专区募集善款 14636.5 元。全部善款统一捐赠至中国儿童少年基金会，用于"金葵花"羌族少儿合唱团的发展，帮助羌族孩子健康成长。 3. 组建"金葵花"爱心家庭：通过家庭结对方式，在本			13.35

续表

企业名称	2009 年 1～12 月社会捐赠额(万元)	2009 年 1～12 月向社会所行善举	2010 年玉树地震捐赠及善举	所获第三方评价	社会捐赠指数
招商银行股份有限公司	1094.75	行“金葵花”客户中招募 13 个爱心家庭，13 名“金葵花”羌族少儿合唱团团员在爱心家庭中度过了 3 天的快乐时光，加深了汉羌两族孩子们的深厚友谊。 四、拓展公益平台：招行充分认识到带动更多力量关注社区发展的重要意义，通过加入各种公益组织、依托企业优势拓展公益渠道等方式，动员更多力量参与公益，搭建更为广阔的公益平台。招行先后加入阿拉善 SEE 生态协会、中国企业社会责任同盟、深圳市综研软科学发展基金会等几十个国内外公益组织，通过资助和专业知识的贡献，促进相关社会问题的解决。2009 年，本行还结合银行金融企业的特点，不断拓展公益慈善的新模式。 （一）打造国内第一支公益型信托产品：2007 年，招行响应云南省政府“爱心成就未来”特别助学行动的号召，与云南国际信托公司合作，共同推出了国内第一支公益型信托产品——“爱心成就未来——稳健收益型”集合资金信托计划，借助该计划搭建爱心助学公益平台。该产品是一个集合投资者资金的稳健型投资计划。由本行担任托管银行，云南国际信托公司担任投资管理人，本行和云南信托均不收取管理费和托管费。捐赠资金三方共管，计划收益的 50% 定期核算捐赠给公益事业，使公益捐助由一次性捐赠改为持续性参与。截至 2009 年底，该计划先后捐建了云南石屏县宝秀镇新龙小学、大姚县湾碧乡文宜拉小学、腾冲县五合乡老寨村完全小学、泸西县向阳乡卷洞门小学等四所公益信托希望小学，改善了这些学校办学条件，消除安全隐患，解决学生的教学、吃饭、住宿条件，为师生创造了良好的学习、工作和生活环境。			13.35

续表

企业名称	2009 年 1～12 月社会捐赠额(万元)	2009 年 1～12 月向社会所行善举	2010 年玉树地震捐赠及善举	所获第三方评价	社会捐赠指数
招商银行股份有限公司	1094.75	（二）打造“爱心”金融产品：本行以银行卡作为载体和平台，开创了一种崭新的慈善模式。2009 年携手李连杰壹基金先后发行爱心信用卡、爱心“一卡通”等公益特色金融产品。该系列产品得到社会公众的广泛认可，已经成为招行客户奉献爱心最为便利的渠道。同时，招行组织持卡客户参与“一日义工体验”活动。2009 年，本行先后在四川、北京、上海组织了“‘壹家人，一起走纪念 5·12’同行汶川路”、“关爱自闭症儿童‘星星雨’一天义工”、“与阳光之家智障人士共同体验”等公益体验活动。 发卡形式：壹基金爱心信用卡；发卡日期：2008 年 12 月；特点：内地金融消费领域第一张以“爱心额度”为信用卡核发及升等标准的慈善认同卡，将每一位持卡人、招商银行、每一家爱心商户等无数的“1”联系起来，即招行在每张卡片申请成功后将捐赠 1 元；持卡人承诺每月捐赠 1 元、11 元、111 元不等的爱心款；持卡人在爱心商户消费，除了招行正常捐款外，爱心商户也会捐赠 1 元或者 10 元不等的爱心金额。；运作情况：截至 2009 年底累计发卡 24583 张，募集捐款超过 200 万元。			13.35

续表

<table>
<tr><th>企业名称</th><th>2009 年 1 ~12 月社会捐赠额(万元)</th><th>2009 年 1 ~12 月向社会所行善举</th><th>2010 年玉树地震捐赠及善举</th><th>所获第三方评价</th><th>社会捐赠指数</th></tr>
<tr><td>招商银行股份有限公司</td><td>1094. 75</td><td><table><tr><th>发卡形式</th><th>发卡日期</th><th>特点</th><th>运作情况</th></tr><tr><td>壹基金爱心“一卡通”</td><td>2009 年 5 月</td><td>内地第一张慈善借记卡,将理财与慈善合二为一,倡导“每 1 人 + 每 1 个月 + 每 1 元 = 1 个大家庭”的公益理念。</td><td>截至 2009 年底，累计发心卡近 40 万张，募集捐款超过 40 万元。</td></tr></table></td><td></td><td></td><td>13. 35</td></tr>
<tr><td>中信证券股份有限公司</td><td>774. 57</td><td>1. 中信证券公司总部向北京六合兴助学中心捐款 1000000 元。2. 中信建投公司向陶行知教育基金会捐款 1000000 元。3. 中信金通公司：（1）东阳营业部员工为希望工程捐款 3870 元；（2）宁波江东北路员工为希望工程捐款 11200 元；（3）平湖营业部向当地的老年体委赞助 5000 元活动经费，以帮助丰富老年人的业余生活；（4）平湖营业部向结对扶贫的当地贫困生俞杰资助学费 4000 元；（5）湖州营业部青年员工在“五四”青年节进行了一次“我为社会献爱心”的献血活动；（6）公司发起设立“教育基金”，在衢州设立了“中信金通希望小学”，共出资 407200 元。4. 中信万通公司：（1）公司员工向重症员工捐款 40000 元。（2）平度营业部员工向三胞胎捐款 20000 元。（3）公司员工</td><td>中信证券向民政部捐款 100 万元；中信建投证券公司向民政部捐款 300 万元；中信金通公司向中国证券业协会捐款 841072. 9 元；中信万通公司向中国证券业协会捐款 100 万元；中证期货公司通过中国期货业协会捐款 31657 元；中信证券国际公司捐款 89800 港元。</td><td>1. 2009 年 4 月 9 日“2008 年中国金融企业慈善榜”颁奖活动在钓鱼台国宾馆举行，公司获得“证券行业突出贡献奖”。
2. 中信证券国际获得香港社会服务联会颁发的商界展关怀标志。在慈善工作方面，中信证券国际为奖励员工参与社会关怀活动，提名两位最热心参与公益活动</td><td>9. 45</td></tr>
</table>

续表

企业名称	2009年1~12月社会捐赠额(万元)	2009年1~12月向社会所行善举	2010年玉树地震捐赠及善举	所获第三方评价	社会捐赠指数
中信证券股份有限公司	774.57	向重症员工捐款80000元。5. 中信证券国际公司：中信证券国际在香港市场，为善不落人后，积极投入社会关怀活动，关怀的对象包括：老人、贫困家庭、儿童、智力残障者、心脏病患、听障者及自然灾害受灾者等。2009年共参与23项社会关怀活动，总共有122名职工参与活动。累计捐款174383元。6. 华夏基金公司向北京华夏人慈善基金会捐款5000000元。		的职工予香港社会服务联会角逐并获颁“关怀大使奖”。	9.45
深圳迈瑞生物医疗电子股份有限公司	730.00	（1）2009年5月在合肥市举行了“关爱农民健康，情系老区教育”的捐赠仪式，向安徽省金寨县26所乡镇卫生院捐赠价值526万元的医疗设备，同时迈瑞公司总裁李西廷个人捐资100万元新建金寨县迈瑞渔潭希望小学； （2）2009年10月，向非洲埃塞俄比亚捐赠了价值6000美金的医疗设备； （3）2009年12月3日在汕头濠江区汕头职业技术学院举行了“情系濠江人民，关爱妇女健康”的捐赠仪式，向濠江区计生服务机构捐赠价值100万元的医疗设备。	公司董事长徐航、总裁李西廷发出《救助青海玉树地震灾区捐款倡议书》，并以个人名义各捐助现金50万元。5000多名迈瑞员工捐赠450万元予深圳红十字会。市红十字会负责人表示，该捐款将被定向用于灾区卫生院的重建。		8.90
广深铁路股份有限公司	686.86	公司资助755名贫困人士，资助金额686.86万元。	公司机关及4个联营公司共计捐款145353元。		8.38

续表

企业名称	2009 年 1～12 月社会捐赠额(万元)	2009 年 1～12 月向社会所行善举	2010 年玉树地震捐赠及善举	所获第三方评价	社会捐赠指数
深圳中航集团股份有限公司	539.00	1. 2009 年 6 月，中航会再次开展“一对一”助学活动，为江西安义 15 所中学的 60 名贫困中小学生提供资助。 2. 2009 年，自 2003 年起飞亚达将连续 8 年为中国航天事业赞助累计超过 1000 万元。 3. 2009 年 8 月，深圳中航在各企业投放 50 多个爱心捐款箱，募集爱心捐款 5 万余元。 4. 2009 年 8 月，深圳中航出资百万招募 80 名志愿者前往甘肃、江西、广西等地，开展一个学期的支教活动。	捐赠 150 万元（含下属子公司）。	1. 在“2009 感动深圳——第六届深圳关爱行动表彰晚会”上，深圳中航被评为“最具爱心企业”。 2. 2009 年 7 月，深圳中航再获“中华慈善突出贡献奖”。	6.57
深圳市海王生物工程股份有限公司	518.56	2009 年 5 月，汶川地震一周年向中宣部等五部门倡议的“关心灾区孩子成长，捐赠优秀少儿读物”活动捐款 16.66 万元；6 月向山东清池镇敬老院捐赠物资共 3000 元；7 月向新疆受害群众捐赠 500 万元药品；8 月向台湾受灾同胞捐款 1.5 万元；10 月再向山东清池镇敬老院捐赠现金 1000 元。	海王生物及其下属公司捐赠现金 76704.14 元以及价值 1466400 元药品，合计 1543104.14 元。	“5·12 汶川大地震慈善捐助奖”、积极参与艾滋病防治工作先进单位。	6.32
深圳市怡亚通供应链股份有限公司	462.00	450 万元人民币建设希望小学。 12 万元人民币举行深圳大运绿色行动（植树活动）。	捐款总额为 1084996.2 元人民币及 170 元港币		5.63
国信证券股份有限公司	423.51	2009 年 9 月，出资 100 万元捐建深圳观澜新田石场桥梁；9 月，出资 120 万元捐建贵州省三都民族中学校园网络；10 月，给予新疆维吾尔自治区援疆干部济困助学基金会 200 万元资金支持；12 月，为公司对口帮扶的廉江市石角镇山腰村贫困户缴纳 2010 年“城乡合作医疗保险金”3.508 万元。	应深圳市国资局党委倡议，捐赠青海玉树地震灾区 120 万元；应中国证券业协会倡议，捐赠青海玉树地震灾区 30 万元。		5.16

续表

企业名称	2009 年 1～12 月社会捐赠额(万元)	2009 年 1～12 月向社会所行善举	2010 年玉树地震捐赠及善举	所获第三方评价	社会捐赠指数
比亚迪股份有限公司	340.40	一、捐赠情况 1. 台湾特大风灾，我司捐赠 20 万元； 2. 为响应广东省慈善总会“爱心助学情系山区”活动，我司向省内 33 所贫困山区小学捐款 100 万元； 3. 惠州大亚湾兴汉小学我司捐款 3.5 万元； 4. 我司员工身患尿毒症，公司总裁王传福先生以个人名义捐款 10 万元； 5. 我司在中南大学设立奖学金累计金额 1240 万元； 6. 我司还成立慈善基金会和比亚迪儿童福利院，为更多需要帮助的人伸出援助之手。 二、兴建儿童福利院 斥资 4000 万元兴建儿童福利院，签字仪式已于 2009 年 12 月 29 日在深圳坪山完成。 早在 2007 年 1 月，比亚迪正式决定创办比亚迪儿童福利院，并在深圳地区进行调研。在政府相关部门大力支持下，比亚迪儿童福利院项目取得了突破性进展。2007 年 7 月 27 日，龙岗区政府召开常务会议，区政府对比亚迪公司“贡献社会、关爱儿童”的福利事业给予高度的肯定和赞扬，并同意比亚迪儿童福利院建设规模、建设标准、经费管理、服务范围和管理模式等申请，在选址用地等关键问题上给予重要批复，儿童福利院最终落址深圳坪山。 按计划，比亚迪公司负责福利院的整个工程建设，项目计划在 2010 年 9 月举行奠基开工。比亚迪儿童福利院占地 16016.35 平方米，建筑面积 2.5 万平方米，绿化面积达 40% 以上。工程计划采用分期捐资的方式进行，首期按 200 个床位的规模进行建设，总规模投资 4000 万元。	玉树强震发生后，我司在第一时间向灾区捐赠 2000 万元人民币、1000 套棉被以及 1000 件棉衣，支援灾区人民共渡难关。	荣获深圳市龙岗区总商会授予的“热心公益奖”； 上海比亚迪荣获“松江慈善奖”。	4.15

续表

企业名称	2009 年 1～12 月社会捐赠额(万元)	2009 年 1～12 月向社会所行善举	2010 年玉树地震捐赠及善举	所获第三方评价	社会捐赠指数
比亚迪股份有限公司	340.40	“一切为了孩子,为了孩子的一切”,是比亚迪儿童福利院的宗旨;“爱人如己,服务社会”,是比亚迪儿童福利院的追求。比亚迪相信诚心和爱心可以为不幸的儿童改变世界的色彩,可以让社会充溢更多的温情。比亚迪呼吁更多的企业关注儿童成长,支持儿童公益事业。			4.15
中兴通讯股份有限公司	300.00	1. 2009 年 1 月为 172 名云南保山抗战老兵送慰问款。 2. 2009 年 2 月救助密室打工中毒无钱医治的雷东燕。 3. 2009 年 8 月购买口罩捐赠给巴林健康医疗机构。 4. 2009 年 9 月为四川 7 所中兴春蕾抗震学校捐赠学生用品及图书。 5. 2009 年 10 月印尼苏门答腊岛发生地震,公司为当地灾民捐助帐篷、小型燃油发电机等物资。 6. 向中国儿童少年基金会“中兴通讯关爱儿童基金”中增拨 200 万元。	从中国儿童基金会“中兴通讯关爱儿童专项基金”中拨出 50 万元用于地震前期救助,公司购买 50 万元物资捐助到玉树民政部。	中华全国妇女联合会授予中兴通讯股份有限公司“中国儿童慈善奖”荣誉称号。	3.66
博时基金管理有限公司	284.27	为了更好地履行社会责任,从制度上保障慈善公益活动的长期执行,2009 年 9 月 1 日,深圳市博时慈善基金会成立。该基金会建立了完善的制度以保障慈善工作的有效运转。在基金会章程中明确规定了基金会的资金来源和投向、人员配备、决策流程等内容,保证了公司股东会拨放基金能够最大程度地投入到社会慈善工作中去。章程规定基金会财产主要用于:开展扶贫济困、救济赈灾、奖教助学等社会公益慈善活动。博时将通过基金会的各项工作,将社会慈善事业和公益活动持续有效地进行下去。2009 年博时基金及博时慈善基金会的主要慈善工作包括:公司员工为公司保洁的丈夫交通意外捐款	公司捐赠人民币 80 万元,员工捐赠人民币 20.725 万元,公司客服向青海玉树地震灾区的基金持有人发布慰问及祝福短信。	2009 年 4 月 9 日,在由金融界网站、中国社会工作协会主办的“2008 中国金融企业慈善榜”发布活动中,博时基金荣获“金融行业卓越贡献奖”。	3.47

续表

企业名称	2009 年 1～12 月社会捐赠额（万元）	2009 年 1～12 月向社会所行善举	2010 年玉树地震捐赠及善举	所获第三方评价	社会捐赠指数
博时基金管理有限公司	284.27	人民币 6.1 万元；与北大光华管理学院共同举办博时基金全国优秀大学生金融夏令营，花费人民币 10 万元；与北大历史系合办国学夏令营，花费人民币 69.37 万元；义务植树造林活动，花费人民币 3.8 万元；“安心助医”活动：捐助心脏病儿童手术费用，花费人民币 100 万元；“关爱助学”活动：向全国 20 所高校 180 名大一学生每人捐助 5000 元，花费人民币 90 万元；在中国科学院设立“博时奖学金”，拨付奖学金人民币 5 万元。			3.47
招商证券股份有限公司	245.00	在广西贫困山区进行支教活动。 为深圳绿化工作作贡献，植树造林。	共捐赠 115 万元。	中国金融企业慈善榜——证券业突出贡献奖	2.99
平安证券有限责任公司	222.00		4 月 19 日，公司通过中国证券业协会向灾区捐款 100 万元人民币。4 月 22 日，公司党委和工会向员工发出捐款倡议。至 4 月 29 日，员工捐款 343395.4 元，其中 15770 元通过深圳红十字会和证券业协会捐赠。		2.71

续表

企业名称	2009 年 1～12 月社会捐赠额(万元)	2009 年 1～12 月向社会所行善举	2010 年玉树地震捐赠及善举	所获第三方评价	社会捐赠指数
深圳市飞亚达(集团)股份有限公司	201.51	2009 年度，公司秉承一贯的社会责任意识，继续积极参与社会公益活动：出资 200 万援建甘肃陇南文县二中学、组织维修人员参与“雷锋日”活动、组织多次义工便民服务等，同时还赞助了达喀尔拉力赛，为中国健将加油助威。作为中国唯一、世界三大航天表品牌之一，飞亚达持续投入并逐步提升对航天表的研制，努力为航天事业作贡献。2009 年，公司携神七舱外航天服手表参展纪念新中国成立 60 周年系列成就展，向世人展示了中国航天表的研制实力，受到参观者的广泛喜爱，得到了中国轻工联的表扬。	564819.20 元。	获首届深报指数优质上市公司“最具社会责任企业”。	2.46
鹏华基金	200.00		捐款 50 万元。		2.44
天马微电子股份有限公司	200.00	成立了天马义工联，开展了公益植树、清洁城市、无偿献血、捐书助学等活动。	捐款 50 万元。	1. 获得深圳上市公司协会、资本圈颁发的“5·12 汶川大地震慈善捐助奖”； 2. 深圳市绿色基金颁发的“2009‘万人同植万棵树、迎大运’证书”。	2.44
深圳能源集团股份有限公司	196.00	2009 年 3 月，公司参加市国资委党委系统组织的“市属国企手牵手关爱帮扶心连心”第四届帮扶困难职工捐款活动，共募集善款 97375 5 元；2009 年 10 月，公司员工捐款 41600 元，帮助贵州平塘 162 名贫困中小学生解决就学难问题；2009 年 10 月，公司团委组织团青干部赴贵州平塘开展助学活动，捐赠了一批“爱心书屋”图书 3000			2.39

续表

企业名称	2009 年 1 ~ 12 月社会捐赠额(万元)	2009 年 1 ~ 12 月向社会所行善举	2010 年玉树地震捐赠及善举	所获第三方评价	社会捐赠指数
深圳能源集团股份有限公司	196.00	余册;2009 年 11 月,公司员工“5·12”赈灾捐款 100 万元通过深圳市慈善会定向捐赠甘肃隆南深圳中学,用于购买相关教学仪器设备、图书等;2009 年 11 月,员工“慈善一日捐”的 231860 元善款捐至市慈善会,帮助深圳大病儿童救助专项基金募集资金;2009 年 12 月,公司向省教育基金会捐款 50 万元,用于修建湛江市勿曲村希望小学。	地震发生后的第二天,公司就在第一时间将员工的第一笔捐款 11 万元人民币及时移交给相关机构。	无	2.39
方大集团股份有限公司	193.00	向深圳公安局、老干中心、社区、福利中心、敬老院等单位捐赠全年特区报和商报。	捐款 20 万元。	无	2.35
深圳市漫步者科技股份有限公司	168.50	运作“天使回声漫步者基金”和“北京理工大堂漫步者奖学金”;向台湾灾区捐款。		中国红十字基金会捐款证书;中国红十字基金会感谢信。	2.05
安信证券股份有限公司	154.78	我司 2009 年度捐助活动主要是为宿松县扶贫活动捐助 80 万元、捐助呼兰三中 30 万元、捐建阿拉善“青年世纪林”灌溉二期工程 20 万元、捐助证券业协会举办的“扶贫济困献爱心活动”15 万元、捐助广东证券业协会微笑图片征集及打击非法证券活动 8 万元;另我司还赞助广东证监局慰问清远市阳山县对口扶贫点活动及江苏省证监局举办的“送温暖献爱心”活动。	捐款 80 万元。		1.89

续表

企业名称	2009 年 1 ~12 月社会捐赠额(万元)	2009 年 1 ~12 月向社会所行善举	2010 年玉树地震捐赠及善举	所获第三方评价	社会捐赠指数
研祥智能科技股份有限公司	150.00	从 1999 年至今,研祥智能对广东省河源市东源县、广西梧州、河南兰考县等地区因贫困未能考取大学的青年学生,开展技术扶贫工作。每年从这些地区招聘数十名贫困学生到研祥智能生产基地进行技术培训,使这些青年学生在通过研祥专业的培训和工作之后,回到家乡带动了当地自动化和信息化的建设,一部分还成为当地信息化科研的骨干力量。西藏自治区墨脱县是全国最后一个未通公路的县,也是深圳对口帮扶地区。当地的物资运输和基础设施非常缺乏。2009 年,为了帮助当地百姓尽早脱贫和援助儿童教育,担任中国光彩事业促进会副会长职务的董事长陈志列先生联合深圳市众多企业家,并个人带头捐助了 50 万元人民币,用以在当地兴建幼儿园,使孩子们享受现代教育。	捐款 860 万元。	2009 年,研祥智能获得全国妇联颁发的"慈善典范奖"。	1.83
深圳华侨城控股股份有限公司	145.00	(一)坚持不懈、定点扶贫 华控公司在科技、教育、卫生、劳动输出、旅游开发等方面投入大量资金及物资,以贵州省天柱、三穗两县为重点扶贫对象,先后参与援建帮扶项目 38 个,项目累计投入帮扶资金 1450.18 万元,其中包括学生校舍及食堂 9 栋、卫生院门诊楼 6 栋,捐赠旅游渡轮 1 艘、彩色电视 304 台,安装有线电视 1646 户、村文化室电视接收播放设备 104 个,资助各类培训 300 人次(包括当地传统竹编工艺培训),资助贫困学生 1620 名,改善了天柱、三穗两县基础教育及医疗设施等方面的条件,为两县的教育及各项事业的发展作出了贡献。	4 月 19 日向地震灾区捐款 50 万元,转至中国红十字总会。公司于 4 月 20 日晚赴现场参加由中宣部、国家广电总局、民政部、中国红十字会主办,中央电视台承办的《情系玉树大爱无疆——抗震救灾大型募捐活动特别节目》。	华侨城 A 获 2009 证券时报"中国最具社会责任上市公司"第十名。锦绣中华获国务院颁发的全国民族团结进步模范集体称号。世界之窗获深圳报业集团、珠三角报业联盟颁发的深港市民喜爱的度假胜地。深圳欢乐谷获深圳市卫生局颁发的 2008 年度食品卫生等级 A 级单位证书和	1.77

续表

企业名称	2009 年 1～12 月社会捐赠额(万元)	2009 年 1～12 月向社会所行善举	2010 年玉树地震捐赠及善举	所获第三方评价	社会捐赠指数
深圳华侨城控股股份有限公司	145.00	公司在扶贫项目的确定中，十分注意加强两县与公司在工作思路上的沟通。一是深入当地，认真听取群众意见，让群众提出想法和要求，从自身实际出发提出致富增收的想法，并将各种建议汇总，了解贫困户的真实愿望；二是“扶贫先扶智、帮困先育人”，重点帮扶当地教育事业发展；三是与当地经济发展紧密结合，发挥自身旅游产业发展优势，帮助当地发展特色旅游业；四是着力解决贫困地区群众反映最迫切，与贫困群众生产生活最紧密相关的问题，如三穗县八弓镇卫生院业务楼建设、天柱县蓝田镇中心卫生院业务楼建设等。 （二）立足社区、关爱邻里 华侨城物业管理公司立足服务华侨城社区居民，在日常工作中敬老、护幼、助残、扶困、拥军、爱教，同时结合社区居民日常爱好，举办大量社区文娱活动，丰富社区居民的文化生活，构建和谐的社区邻里关系。 比如结合“创意节能，科学发展”的理念，举办“华侨城社区生态文明行动”系列活动，具体包括“华侨城社区节能明星大搜寻——寻找你我身边的节能明星”、“社区家庭节能大赛——角逐最闪亮的环保家庭”、“青年志愿者社区服务队授旗仪式”等，不同的形式，体现出同一个心声，保护地球家园。活动现场，物业公司员工不仅为前来参与生态文明行动的社区居民提供临时饮用水，而且还为年迈的老者提供了舒适的活动休息区，让华侨城的社区居民们既享受到参与社区生态文明行动的乐趣，又深切享受到优质贴心的社区服务。		深圳市市场监督管理局颁发的深圳市特种设备使用和管理安全要求评估一级单位及中国游艺机游乐园协会颁发的 2008 年度“先进游乐园”奖和“经营管理先进单位”荣誉。深圳欢乐谷获得深圳市社会福利中心“2009 年度热心公益献爱心单位”荣誉。东部华侨城被亚太旅游联合会、中华生态旅游促进会、中华民族文化促进会旅游文化研究中心评选为“中外优秀旅游胜地”；被 2009 全球旅游度假论坛组委会授予“国际最佳旅游度假胜地”荣誉；被旅游卫视、新浪旅游授予“2009～2010 公司人旅游新榜样绿色新贡献奖”；被深圳报业集团评选为“2009 年深港市民最喜爱的旅游度假胜地”；在中央企业先	1.77

续表

企业名称	2009年1~12月社会捐赠额(万元)	2009年1~12月向社会所行善举	2010年玉树地震捐赠及善举	所获第三方评价	社会捐赠指数
深圳华侨城控股股份有限公司	145.00	（三）社会活动回馈公众：各旅游企业年内利用“三八妇女节”、“五一节”、“六一节”、“重阳节”、“教师节”期间的促销活动扩大对劳动者、妇女、外来务工者、教师及65岁以下老人的优惠幅度。同时，公司继续在“股东检验日”为持有“000069”的股东提供免费畅游深圳欢乐谷的机会。		进集体和劳动模范表彰大会上荣获“中央企业先进集体”称号。北京华侨城荣获2008年残疾人就业“贡献单位”称号。北京欢乐谷团支部被中央企业团工委授予“2008年度青年文明号”称号；北京欢乐谷与长城、故宫、鸟巢、水立方等一起成为“新北京十六景”；北京欢乐谷《金面王朝》获得第七届中国舞蹈“荷花奖”舞剧、舞蹈诗大赛评委会特别奖、实景类表演第一名，并获2008年影响北京外埠商业品牌称号。上海华侨城获“2009年度松江区先进企业”称号和“迎世博青年文明示范岗创建单位”称号。成都欢乐谷获“2009中国（成都）3·15诚信品牌榜上榜企业”荣誉称号。泰州华侨城获姜堰市“旅游业	1.77

续表

企业名称	2009年1～12月社会捐赠额(万元)	2009年1～12月向社会所行善举	2010年玉树地震捐赠及善举	所获第三方评价	社会捐赠指数
深圳华侨城控股股份有限公司	145.00			发展特别贡献奖”。华侨城旅行社获评“2008年度全国国际旅行社100强”和“2009年度优秀诚信旅行社”。深圳华侨城房地产公司被深圳市委宣传部、深圳市文化局、深圳市文学艺术界联合会、深圳市政府文化产业发展办公室授予“深圳市第四届创意十二月创意奖”和“深圳市第四届创意十二月组织奖”。深圳华侨城房地产公司被深圳特区报、中国房地产主流媒体联盟授予“深圳地产30年十大功勋品牌企业”。在北京大学和南方报业传媒集团联合主办的“2009中国地产年会暨中国人居60年高峰论坛”中荣获“60年功勋企业”和“60年功勋项目”荣誉，并荣获深圳商报社“深圳十大优品生活方式典范品牌”荣誉。	1.77

续表

企业名称	2009年1~12月社会捐赠额(万元)	2009年1~12月向社会所行善举	2010年玉树地震捐赠及善举	所获第三方评价	社会捐赠指数
深圳华侨城控股股份有限公司	145.00			中国城市规划学会、中国风景园林学会、中国建筑学会给予东部华侨城天麓六区“全国人居经典建筑规划设计综合大奖”。北京华侨城获得网易房产频道、清华房地产总裁商会、《趋势》杂志颁发的“中国地产区域贡献力大奖”；上海天祥华侨城荣获由联合国人居署（UNEP）与世界城市运动委员会（WUC）共同颁发的“全球最佳生态宜居国际社区”。华侨城国际酒店管理有限公司获得由中国饭店业年会组织委员会颁发的“最受业主欢迎酒店管理公司”奖牌、奖杯和证书，并获得由海口市人民政府、世界酒店联盟、世界华商联合会、美国亚洲协会、旅游卫视联合颁发的五洲钻石奖——“世界酒店十大魅	1.77

续表

企业名称	2009年1~12月社会捐赠额(万元)	2009年1~12月向社会所行善举	2010年玉树地震捐赠及善举	所获第三方评价	社会捐赠指数
深圳华侨城控股股份有限公司	145.00			力品牌酒店集团”奖牌。城市客栈获得“世界酒店最具发展价值酒店连锁品牌”奖牌。华侨城大酒店荣获广东省商业联合会主办、省旅游协会等近20家相关协会合办的“杰出贡献企业奖”和全球“绿色环球”委员会颁发的“绿色环球”铜徽标认证,以及世界酒店联盟《世界酒店》杂志颁发的“十大魅力品牌酒店”。华·美术馆荣获《南方都市报》、《风尚周报》、《南都周刊》、广东电视台颁发的“年度艺文奖”。华侨城大酒店荣获广东省质量协会、广东省总工会、广东省妇联、广东省科协、共青团广东省委、南方杂志社联合主办颁发的“2009年广东省用户满意服务明星企业”。深圳威尼斯	1.77

续表

企业名称	2009年1~12月社会捐赠额(万元)	2009年1~12月向社会所行善举	2010年玉树地震捐赠及善举	所获第三方评价	社会捐赠指数
深圳华侨城控股股份有限公司	145.00			酒店获得国际绿色环球组织颁发的“绿色环球”银徽认证,并被深圳特区报、深圳市质量协会、深圳市总工会授予“酒店行业优质明星服务单位”。海景奥思廷酒店荣获了由广东省旅游局颁发的“国民旅游休闲示范单位”称号。华侨城物业公司锦绣花园女子护管队获得2009年度深圳市总工会颁发的“巾帼文明岗”称号;华侨城物业公司女工委获得2009年度深圳市妇联与深圳市总工会颁发的“深圳市工会女职工工作先进集体”称号。上海华励荣获由中国包装联合会纸制品包装委员会颁发的“五星级企业”荣誉称号;深圳华力获得由商务部、中国外商投资企业协会等机构联合颁发的2008年度“全国外	1.77

续表

企业名称	2009 年 1 ~ 12 月社会捐赠额(万元)	2009 年 1 ~ 12 月向社会所行善举	2010 年玉树地震捐赠及善举	所获第三方评价	社会捐赠指数
深圳华侨城控股股份有限公司	145.00			商投资双优企业”和和“优秀会员企业”荣誉。香港华侨城团支部荣获中央企业团工委颁发的“2009 ~ 2011 中央企业五四红旗创建单位”称号。	1.77
华润三九医药股份有限公司	143.00	“甲流防治”明星公益宣传片:2009 年 12 月,为关爱大众健康,公司协助卫生部新闻宣传中心、中国健康教育中心,完成国内首部由公益明星参与的甲型 H1N1 流感防治宣传片。片中首度提出“手肘捂鼻”的预防办法,并由“公益明星”周华健亲身示范,直观、生动的推广甲型 H1N1 流感的防治知识。目前,中央电视台 1 套、新闻频道的《共同关注》、《新闻 30 分》、《朝闻天下》等多个栏目对该公益片进行了报道,有效达成了向社会宣传普及预防流感知识,提高大众公共卫生意识的目的。 百万捐建“希望小镇”:经股东大会批准,公司 2009 年向华润慈善基金会捐赠现金人民币 130 万元,用于建设广西百色“华润希望小镇”卫生所。2009 年 11 月 23 日,华润百色希望小镇卫生服务站正式启用,卫生服务站占地面积 1260 平方米,设有全科医疗科、预防保健室、治疗室、化验室、心电图室、康复室和健康信息管理室,能够满足希望小镇日常医疗及卫生防疫、疾病监控的需求,起到小病不出村,大病确诊后可就地继续治疗的作用。 “爱心天使”关爱全国志愿者:自 2008 年开始,公司与贵州市团委及贵州市志愿者协会联手,共同开展了“爱心天使”全国志愿者关爱行动。2009 年 6 月,第二季“爱	地震后,公司工会组织属下员工,通过华润慈善基金向玉树灾区捐款,总额为 298333.3 元;配合雅安市政府组织的捐赠活动,将我司产品药品强力枇杷露和参附注射液捐赠给灾区,以表达华润三九人对灾区人民的关爱。本次共计捐赠价值 526490 元药品。		1.74

续表

企业名称	2009 年 1 ~ 12 月社会捐赠额(万元)	2009 年 1 ~ 12 月向社会所行善举	2010 年玉树地震捐赠及善举	所获第三方评价	社会捐赠指数
华润三九医药股份有限公司	143.00	心天使"全国志愿者关爱行动正式启动。公司与贵州团委联合签约四位明星志愿者为爱心微笑大使,共同开展医疗健康咨询、志愿者培训、志愿者工作指导和招聘等系列活动,搭建志愿者关爱平台。 慈善一日捐与义诊:公司下属广东三九脑科医院,积极响应广东民政局号召,组织全体员工开展"慈善一日捐"活动,筹集善款 2 万元,用实际行动践行了"简单、坦诚、阳光、感恩"的企业文化。自 2008 年底开始,该院举办免费义诊活动累计 30 余次,足迹遍及粤东、粤西、粤北等各城市,免费为 15000 多人次提供了义诊服务。这些举措使全体医护人员对慈善的认识更加深刻,让慈善感恩的心态植入日常工作,满怀爱心为患者服务。 扶贫助困活动:公司广泛开展扶贫助困活动,具体包括:公司自发组织有"互助金委员会",建立了爱心捐助长效机制,使广大员工捐助形成合力,帮助受赠方解决实际困难,提高生活质量。2009 年度该互助基金会共有 23 个销售片区的 853 位员工捐款,全年支付爱心捐款共计 11 万元;公司时刻关注汶川地震灾区的受灾人民生活,继 2008 年度药品、资金捐赠后,公司 2009 年度再次组织员工捐赠衣物、棉被等物资,救助目前在深圳市技工学校就读的汶川地震灾区学生;公司在雅安地区长期开展"送温暖"公益活动,2009 年度自发筹集价值 3 万元物资,用于慰问困难劳模、特困职工和失业职工,让困难群众充分感受到了社会的温暖;辅助发展儿童少年教育福利事业,是公司长期坚持的目标。多年来,公司积极投入贫困地区教育事业的建设与发展,在雅安市共援建了 8 所小学,用实际行动帮助山区贫困儿童远离失学,快乐成长。			1.74

续表

企业名称	2009年1~12月社会捐赠额(万元)	2009年1~12月向社会所行善举	2010年玉树地震捐赠及善举	所获第三方评价	社会捐赠指数
大成基金管理有限公司	122.44	向甘肃省州曲县峰迭乡大成基金城外小学协议捐资74.8万元用于该校校舍重建,2009年已捐出第一批工程款19.44万元;向贵州省龙里县大成基金观音小学协议捐款80万元用于该校教学设施建设。2009已捐出第一批工程款24万元;向广东省兴宁市大成基金大圳小学协议捐款60万元用于该校教学设施建设。第一笔工程款18万元于2010年3月捐出;向辽宁省教育基金会捐款30万元用于该地区贫困学生的学习和生活;向遭受莫拉克台风袭击的台湾地区捐赠100万元新台币(折合人民币21万元)用于灾区的重建工作;向福建金鸡山公园捐赠10万元资金用于植树造林工程以及公园的爱心附属设施;通过深圳市关爱办向白血病患者钟可览捐资10万元用于治疗费用。		公司员工及大成慈善基金会累计向青海玉树灾区捐款达79.3864万元人民币。	1.49
深圳市芭田生态工程股份有限公司	115.00	出资10万元扶持广东山东考上大学的贫苦学生(助子成才活动);投入40万元扶持河北优秀种植户(挑战吉尼斯);投入34万,扶持浙江优秀种植户(农产品挑战吉尼斯);投入31万,扶持广东柑橘产业(沙糖橘发展课题论坛)。			1.40
深圳市天威视讯股份有限公司	115.00	向甘肃文县马泉乡捐资100万元建立一所希望小学。	员工捐款55808元。		1.40

续表

企业名称	2009 年 1 ~ 12 月社会捐赠额(万元)	2009 年 1 ~ 12 月向社会所行善举	2010 年玉树地震捐赠及善举	所获第三方评价	社会捐赠指数
中国国际海运集装箱(集团)股份有限公司	112.10	向深圳狮子会捐款人民币 20 万元,用于白内障复明工程;向深圳外国语学校捐款人民币 20 万元;向深圳交警英烈基金捐款 5 万元;向深圳大学捐款 5 万元;向谌江贫困地区捐款 50 万元;深圳国企第四届“手挽手,心连心”帮扶贫困职工活动,捐款 40396 元;“慈善一日捐”救助大病儿童活动人民币 23049 元。	捐款 125.9 万元。		1.37
深圳高速公路股份有限公司	106.35	向深圳狮子会捐款人民币 20 万元,用于白内障复明工程;向深圳外国语学校捐款人民币 20 万元;向深圳交警英烈基金捐款人民币 5 万元户;向深圳大学捐款人民币 5 万元;向湛江贫困地区扶贫捐款人民币 50 万元;深圳国企第四届“手挽手、心连心”帮扶贫困职工活动,捐款人民币 40396 元;“慈善一日捐”救助大病儿童活动捐款人民币 23049 元。	公司向深圳市慈善会捐款 20 万元;员工合计捐款人民币 78331.3 元及港币 50 元,全额转交深圳市慈善会。		1.30
招商局地产控股股份有限公司	99.00	2009 年 3 月,开展“帮困助弱献爱心”活动;4 月,公司团委组织青年员工参加义务植树活动;5 月,公司党团员及青年骨干约 150 余人参加了清洁蛇口四海公园的公益活动,招商地产广州市番禺创新科技园全体工会委员到番禺石楼镇开展“献爱心、送温暖”活动,走访慰问当地六户低保家庭和特困职工;6 月,招商地产广州公司举办了“减少污染——让我们行动起来”的环保主题活动;12 月,广州招商·金山谷举办了主题为“传递爱的种子,奉献一份亲情”的招商会童子军爱心捐赠活动。组织童子军们去敬老院体验帮助他人,把爱心传播的快乐。活动不仅为老人们送上了寒冬中的真情关怀与温暖祝福,更培养了童子军敬老爱老、关爱他人的良好品德;9 月,招商地	向招商局慈善基金会捐赠 200 万元,招商局慈善基金会统一对外捐助。 员工捐助在持续进行中。		1.21

续表

企业名称	2009 年 1 ~ 12 月社会捐赠额(万元)	2009 年 1 ~ 12 月向社会所行善举	2010 年玉树地震捐赠及善举	所获第三方评价	社会捐赠指数
招商局地产控股股份有限公司	99.00	产南京公司在南京浦口区双垅希望小学举行了“传承责任,勇于担当”2009 年公司日爱心助学行活动;8 月,招商地产开展了“滴水成涓、十元捐助”活动。员工纷纷慷慨解囊,为贫困地区的教师和学生奉献爱心,以实际行动彰显了招商人的博爱情怀。截至活动结束,共收到员工捐款 81379.3 元。款项将以招商局爱心慈善基金会的名义拨付贵州省威宁县,支持当地的教育事业。今后此项捐助活动将作为每年公司日期间的一项例行献爱心活动;12 月,招商地产天津大学 2009 年奖学金颁奖仪式暨 2010 年校园招聘宣讲会在天津大学成功举办;12 月,招商地产 2010 年校园招聘会北京站在清华大学、中国人民大学成功举办,同时,“清华之友——招商地产奖学金”颁奖仪式在清华大学顺利举行,今年共有 34 名清华学子获此殊荣;2010 年 3 月 27 日晚,招商地产在全国范围内公司及 12 个城市的大型社区及公司开展主题为“关上灯,点亮希望”的“地球一小时”熄灯系列活动,通过此项活动提高公众节约能源的意识,积极应对全球气候变化。			1.21
深圳市齐心文具股份有限公司	86.00	赞助汕头市铜盂中学教学楼再建工程 60 万元;广州荷花小学教学楼的修缮工程捐助 16 万元人民币;2009 年 11 月,齐心文具在丽江塔城乡创建“纳西族少儿民族艺术传承基地”,每年投入现金 10 万元及赞助学校文具。	向深圳市慈善会捐赠现金 50 万,向广东省慈善总会捐赠 5 万元。	齐心文具在丽江塔城乡创建“纳西族少儿民族艺术传承基地”,每年投入现金 10 万元及赞助学校文具,借此基地挖掘、保护和传承纳西族民族文化艺术,陈钦鹏先生也被玉龙县教育局聘任为塔城小学名誉校长。	1.05

续表

企业名称	2009 年 1～12 月社会捐赠额(万元)	2009 年 1～12 月向社会所行善举	2010 年玉树地震捐赠及善举	所获第三方评价	社会捐赠指数
华泰联合证券有限责任公司	80.00	延安曙光小学，是延安郊区一所民办小学，专为外出打工者的留守儿童开办的学校。2009 年 8 月，公司为这所贫困小学准备了书本、学习用具等教学设备，并由董事长马昭明同志带队，专程赶往延安举行了捐赠仪式。	2010 年 5 月向深圳红十字会捐款伍拾万元；员工向深圳红十字会捐款 27 万元。		0.98
深圳市特发信息股份有限公司	61.35	公司第四届“帮扶贫困基金”捐款 30576 元；响应深圳市慈善会的倡议“慈善一日捐”共捐款 29870 元；四川汶川地震后，公司通过中国扶贫基金会领养了 20 位灾区儿童，2009 年共支付 3 万元费用；2009 年 5 月 1～6 日，公司派专人前往四川平昌，对地震灾区孤儿进行了回访活动。	捐赠价值 50 万元光缆产品用于灾区重建；通过深圳市国资局机关工会向灾区捐赠现金 2 万元；通过深圳市南山区慈善会向灾区捐赠现金 3100 元。		0.75
康佳集团股份有限公司	60.00	向贫困地区贵州黔东南三穗、天柱两县捐款 60 万元。	捐款 100 万元。	在“南方周末——中国企业社会责任研究中心”主办的“南方周末 2009 年度中国企业社会责任”的活动中，康佳集团再次荣膺“国有上市企业社会责任榜”百强名单。	0.73
深圳市通产丽星股份有限公司	59.63	公司使命之一是为社会尽职尽责并推动产业升级进步。我们荣获了“宝洁公司全球最佳供应商”，与宝洁公司一起生产无瑕疵产品的同时，还与其各出资 15 万元，在“福建省平乐县长和学校”和“吉林省双辽市兴隆中心学校”合资兴建“通产丽星—宝洁希望小学”，为贫困儿童	捐款 10 万元。	深圳福利中心赠送公司“热心公益、献爱心”称号。	0.73

续表

<table>
<tr><th>企业名称</th><th>2009 年 1 ~ 12 月社会捐赠额(万元)</th><th>2009 年 1 ~ 12 月向社会所行善举</th><th>2010 年玉树地震捐赠及善举</th><th>所获第三方评价</th><th>社会捐赠指数</th></tr>
<tr><td>深圳市通产丽星股份有限公司</td><td>59. 63</td><td>提供良好的办法条件,公司还为广州增城市实验小学捐助价值 2. 1 万元的多媒体设备一套,支持普及教育发展;2009 年 3 月 6 日,公司为庆祝“三八”节,由工会委员、职工代表中的女员工去深圳社会福利中心“孤儿院”对收养 400 多名儿童进行慰问,送去礼品 300 套,活动中深圳福利中心给我们赠送一面“热心公益、献爱心”锦旗;2009 年 5 月 25 日,公司工会及全体员工响应深圳电台生活频道号召,到深圳慈善总会捐鞋 800 双,为陇南贫困地区儿童过上一个愉快的“六一”儿童节,送孩子们一双鞋走上成长路;为迎接建党 88 周年,我司于 2009 年 6 月成立“义工队”。党总支书记陈寿同志,工会主席宋仁权同志带头报名,公司总部已有 73 人参加义工队,并向深圳市福田区义工联登记加入义工队的“环保生态组”、“慈善公益组”进行爱心公益活动;2009 年 8 月 8 日莫拉克台风肆虐,造成台湾 50 年来最大水灾,公司工会在厂门口设立捐款箱为台湾同胞捐款;“为社会做一点贡献,捐献一份热血、奉献一份爱心”,2009 年 8 月份工会组织了无偿献血活动,总部有 106 人献血 22000ml,广州工厂有 62 人献血 17400ml。公司设立工会互助基金,专门用于资助困难员工,2009 年支出明细如下表:
<table><tr><th>付款时间</th><th>摘　要</th><th>金额(元)</th></tr><tr><td>2009</td><td>贺显兵母亲精神分裂症</td><td>3000</td></tr><tr><td>—</td><td>杨建微汶川地震受灾</td><td>5000</td></tr><tr><td>—</td><td>罗霞汶川地震受灾</td><td>5000</td></tr><tr><td>—</td><td>贺周凤乳房恶性肿瘤</td><td>5000</td></tr></table></td><td></td><td></td><td>0. 73</td></tr>
</table>

续表

企业名称	2009 年 1～12 月社会捐赠额(万元)	2009 年 1～12 月向社会所行善举			2010 年玉树地震捐赠及善举	所获第三方评价	社会捐赠指数
		付款时间	摘要	金额(元)			
深圳市通产丽星股份有限公司	59.63	2009.1.6	余林父亲患丘脑肿瘤	8000			0.73
		2009.1.13	陈志江父亲患急性上消化道出血	8000			
		2009.1.14	刘昌学父亲患肺癌	5000			
		2009.1.14	陈伟东新生小孩巨细胞病毒感染	2000			
		2009.1.12	希望小学捐助	35000			
		2009.3.31	市属手挽手,心连心捐助	30000			
		2009.6.22	给增城市实验小学捐助多媒体教学设备一套费用	21000			
		2009.7.2	卢玉友骑车摔伤,需做较大手术	10000			
		2009.7.2	蔡水余家庭困难,大哥又出车祸	10000			
		2009.5.18	罗贵华患肝硬化、脾功能亢进、门脉高压性胃病	8000			
		2009.5.15	周卫明母亲患高血压瘫痪	2000			
		2009.5.15	韦绍坤因患胆息肉住院治疗	2000			
		2009.5.7	廖洪明患面颅血管畸形手术治疗	10000			
		2009.7.15	广州眭爱平车祸住院	6000			
		2009.7.15	广州黄其彬家庭困难,妻子犯有精神病	10000			

续表

企业名称	2009年1~12月社会捐赠额(万元)	2009年1~12月向社会所行善举			2010年玉树地震捐赠及善举	所获第三方评价	社会捐赠指数
		付款时间	摘要	金额(元)			
深圳市通产丽星股份有限公司	59.63	2009.7.2	深圳贺显兵母亲患精神分裂症	2000			0.73
		2009.7.2	深圳罗明母亲去世,欠下大量外债	1000			
		2009.7.2	深圳余自琼母亲患糖尿病	600			
		2009.7.2	深圳陈伟东小孩巨细胞病毒感染	2000			
		2009.7.2	深圳汪承金父亲患肺结核	5000			
		2009.7.2	深圳郭永强女儿患血管瘤	2000			
		2009.7.6	深圳陶芳术母亲患肝癌	10000			
		2009.7.29	深圳罗霞房屋重建(5.12大地震),建房过程中父亲摔伤	8000			
		2009.7.30	深圳安丽蓉房屋重建(5.12大地震),儿子在大学就读	8000			
		2009.7.29	深圳赵秀芳房屋重建(5.12大地震),家中两位老人生病	8000			
		2009.7.29	深圳梁孟堂房屋重建(5.12大地震)	5000			
		2009.8.1	深圳张正军房屋重建(5.12大地震)	5000			

续表

企业名称	2009年1~12月社会捐赠额(万元)	2009年1~12月向社会所行善举			2010年玉树地震捐赠及善举	所获第三方评价	社会捐赠指数
		付款时间	摘要	金额(元)			
深圳市通产丽星股份有限公司	59.63	2009.8.1	深圳王玥华父亲患病(肝脏占位性肿瘤病变)	3000			0.73
		2009.7.29	深圳吴华芬父母的房屋重建(5.12大地震)	5000			
		2009.7.31	深圳周君宁所住窟洞严重开裂(5.12大地震)	5000			
		特办已领取	深圳方法因患情感障碍狂躁症	5000			
		2009.7.16	广州秦六兰房屋重建(5.12大地震)	5000			
		2009.7.15	广州朱昌星工伤(手部)	1000			
		2009.7.15	广州汤媛利父亲住院(鼻咽癌)	4000			
		2009.7.2	广州邓卢成偏远山区,家庭贫困	2000			
		2009.8.8	广州吴锠华母亲需做第二次手术(腰椎骨折导致瘫痪)	8000			
		2009.9.1	深圳杨军女儿及父母患病	10000			
		2009.9.4	深圳宋友红父亲半身不遂,母亲肺癌	5000			

续表

企业名称	2009年1~12月社会捐赠额(万元)	2009年1~12月向社会所行善举			2010年玉树地震捐赠及善举	所获第三方评价	社会捐赠指数
		付款时间	摘要	金额(元)			
深圳市通产丽星股份有限公司	59.63	2009.9.4	深圳伍勇华小孩面部肿瘤	1500			0.73
		2009.9.4	龙华蒋波5.12大地震受灾	5000			
		2009.9.4	广州田应清小孩患慢性肾炎	3000			
		2009.9.5	广州熊大贤5.12大地震受灾	5000			
		2009.9.4	上海李杨阳父亲患眼病	2000			
		2009.9.4	上海万金钱小孩患病	8000			
		2009.9.4	上海叶云清父亲患癌症	10000			
		2009.9.4	上海唐培胜父亲患病	3000			
		2009.9.4	上海霍柱贤父亲患重病去世	5000			
		2009.9.27	广州魏峰长子先天性痴呆	3000			
		2009.9.27	广州林睦成父亲肩周炎/购房贷款/自学成大	700			
		2009.9.28	深圳模具部陈焕娣小孩摔伤左手骨折	1000			
		2009.9.30	深圳调度陈象选肾结石并伴有轻度积水手术	1400			
		2009.9.30	深圳注塑部李世民儿子肺结核等疾病	2000			
		2009.9.29	深圳品质部徐碧君父亲患膀胱癌手术	2000			

续表

企业名称	2009 年 1 ~12 月社会捐赠额(万元)	2009 年 1 ~12 月向社会所行善举			2010 年玉树地震捐赠及善举	所获第三方评价	社会捐赠指数
		付款时间	摘要	金额(元)			
深圳市通产丽星股份有限公司	59.63	2009.9.29	深圳软二郭开军女儿就读平湖外国语学校高二班	1000			0.73
		2009.10.15	深圳软二熊清容女儿就读四川音乐学院	1000			
		2009.10.23	上海调度吴梓益鼻中隔弯曲手术	2700			
		2009.11.26	深圳软二车间胥世会女儿大二,申请助学资助	1000			
		2009.11.26	深圳开发二部万云桂女儿大三,申请助学资助	1000			
		2009.11.25	深圳车队景武辉女儿大专、儿子高中,申请助学资助	1800			
		2009.11.24	深圳工程维修王兴华女儿小学六年级,申请助学资助	500			
		2009.11.26	深圳软二杨惠君儿子大一,申请助学资助	1000			
		2009.11.25	深圳模具部郑国念母亲肺胸囊肿体增殖	4000			
		2009.11.25	深圳模具部廖宝福父亲久病不治病故	1000			
		2009.11.29	广州办公室王永宽父亲脑血管病	1000			

续表

企业名称	2009 年 1 ~ 12 月社会捐赠额(万元)	2009 年 1 ~ 12 月向社会所行善举			2010 年玉树地震捐赠及善举	所获第三方评价	社会捐赠指数
		付款时间	摘要	金额(元)			
深圳市通产丽星股份有限公司	59.63	2009.11.25	深圳品质部李莉儿子上高中,申请助学资助	800			0.73
		2009.11.25	深圳模具部宋友红儿子大四,申请助学资助	1000			
		2009.11.25	深圳软二骆敏妹妹上大学,申请困难补助	300			
		2009.11.25	深圳车队唐磊父亲十二指肠球部溃疡并出血	1500			
		2009.11.26	深圳软一金换儿子上高中,申请助学资助	800			
		2009.11.26	深圳软一张开明父亲住院手术	1000			
		2009.11.26	深圳 ISO 实验室赵先艳父亲住院手术	1000			
		2009.11.29	广州注塑部邓兰英乳腺增生,宫颈囊肿及儿子中专助学	1000			
		2009.11.29	广州注塑部李启文儿子脑瘫多病	1800			
		2009.11.26	上海一车间后加工李桂平因右腹壁肿瘤手术切除	500			
		支出合计		372900			

续表

企业名称	2009 年 1 ~12 月社会捐赠额(万元)	2009 年 1 ~12 月向社会所行善举	2010 年玉树地震捐赠及善举	所获第三方评价	社会捐赠指数
深圳发展银行股份有限公司	57.00	遵循赤道原则，开展绿色信贷；发行环保主题靓绿信用卡；发起“深爱·助学行”系列公益活动；发起“深发西藏光明行”活动，筹集 35 万元爱心捐款，为日喀则地区 110 余名藏族同胞免费实施白内障复明手术。	企业捐款 500 万元；员工捐款 3420135.3 元	获得 2009 年最佳企业社会责任奖；2009 年中国品牌社会责任贡献奖；2009 年最佳社会责任董事会。	0.70
深圳市中金岭南有色金属股份有限公司	47.00	公司积极贯彻落实《中共广东省委办公厅广东省政府办公厅关于我省扶贫开发“规划到户责任到人”工作的实施意见》(粤办发[2009]20 号)精神，完成扶贫开发广东五华县新村 12 个贫困户、韶关仁化县石塘镇下中坌村 172 个贫困户、马坝镇石堡村 42 个贫困户的任务，发挥好公司在思想、技术、培训、项目、信息、资金等方面的优势，当好村民致富带头人。			0.57
中国长城计算机深圳股份有限公司	43.25	赞助奖学金 32500 元，弱视专项基金 20 万元，募集援疆扶贫基金 20 万元；2009 年 6 月 1 日，长城电脑 2009 年度公益品牌活动“点亮爱——2009 长城电脑航天之旅”启动仪式在北京启动。该活动旨在传播长城电脑关爱弱势、致力公益事业的社会责任理念，建立公共平台吸引各方面力量，激励社会力量投身公益实践活动。通过系列公益事件的展开，吸引公众对弱视及贫困地区儿童的成长和学习的关注；长城电脑 2009 年捐款 20 万元，持续帮扶新疆地区特困家庭，奉献爱心，令他们重燃对生活的希望。		经中国企业报社中国企业 CSR 研究中心评选，公司荣获“2009 年中国社会责任优秀企业”；经中国企业报社中国企业 CSR 研究中心评选，公司社会责任案例《“点亮爱”护童活动》荣获“2009 年中国社会责任优秀案例”。	0.53

续表

企业名称	2009年1~12月社会捐赠额(万元)	2009年1~12月向社会所行善举	2010年玉树地震捐赠及善举	所获第三方评价	社会捐赠指数
深圳市机场股份有限公司	38.34	用于爱心互助会;开展“市属国企手挽手　关爱帮扶心连心”第四届帮扶困难职工捐助活动;开展慈善一日捐活动。	捐款6万元。	国企党建简报中就深圳机场开展“关爱帮扶心连心”活动予以高度评价。	0.47
深圳世联地产顾问股份有限公司	34.40	缴纳阿拉善SEE生态协会2009年会费100000元;为阿拉善“大学生校园环保行动创意大赛”赞助费10000元;为阿拉善节水作物小米收购立项,共收购小米10380斤,共计57090元;赞助阿拉善“手牵手”贵州苗绣项目立项10000元;为台湾欧开合唱团慈善演出捐赠30000元;2009年9月世联员工为佛山公司生病同事捐款136887元。	捐款288457.66元。		0.42
深圳劲嘉彩印集团股份有限公司	32.00	向贵州省务川县捐助32万元建设的一所希望小学于2009年3月6日竣工。	集团总部及生产事业部捐助28.5888万元。	乔鲁予董事长荣获2007~2009年深圳市宝安区慈善个人奖。	0.39
深圳市燃气集团股份有限公司	31.77	公司捐赠49954.5元;员工捐赠267762元。对口帮扶贵州三都教育事业,派出支教老师20人次;对口帮扶广东廉江市长山镇那凌村。	公司捐款6万元;员工捐款265772元。		0.39
深圳市得润电子股份有限公司	31.70	1. 向台湾8.8水灾受灾同胞捐赠新台币100万元(折合人民币21.7万元)。2. 向光明新区慈善会捐赠10万元人民币。	捐赠善款10万元。	被光明新区慈善会授予“大爱光明”嘉奖匾牌。	0.39

续表

企业名称	2009年1~12月社会捐赠额(万元)	2009年1~12月向社会所行善举	2010年玉树地震捐赠及善举	所获第三方评价	社会捐赠指数
金地(集团)股份有限公司	30.00	2009年3月,当大学生就业难成为社会关注的焦点的时候,金地上海区域公司适时推出大学生就业促进平台计划。该计划包括个人成长及培训平台、勤工助学平台、社会实践平台、就业平台四大方面内容,为大学毕业生提供免费培训、实习、就业机会。自该平台启动以来,已经有来自十余所院校的近二百余名大学生参与其中并受益。 "2009金色义工行动"是西安公司发起的一项持续性的社会公益活动,由西安公司联合西安市众多知名高校,旨在通过多种有意义的社会实践活动,让在校大学生和更多的人拥有一份对于社会的责任感。 为支援偏远地区教育,金地上海公司和西安公司分别在当地援建一所希望小学。上海公司充分利用自身的资源,把工程总包单位、原材料供应商等合作伙伴也引入到援建体系中,直接参与校舍规划与建设。从2007年学校建成至今,在金地的带动下,合作伙伴、社会团体以及金地各社区的业主,不断以捐款捐物、实地考察等方式,参加到助学活动中来。2009年,金地上海公司员工又自发集资30万元,建造"金地一关庙乡儿童卫生院",并发挥专业水平,不同程度地参与到建筑设计、施工队选择、财务管理以及工程监理等环节中。 公司参与、承担了国家科技支撑子课题——《绿色建筑全生命周期设计关键技术研究》的研究任务,这一课题从全寿命周期的角度,通过居住实态和住宅状况的调查,探索并建立适合我国国情的高集成度、高耐久性住宅体系,相信随着这一课题将在2010年完成。	捐款357863元。	荣获2008~2009年度新浪乐居评选的最佳诚信企业大奖; 荣获理财周报评选的最具社会责任董事会; 荣获由第一财经评选的企业社会责任最佳实践企业奖。	0.37

续表

企业名称	2009年1～12月社会捐赠额(万元)	2009年1～12月向社会所行善举	2010年玉树地震捐赠及善举	所获第三方评价	社会捐赠指数
金地(集团)股份有限公司	30.00	在公司内部发起“小物品,大作用”的捐助行动。捐助的6箱衣物已寄达索玛花公益助学网,志愿者把物品统一整理并分发到凉山彝族自治州金阳县的部分乡镇学校中。			0.37
深圳市中青宝网网络科技股份有限公司	25.00	情系教育,心系未来,2009年6月12日公司为支持积石山人民政府改善贫困地区乡村办学条件,发展基础教育事业,决定捐赠25万元在积石山人民政府所管辖的中咀岭乡援建一所希望小学。2009年7月,公司已向甘肃省青少年发展基金会支付25万元。2009年11月12日中青宝网希望小学举行了隆重的落成仪式。	2010年4月20日,以中青宝网董事长名义通过光彩会向青海玉树捐赠5万元善款。	中青宝网积极投身支持贫困地区基础教育事业,获得了中共积石山政委、积石山县人民政府给予“情系贫困山区、爱洒积石教育”的表彰,也得到了社会各界的好评。	0.30
深圳市大族激光科技股份有限公司	23.00	组织公司员工为困难员工进行捐款。	组织公司员工为玉树捐款,共筹得款项150928元。	5.12汶川地震慈善捐助奖。	0.28
雅致集成房屋股份有限公司	20.90	2009年6月,为公司因病逝世员工王兴才同志捐款约20.9万元,作为其子的专项抚养和教育基金。	捐款120万元。	2009年10月,被中国社会调查所评选为“中国社会责任感优秀企业”。	0.25
深圳长城开发科技股份有限公司	20.00	为援疆扶贫计划向新疆捐款20万元整。			0.24

续表

企业名称	2009 年 1～12 月社会捐赠额(万元)	2009 年 1～12 月向社会所行善举	2010 年玉树地震捐赠及善举	所获第三方评价	社会捐赠指数
深圳市富安娜家居用品股份有限公司	20.00	2009 年,公司向上海真爱梦想公益基金捐赠人民币 100600.00 元;公司员工自发向一位患病同事捐款 80181.00 元以挽救其生命;富安娜每年都要向公司所在地深圳南山区敬老院的老人们捐赠床上用品,为他们安享晚年尽到一份心意。	公司工厂连夜赶制棉被,第一时间向灾区捐赠 6180 件棉被,价值 100 多万元。	无	0.24
中国建银投资证券有限责任公司	18.30	江都营业部向汶川灾区学生捐赠图书 20 余本;东莞胜和路营业部参加证券业协会组织的“扶贫献爱心活动”,捐款 837 元;向西南旱灾地区捐款 1130.5 元;上海南京西路营业部向西南地区特大旱灾捐款 400 元;向青海省玉树地震,营业部捐款 6600 元;中投证券爱国路营业部捐赠的款项:向大岗中心小学捐书 50 本;汶川地震一周年捐鞋活动捐鞋 2 双,现金 1010 元;向云南灾区捐款 2825 元;为深圳义工联做义工,到社区宣传捐书活动,捐书 10 本;团总支发出倡议,号召广大员工从节约用水开始,养成珍惜每一滴水的良好习惯,用实际行动响应抗旱号召;北京方庄营业部向旱灾地区捐款 900 元;北京复兴路营业部地震捐款 10500 元;植树 20 棵,3000 元;长沙营业部向汶川地震 1 周年爱心捐款 2050 元;2010 年 2 月 10 日湖南省协会组织捐款 1400 元;抗旱救灾捐款 400 元;中投证券水荫路证券营业部员工扶贫清远山区捐款 2470 元;淮安营业部捐书 55 本;济南历山路营业部 2009 年 6 月响应济南市金融办号召参加“慈善一日捐”活动,营业部捐款 1800 元;晋江营业部台湾莫拉克台风晋江营业部捐款 2700 元;绵阳营业部 2009 年 11 月为绵阳市一名白血病儿童捐款 4900.00 元;2010 年 4 月西南地区抗旱救灾捐款 1820.00 元;南通青年西路营业部参加江苏	公司捐款 50 万元;长沙营业部捐款 1900 元;成都新都桂湖东路营业部员工捐款 1700 元,款项由四川红十字会转交灾区;成都人民北路营业部通过中国红十字会成都备灾救灾中心向捐赠了价值 1.44 万元的帐篷;青岛营业部捐赠 2000 元;青海油田营业部捐款 1500 元;营业部工会会员为地震灾区遂宁安居磨溪镇捐款 1700 元(含蓬溪营业部会员);2010 年 4 月 22 日营业部员工捐款 3500 元;西宁营业部向玉树地震灾区 36 名员工个人捐款 11500 元;重庆营业部青海玉树地震,营业部全		0.22

续表

企业名称	2009 年 1～12 月社会捐赠额(万元)	2009 年 1～12 月向社会所行善举	2010 年玉树地震捐赠及善举	所获第三方评价	社会捐赠指数
中国建银投资证券有限责任公司	18.30	省慈善业协会送温暖、献爱心捐款活动，员工共 9 人个人捐款 1700 元；青海油田营业部 2009 年 2 月向玉树结古镇学校捐赠棉衣 100 件；2009 年 12 月向汶川县漩口镇中学捐款 4000 元；2010 年 4 月向玉树地震灾区捐款 1500 元；2010 年 4 月 22 日青海省民族学院和青海极限越野联盟西行先锋俱乐部联合向青海大通县八寺崖小学捐资助学活动，捐款 200 元和大量书籍、衣物、玩具；上海物华路营业部 2010 年 4 月为云南旱灾捐款共计 940 元；深南大道营业部旱灾捐款 4675 元；深圳人民北营业部抗旱捐款 3166 元；顺德大良、勒流营业部 2009 年向江西抚州大岗区中心小学捐书 65 本；铁岭柴河街营业部向铁岭市慈善总会捐款 3100 元；武汉香港路营业部为西南旱灾的捐款 810 元。西宁营业部 2009 年 8 月 13 日青海玉树怀德儿童福利院捐赠衣物和文具；广州番禺营业部捐款 1625 元，向抚州市临川区大岗镇中心小学捐赠书籍一批；南京王府大街营业部 2009 年 12 月营业部员工参加“送温暖、献爱心”社会捐助活动，捐款 1400 元划给江苏省社会捐助服务中心。2010 年 4 月营业部响应公司团委组织的“抗旱救灾”捐款购水活动，员工捐款 1280 元汇给公司团委集中捐款；中投证券苏州三香路营业部 2009 年 11 月捐助给江苏省社会捐助服务中心的送温暖献爱心慈善捐款 2000 元；2009 年 11 月捐助给苏州市胥江街道的送温暖献爱心慈善捐款 1000 元；中投证券重庆营业部 2009 年员工邓威无赏献血 400cc。员工邓威参加与农村贫困、留守小学生“手拉手”活动，前往重庆万胜区大坝乡小学与同学们互动，并捐赠书籍、文具一批；珠海营业部 2009 年向抗旱救灾捐款 2880 元；公司团委向西南旱灾地区捐款购水 96641 元。	体员工、客户经理捐款 2955 元；珠海营业部捐款 4000 元。		0.22

续表

企业名称	2009 年 1 ~ 12 月社会捐赠额(万元)	2009 年 1 ~ 12 月向社会所行善举	2010 年玉树地震捐赠及善举	所获第三方评价	社会捐赠指数
深圳市美盈森环保科技股份有限公司	18.00	文化节赞助；台湾 8.8 水灾捐款；光明辖区贫困小学捐款；慈善会捐款。	捐款 5 万元。	光明慈善会颁发的“大爱光明”奖。	0.22
深圳市农产品股份有限公司	17.10	2009 年 5 月公司开展“市属国企手挽手、关爱帮扶心连心”第五届帮扶困难职工捐活动：农产品公司总部和各下属企业共捐 60349 元； 2009 年 11 月深圳“慈善一日捐”活动（捐到深圳市慈善会）：农产品公司总部和各下属企业共捐 84681.5 元； 2009 年度春节、元旦慰问老党员、困难党员 16 人共 16000 元；慰问老党员、困难党员 10 人共 10000 元公司。下属批发市场结合自身优势充分发挥农产品批发市场能动作用，多次为地震灾害较严重的地区开拓农产品供应、销售渠道，为灾后重建工作尽一份绵薄之力。 2009 年 5 月 9 日，公司下属上海农产品中心批发市场领导带队，和市场部分水果客户一同奔赴四川成都，与成都市商务局开展了“三川”（汶川、青川、北川）、都江堰、彭州暨地震重灾区农产品进上海的商务活动。在沪蓉农产品合作对接会上，了解了成都、都江堰等地灾后重建情况以及都江堰、双流及“三川”等地农产品种植生产、加工、销售情况后，与重灾区当地企业签订首批 400 吨猕猴桃供销协议，成都双流的枇杷也在会后不久空运至上海农产品中心批发市场进行销售，为成都农产品销往上海打开了快捷通道。	公司全体员工捐款 359081 元。	“2009 感动深圳——第六届深圳关爱行动表彰晚会”上，农产品公司被授予“最具爱心企业”荣誉称号，成为被深圳市关爱办表彰的十家企业之一。	0.21

续表

企业名称	2009 年 1～12 月社会捐赠额(万元)	2009 年 1～12 月向社会所行善举	2010 年玉树地震捐赠及善举	所获第三方评价	社会捐赠指数
深圳市广聚能源股份有限公司	16.00	“2010.4.14 青海玉树 7.1 级强震”,公司及员工共捐款 29.846 万元;2009 年 1 月,“深圳舰”慰问金 5 万元;2009 年 1 月,“深圳舰赴索马里护航慰问金”10 万元;2009 年 8 月,“八一建军节”边检慰问金 1 万元。	公司及员工共捐款 29.846 万元。	2009 年 10 月,荣获深圳市双拥办颁发的“2009 年度拥军优属模范称号”。	0.20
深圳中航地产股份有限公司	14.13	2009 年 6 月,开展第二届“一对一助学”活动,发动近百名业主、中航员工定向捐助 60 名贫困学生,捐款合计 72000 元;2009 年 10 月,在深圳中航各社区举办“中航会第三届迎重阳社区老人健康体检活动”,免费为 280 名 50 岁以上的业主进行体检,深受好评;2009 年 12 月,发动公司 169 名领导、员工向因父亲去世、母亲重病而面临退学的涂林花、涂林华姐弟(“一对一助学”受助对象)捐款 35800 元。	公司捐赠现金 50 万元;公司员工捐赠 25.18 万元。“2010 年西南旱情”公司员工捐赠 148633.6 元。	“一对一助学”活动在《深圳商报》、深视《第一现场》进行了报道,获社会好评,此活动入选 2010 年深圳“最受市民欢迎的慈善活动”候选项目;老年人体检活动结束后经搜房网报道,深获业主欢迎;为涂氏姐弟捐款后收到安义县教体局感谢信和“大爱无疆”书法一幅。	0.17
长城基金管理有限公司	13.05	2009 年 8 月,“莫拉克”台风重创海峡两岸部分地区,为了向受灾同胞提供更多帮助,我公司捐款 10 万元人民币;全体员工捐款 30500 元人民币。	公司捐款 26.96 万元,员工捐款 30400 元。	中国金融企业慈善榜基金业突出贡献奖;2009 年 4 月,金融界网站联合中国社会工作协会共同主办的“2008 中国金融企业慈善榜”揭晓,长城基金荣获“2008 中国金融企业慈善榜基金业突出贡献奖”。	0.16

续表

企业名称	2009 年 1 ~12 月社会捐赠额(万元)	2009 年 1 ~12 月向社会所行善举	2010 年玉树地震捐赠及善举	所获第三方评价	社会捐赠指数
深圳市科陆电子科技股份有限公司	13.00	用于助学	公司员工共捐赠约 7 万元。		0.16
信达澳银基金管理有限公司	12.00	我公司参加深圳市城建局等单位联合发起举办 2009 “万人同植万棵树”活动,2009 年 4 月 18 日在深圳莲花山公园植树 50 棵。	公司响应中国证券业协会号召,通过中国证券业协会向灾区捐款 30 万元。	2009 年 4 月 18 日深圳莲花山管理处给我公司颁发“植树造林、恩泽未来”的牌匾。	0.15
深圳赤湾石油基地股份有限公司	12.00	向汶川灾区捐献价值 9 万元的棉被 1000 床;向公司患病员工捐款 3 万元。			0.15
深圳市同洲电子股份有限公司	12.00	连续为市、南山区警察基金捐款;定期参加区、市义工联的各种活动;2009 年公司加入阿拉善绿色环保组织成为华南分会会员,为低碳、绿色、环保事业尽自己的努力;副总裁孙莉莉女士代表公司参加北大光华管理学院的北川羌族艺术学校图书馆捐赠项目。	2010 年 4 月 21 日公司全体员工举行默哀悼念,员工捐款 566000 元,全部捐款交予深圳市南山区慈善会。	副总裁孙莉莉女士代表公司获得阿拉善“SEE”生态协会理事证书;公司代表加入北大光华北川羌族艺术学校图书馆筹建计划,获得当地机构的报道与认可。	0.15
第一创业证券有限责任公司	10.00		捐款 40 万元。		0.12

续表

企业名称	2009年1~12月社会捐赠额(万元)	2009年1~12月向社会所行善举	2010年玉树地震捐赠及善举	所获第三方评价	社会捐赠指数
深圳顺络电子股份有限公司	10.00	资助贫困山区儿童上学及为他们购买书籍。	捐款10万元。		0.12
深圳市证通电子股份有限公司	10.00		组织员工捐款约5万元。		0.12
深圳赛格三星股份有限公司	9.20	1.“一社一河”红树林清洁活动； 2. 为蓝天社清理水沟，修建花坛；“世界水日”纪念宣传活动；为惠州蓬凌村五保户修建房子，赠送慰问品、药品；龙岗区龙城公园万人同植万棵树活动；惠州蓬凌村“幸福家庭”活动，为贫困村民装修房屋，赠送家具、生活用品。	捐款2000元。		0.11
深圳赤湾港航股份有限公司	8.30				0.10
人人乐连锁商业集团股份有限公司	8.23	公司采用爱心基金形式救助贫困生病的员工及家属20人，共计82337元。			0.10
深圳市天健(集团)股份有限公司	8.13	根据市委、市政府办公厅《关于加快我市慈善事业发展的意见》(深办[2008]60号通知)要求，2009年11月，公司843名员工参加了“慈善一日捐”活动，共捐款51250元，主要用于救助大病儿童。	公司员工共捐款30000元。		0.10

续表

企业名称	2009 年 1～12 月社会捐赠额(万元)	2009 年 1～12 月向社会所行善举	2010 年玉树地震捐赠及善举	所获第三方评价	社会捐赠指数
深圳信隆实业股份有限公司	8.08	2009 年 5 月向四川汶川地震一周年捐鞋 1500 双。	公司及全体员工共捐 50000。		0.10
摩根士丹利华鑫基金管理有限公司	7.97	2009 年 2 月 4 日，公司董事莫康林先生向四川汶川灾区捐款。	公司员工捐款 29368 元。		0.10
深圳市盐田港股份有限公司	7.85	2009 年，公司在搞好生产经营的同时，按照科学发展观关于全面协调可持续的发展要求，重视建立良好的社会公共关系，关注社会公益事业，自觉履行社会责任，努力创造和谐的企业发展环境。 2009 年 9 月，盐田港集团开展了贵州荔波帮扶助学活动，公司积极响应，号召员工踊跃捐款，先后组织两批员工参加盐田港集团“爱心助学志愿队”深入荔波，参加荔波县盐田港中学教学大楼揭牌仪式，切身感受当地的艰苦环境，并向学校的贫困学生捐赠了爱心助学款 5.25 万元和大量的学习用品。另外，公司响应市国资局号召，组织公司本部员工“一日捐”活动共捐款 1.1 万元。 2009 年 7 月 17 日，世界海洋日到来之际，公司与盐田港集团在深圳市海洋局的技术指导下，在港区周围海域举行了鱼虾放流增殖活动，先后向大海放流了 2000 多万尾红鲉、黑雕等品种的鱼苗和对虾虾苗，总价值 80 万元。这次大鹏湾休渔期间的增殖放流活动，对近海海洋生态平衡和补充修复可以起到积极的作用，可以促进海岸带	捐款 1.59 万元。	公司通过实际行动为社会和谐贡献了一点微薄之力，承担了一个企业义不容辞的社会责任，得到了社会各界的尊重和敬意。	0.10

续表

企业名称	2009 年 1 ~ 12 月社会捐赠额(万元)	2009 年 1 ~ 12 月向社会所行善举	2010 年玉树地震捐赠及善举	所获第三方评价	社会捐赠指数
深圳市盐田港股份有限公司	7.85	社会经济发展和居民的净福利水平提高。这次放流增殖,体现了盐田港尊重自然、尊重生命、尊重生态,追求人与自然和谐相处共生的理念和文化内涵,今后还计划多开展这样的活动。 2005 年至今,公司参股企业——深圳盐田港珠江物流有限公司捐资在广西百色市凌云县先后建立了三所希望小学,2009 年,该公司员工继续奉献着他们的爱心,与当地 50 名学生进行“希望工程一对一助学金捐助”,共捐助近 1.5 万元助学金,帮助学生们毫无后顾之忧的学习生活。			0.10
国投瑞银基金管理有限公司	7.40	公司员工自发成立了国投瑞银“员工爱心基金”,基金规模由发起时的 1200 元发展到 32.55 万元。首期援助项目——云南玉龙县龙蟠中学初期改建项目已成功实施,主要进行校舍改建和购买体育器材,使 300 多名师生从中受益;部分员工自发捐助社会贫困学生共计 11 名,2009 年向这些学生捐款共计 3.3 万元,避免了他们的辍学之苦。	4 月 19 日,公司通过中国证券业协会捐款 50 万元;4 月 29 日,员工通过深圳慈善会捐款 7.45 万元。	2009 年 4 月入选 2008 年度中国金融企业慈善榜。	0.09
深圳市纺织(集团)股份有限公司	6.81		捐款 11500 元。		0.08

续表

企业名称	2009年1~12月社会捐赠额(万元)	2009年1~12月向社会所行善举	2010年玉树地震捐赠及善举	所获第三方评价	社会捐赠指数
深圳市长城投资控股股份有限公司	6.71	1. 帮扶活动捐款39958元； 2. “慈善一日捐”27156元。	向玉树灾区捐款5万元。		0.08
深圳一致药业股份有限公司	6.35	所属深圳致君制药资助河北省阜平县东下关乡深圳致君希望小学25000元。 所属广州公司资助社岗小学基础设施建设和贫困学生25700元；参加街道幸福工程捐款2000元；拥军优属300元；合计28000元。 深圳和广州共组织114名员工参加无偿献血活动，献血量26000毫升。 所属柳州公司按照市委要求，在“209国道工业文明辐射长廊”活动中与古木村委结成文明共建对子；参加中国中医中国行活动；组织学雷锋活动；到柳州社会福利院进行服务及慰问演出；赞助协助组织柳州市医师急救技能竞赛；赞助柳州市120急救中心系统汽排球大赛；组织广西药学专科建设学术会；出资建设柳州市新农合定点药店微机系统。	捐款393691.5元。		0.08
深圳市新亚电子制程股份有限公司	6.00		捐款4万元。		0.07

续表

企业名称	2009年1~12月社会捐赠额(万元)	2009年1~12月向社会所行善举	2010年玉树地震捐赠及善举	所获第三方评价	社会捐赠指数
深圳市康达尔(集团)股份有限公司	5.51	为帮助公司员工赵淮祥、琚泽华早日战胜病魔、渡过难关，经集团工委会研究，特发出倡议，号召员工捐赠55086元。	捐款70687元。		0.07
深圳市兆驰股份有限公司	5.50				0.07
深圳市格林美高新技术股份有限公司	5.40	1.2009年初，经济危机继续蔓延之际，公司向全体员工承诺“不降薪、不裁员”，公司经营班子带领全体员工挑战危机，克难奋进，新增员工近200名，员工平均上涨工资36%，成功实施了“增员、加薪”，公司销售与业绩实现逆势增长。 2.2009年，公司开展了为困难员工送温暖的活动。建立了困难员工申报制度，设立专项基金资助困难员工家庭，先后为30余名员工提供了生活补贴，累计发放补贴达10余万元。	捐款159203元。		0.07
华林证券有限责任公司	5.36	我公司江门地区港口、恩平、开平营业部响应江门市中心血站号召，员工参与义务献血7人次。	捐款730074.6元。其中，公司响应中国证券协会号召捐款50万元；深圳红十字会捐款230074.6元。		0.07

续表

企业名称	2009年1~12月社会捐赠额(万元)	2009年1~12月向社会所行善举	2010年玉树地震捐赠及善举	所获第三方评价	社会捐赠指数
深圳市实益达科技股份有限公司	5.00	捐赠江南大学车票款。			0.06
深圳市洪涛装饰股份有限公司	5.00	向深圳警察基金会捐款10000.00元； 向北京詹天佑土木工程科学技术发展基金会捐款30000.00元； 向深圳慈善会捐款10000.00元。	直接捐款10万元；通过中国书法家协会向玉树灾区捐款30万元。		0.06
深圳市拓邦电子科技股份有限公司	4.50	向偏远地区学校捐赠物品及资金。 帮助公司生活、家庭有困难的工人。			0.05
深圳市华测检测技术股份有限公司	4.30	2009年8月31日向台湾风灾捐款4.3万元。	捐赠4万元，并派义工前往灾区了解情况，购买了大量物资（棉被、饮用水、食品等）派发给当地受灾群众。		0.05
深圳市振业（集团）股份有限公司	4.22	为了促进经济发展和维护社会稳定，支持社会公益事业，帮助弱势群体，关爱困难员工，公司员工于2009年自发向深圳市慈善会捐款15435元，向公司内部的帮困扶贫基金捐款26790元。	捐款2万元。		0.05

续表

企业名称	2009年1~12月社会捐赠额(万元)	2009年1~12月向社会所行善举	2010年玉树地震捐赠及善举	所获第三方评价	社会捐赠指数
深圳市沃尔核材股份有限公司	4.00	从2007年至今,公司财务部、客服中心等部门积极参加由深圳市南山区妇联组织的“南山区巾帼文明岗在行动”活动,资助贫困儿童,捐款捐物。	公司积极组织员工捐款捐物,累积捐款40177.8元。		0.05
华联控股股份有限公司	3.40	公司每年定点扶贫贵州长顺县的“手拉手助学活动”;公益活动“晨露行动”——乡村小学图书室援建计划。	华联集团(公司控股股东)及下属企业通过青海省慈善总会捐款60万元,其中,公司控股子公司杭州华联置业公司捐款30万元。		0.04
深圳市特力(集团)股份有限公司	3.27	开展慈善“一日捐”活动,企业捐出一日利润,员工捐出一日工资;开展帮贫捐款活动。	捐款28700元。		0.04
深圳市拓日新能源科技股份有限公司	3.04	为陕西省蒲城县坊坡村80岁以上老人34人人均捐款600元;支持陕西省蒲城县坊坡村饮水工程开挖机械使用费及管道焊接人工费10000元。	向光明慈善会捐赠10万元。		0.04
深圳香江控股股份有限公司	3.00	2009年12月10日,捐款单位:广州番禺锦江房地产有限公司;捐款金额:叁万元整;收款单位:广州市番禺慈善会。	广州番禺锦江房地产有限公司捐款100万元;香江集团捐款200万元。		0.04

续表

企业名称	2009 年 1 ~12 月社会捐赠额(万元)	2009 年 1 ~12 月向社会所行善举	2010 年玉树地震捐赠及善举	所获第三方评价	社会捐赠指数
深圳市英威腾电气股份有限公司	2. 81		捐款 23300 元。		0. 03
众成证券经纪有限公司	2. 18	员工魏涛捐助失学儿童两名,王晓红捐助失学儿童一名;魏涛、王晓红通过 NGO 组织向云南西盟佤族贫困地区学校捐助班级图书室一个。2009 年度,公司捐助希望工程助学金 1370 元、残疾人就业保障基金 51553. 18 元。	公司向玉树地震灾区捐款 16 万元整。		0. 03
宝盈基金管理有限公司	2. 00	2009 年 5 月云南宝盈阿楼希望小学正式挂牌,数名公司领导及员工前往献爱心,并捐赠书籍、文具。	公司捐款 15 万元,员工募集善款 59214 元,共计捐款 209214 元。		0. 02
沙河实业股份有限公司	2. 00	捐款 2 万元。			0. 02
深圳赛格股份有限公司	1. 04	慈善一日捐,捐款 10413 元。	捐款 107283. 44 元。		0. 01
深圳市宇顺电子股份有限公司	1. 00	向湖南信息职业技术学院捐赠 1 万元。			0. 01

续表

企业名称	2009年1~12月社会捐赠额(万元)	2009年1~12月向社会所行善举	2010年玉树地震捐赠及善举	所获第三方评价	社会捐赠指数
深圳市深宝实业股份有限公司	0.72	2009年9月10日,在“世界预防自杀日”来临之际,公司作为协会单位,与深圳市民情感护理中心共同举办了“预防自杀心理辅导讲座”的大型户外公益活动,在向市民普及传授心理健康知识的同时,也针对性地为市民解答心理困惑,及时排解不良心理情绪,受到了市民一致好评,本次活动既为员工搭建了一个走进社会,帮助他人的平台,也进一步增强了企业的社会责任感和社会公德心。	捐款36504元。		0.01
深圳南山热电股份有限公司	0.50	2009年6月1日为四川灾区学生“寄一份包裹,送一份关爱”活动。2010年4月为西南旱区灾民捐款25356元。	捐款58826.6元。		0.01
银泰证券有限责任公司	0.49	公司经纪业务管理总部副总经理张天琦助养少数民族失学儿童2名。	公司发起捐款活动,员工2小时内捐款230000元,其中497名员工捐款111117元,以公司名义捐款118883元。公司员工还以个人名义通过当地“红十字会”等机构向灾区捐资1000元。		0.01
深圳华强实业股份有限公司	0.17	资助贫困学生:向润华(湖南省古丈县河蓬乡沙坪村向家组3~18)、印安琪(湖南省古丈河蓬乡丫角村二组)、张祖前(湖南省古丈河蓬乡河蓬村3组137号)、杨政(湖南省古丈县河蓬乡大苏家村报上组)四人助学资金共1700元。			0.00
世纪证券有限责任公司	0.05		捐款204846元。		0.00

续表

企业名称	2009 年 1～12 月社会捐赠额(万元)	2009 年 1～12 月向社会所行善举	2010 年玉树地震捐赠及善举	所获第三方评价	社会捐赠指数
长城证券有限责任公司	0.00	长城证券在全国 20 个城市每周定期举办投资大讲堂活动，公司将研究成果第一时间与投资者分享，为广大客户提供专业、及时的咨询服务。	捐款 505210 元。		0.00
中山证券有限责任公司	0.00		捐款 50 万元。		0.00
华鑫证券有限责任公司	0.00		公司捐款 30 万元，员工捐款 69000 元。		0.00
五矿证券经纪有限责任公司	0.00		员工捐款 15935 .50 元。		0.00
深圳中华自行车（集团）股份有限公司	0.00		捐款 1.3 万元。		0.00
健康元药业集团股份有限公司	0.00		健康元药业集团子公司丽珠集团捐赠价值 615500 元药品，包括口服类抗生素药吉速星和消化道用药多潘立酮、丽珠得乐。		0.00

续表

企业名称	2009年1~12月社会捐赠额(万元)	2009年1~12月向社会所行善举	2010年玉树地震捐赠及善举	所获第三方评价	社会捐赠指数
深圳莱宝高科技股份有限公司	0.00		捐款2.8万元。		0.00
深圳市新纶科技股份有限公司	0.00	关注社会事件,例如在2008年汶川地震发生后,公司迅速反应,组织员工捐款捐物等。	捐款5万元。		0.00
长盛基金管理有限公司	0.00		公司第一时间通过中国证券业协会、全国人才流动中心分别捐款40万元和7万余元。向西南地大旱灾区捐款10万元(通过贵州慈善总会)。		0.00
景顺长城基金管理有限公司	11400	响应深圳绿色基金会号召,在龙岗植树30棵,折人民币11400元(实际转入绿色基金会款项)。	向玉树捐款236900元;向云南干旱地区捐赠186500元。		0.00
广发证券深圳分公司	0.00		捐款97365元。		0.00

续表

企业名称	2009年1～12月社会捐赠额(万元)	2009年1～12月向社会所行善举	2010年玉树地震捐赠及善举	所获第三方评价	社会捐赠指数
民生加银基金管理有限公司	0.00		于4月20号向中国证券业协会的捐款专号汇出41100元公司全体员工捐款。		0.00
南方基金管理有限公司	0.00	1. 为贯彻落实《中共中央、国务院关于进一步加强和改进大学生思想政治教育的意见》提出的“进一步推进高雅文化进校园活动，丰富校园文化生活，提高学生艺术修养”的文件精神，教育部从2005年开始，每年在全国普通高校开展主题性的高雅艺术进校园活动，让大学生们不出校门就可免费享受高雅艺术的熏陶。南方基金&KUKE数字音乐图书馆进校园主题公益活动，由南方基金独家赞助，向全国100所高等院校赠送为期一年的KUKE数字音乐图书馆通道使用权。此次活动作为“高雅艺术进校园”活动的延伸，在借鉴国外先进经验的基础上，探索“高雅艺术进校园”活动网络化的新形式。据了解，包括哈佛、剑桥、斯坦福等在内的世界知名大学已经广泛使用数字音乐图书馆。作为目前国内资产规模较大、产品种类齐全和拥有众多客户的基金管理公司之一，南方基金在为投资者创造丰厚回报的同时，十分重视企业的社会责任，积极参与公益事业，回馈社会。本次独家赞助“高雅艺术进校园”的活动，向大学生宣传普及古典音乐知识，提高大学生对古典音乐的鉴赏力，让高雅音乐走进校园、走进大学生生活。 2. 南方基金作为大众财富管理者，在为投资者谋求投资收益的同时，正以实际行动来切实履行企业的社会责	“南方温暖300”捐赠基金捐赠80万元；公司机构业务部赵天竹1月7日被确诊为急性再生障碍性贫血，工会向全体员工发出爱心募捐倡议，公司已向赵天竹捐款10万元，员工捐款402466元。	2009年1月获得深圳证券业协会颁发的“5.12汶川大地震”慈善捐助奖。	0.00

续表

企业名称	2009年1~12月社会捐赠额(万元)	2009年1~12月向社会所行善举	2010年玉树地震捐赠及善举	所获第三方评价	社会捐赠指数
南方基金管理有限公司	0.00	任。在南方沪深300指数基金发起设立之际，开展了“南方温暖300计划”公益活动。南方基金作为唯一捐赠人，为南方温暖300计划提供捐赠资金。公司将按南方沪深300指数基金年度实收管理费的10%捐赠于该计划，自南方沪深300指数基金成立运作日起，每年度捐赠一次，首期计划时间暂定为三年。			0.00
招商基金管理有限公司			截至4月20日，共捐款222320元。		0.00
深圳中国农大科技股份有限公司	0.00		个人捐款，数额未知		0.00
中国宝安集团股份有限公司	0.00		公司捐款311234.7元。中国宝安控股的马应龙向青海玉树灾区捐赠急需药品105万元。	在2009中国（湖北）首届最佳企业公民评选中，公司控股的马应龙公司获评“最佳企业公民”，并获得“2009荆楚责任企业荣耀榜”之“公众健康贡献奖”。后者由湖北日报传媒集团楚天金报发起，省文明办、省人力资源和社会保障厅、省总工会、楚天金	0.00

续表

企业名称	2009 年 1～12 月社会捐赠额(万元)	2009 年 1～12 月向社会所行善举	2010 年玉树地震捐赠及善举	所获第三方评　价	社会捐赠指　数
中国宝安集团股份有限公司	0.00			报、省慈善总会、省工商联、省企业文化促进会等单位主办。活动通过推选出过去一年来在湖北经济、社会以及慈善事业、民生服务、环境保护、促进就业等方面作出突出贡献的企业，彰显企业的责任意识。经公众、专家、媒体三方面共同参与。	0.00
中国南玻集团股份有限公司	0.00	充分考虑社区利益，积极参加公益活动。 公司在经营活动中充分考虑社区的利益，指定了专人协调公司与社区的关系。公司在力所能及的范围内，积极参加环境保护、教育、文化、科学、卫生、社区建设、扶贫济困等社会公益活动。 为了使职工在遭受重大疾病时能够得到救助，东莞南玻工程玻璃有限公司于 2009 年成立了“员工爱心基金”。爱心基金的成立有着深厚的群众基础，其完全是由员工代表组成的工会负责组织协调，并由来自于员工的基金会委员会负责管理，是一个能为员工解决实际问题由员工自我管理的爱心组织。 公司自 2007 年起投入 270 万元，将连续 5 年在清华大学、同济大学、天津大学、东南大学、华南理工大学、西安建筑科技大学、重庆大学、哈尔滨工业大学、华中科技大	公司捐款 100 万元，员工捐款 130 多万元，合计 230 多万元。		0.00

续表

企业名称	2009年1~12月社会捐赠额(万元)	2009年1~12月向社会所行善举	2010年玉树地震捐赠及善举	所获第三方评价	社会捐赠指数
中国南玻集团股份有限公司	0.00	学等9所院校设立“南玻奖/助学金”，奖励建筑学系和土木工程系的优秀学生并资助经济困难的学生。 2009年6月，由成都南玻玻璃有限公司发起，双流县国税局、双流县建设银行共同参与的“三联爱心捐书活动”于正式启动。成都南玻评选出“爱心大使”，于9月赴德阳广汉三水镇中心小学进行了书籍捐赠活动。			0.00
深圳市天地(集团)股份有限公司	0.00		捐款77943元。		0.00
中粮地产(集团)股份有限公司	0.00		由中粮集团统一捐赠。		0.00
深圳市深信泰丰(集团)股份有限公司	0.00		捐款34853元。		0.00
深圳市鸿基(集团)股份有限公司	0.00		组织集团公司员工捐款人民币110059.80元，港币120.50元。		0.00
深圳市国际企业股份有限公司	0.00		员工捐款18540元。		0.00

续表

企业名称	2009 年 1 ~ 12 月社会捐赠额(万元)	2009 年 1 ~ 12 月向社会所行善举	2010 年玉树地震捐赠及善举	所获第三方评价	社会捐赠指数
深圳市太光电信股份有限公司	0.00	因公司主营业务停顿,财务负担沉重,公司无向社会捐赠情形。	因主营业务停顿,公司无向社会捐赠情形,公司员工共向社会捐款约 1.2 万元。		0.00
长园集团股份有限公司	0.00		捐赠防潮防寒垫价值 235000 元。		0.00
深圳市远望谷信息技术股份有限公司	0.00		捐款 105000 元。		0.00
中航三鑫股份有限公司	0.00		捐款 411697.42 元。		0.00
深圳市惠程电气股份有限公司	0.00		组织全体员工向青海玉树灾区捐款共计 31865 元。		0.00
深圳市飞马国际供应链股份有限公司	0.00		捐赠 1.36 万元及部分衣物。		0.00
深圳诺普信农化股份有限公司	0.00		捐款 22413 元。		0.00

续表

企业名称	2009 年 1~12 月社会捐赠额(万元)	2009 年 1~12 月向社会所行善举	2010 年玉树地震捐赠及善举	所获第三方评价	社会捐赠指数
深圳信立泰药业股份有限公司	0.00		捐款 30 万元及价值 200680 元的药品。		0.00
深圳日海通讯技术股份有限公司	0.00		捐赠款项 46961.55 元。		0.00
深圳新宙邦科技股份有限公司	0.00		捐款 10 万元。		0.00
深圳天源迪科信息技术股份有限公司	0.00		上百名员工以个人名义向社会捐赠。		0.00
深圳中恒华发股份有限公司	0.00			2009 年 1 月获深圳上市协会颁发的 5.12 汶川地震慈善捐助奖。	0.00
英大证券有限责任公司	0.00		捐款 30 万元。		0.00
深圳浩宁达仪表股份有限公司	0.00		捐款 67753.88 元。		0.00

表 9　深圳市证券营业部 2010 年度社会捐赠及所行善举

排序	机构名称	2009 年 1～12 月社会捐赠总额(元)	2009 年 1～12 月向社会所行善举	2010 年 4.14 青海玉树捐赠及所行善所（元）	获得的第三方评价
1	中国国际金融有限公司深圳福华一路证券营业部	2472170	1.4 月初向持续资助的公益学校——蒲公英中学捐赠办公设备 10 余台，包括电视、传真机、幻灯机等，为学校的教务工作提供帮助。2.2009 年 5 月 12 日前夕举办了 5.12 地震一周年纪念活动，组织拍卖员工摄影作品，筹款 25380 元，为四川乐兴中学和郭镇中学学生购买课外书 4000 余本。3.5 月 23 和 24 日，蒲公英中学义卖活动，员工积极捐赠参与活动。4.7 月 11 日参与蒲公英音乐晚宴，为晚宴邀请演出嘉宾并现场支持拍卖行动，晚会为蒲公英中学筹集教学资金 20 余万，中金员工捐款 2 万。5.7 月 18 日中金青年林在奥林匹克公园内落成并举行了新员工入职活动和义务劳动。6.8 月员工为台湾台风受灾群众捐款，公司与员工共捐款 2146790 万元。7.9 月 4 日公司内部的爱心组织“爱心社”和真爱梦想基金联合建立蒲公英中学梦想中心，该中心由爱心社集资 10 万余元建立。	中金员工向玉树地区捐款 240601 元，中金公司捐款 100 万。2010 年中金员工向云贵地区捐款201100 元。	①2009 年二月获得中国香港特别行政区红十字会颁予的“铭谢状”；②蒲公英中学授予的感谢信；③上海真爱梦想公益基金会授予的感谢信。
3	东海证券有限责任公司深圳香梅路证券营业部	12170	一位来深打工者（邱锦娥）身患重症，营业部 3 月份为其进行第二次募捐。	捐款 7706 元。	
4	宏源证券股份有限公司深圳莲花路证券营业部	10000	—	向青海玉树强震捐款 7050 元。	

续表

排序	机构名称	2009年1～12月社会捐赠总额（元）	2009年1～12月向社会所行善举	2010年4.14青海玉树捐赠及所行善所（元）	获得的第三方评价
5	中信建投证券有限责任公司深圳市深南中路中核大厦证券营业部	5150		捐款6500元。	
6	光大证券有限责任公司深南大道证券营业部	4400	员工扶贫捐款。	捐款7200元。	
2	红塔证券股份有限公司深圳益田路证券营业部	3500	总公司向定点挂钩扶贫的西双版纳勐腊县象明乡投入扶贫资金55万元（营业部无）。	总公司捐款30万元（营业部无）。	
7	宏源证券股份有限公司深圳上步中路证券营业部	3200	公司发出《向乌鲁木齐“7.5”事件无辜受害群众捐款倡议书》，营业部全体员工积极捐款。	全体员工捐款4514元。	
8	中信建投证券有限责任公司深圳市深南中路证券营业部	3200		捐款10260元。	
9	光大证券有限责任公司深圳新园路证券营业部	3050	援建光大黄连乡道竹小学捐物1800元，光大集团定点扶贫捐款1250元。	捐款4600元。	
10	国信证券股份有限公司深圳深南中路证券营业部	3000			
11	山西证券股份有限公司深圳蛇口工业七路证券营业部	2400		捐款1500元。	
12	山西证券股份有限公司深圳华富路证券营业部	2250		捐款1050元。	
13	上海证券有限责任公司深圳深南中路证券营业部	2100		捐款2100元。	

续表

排序	机构名称	2009年1～12月社会捐赠总额（元）	2009年1～12月向社会所行善举	2010年4.14青海玉树捐赠及所行善所（元）	获得的第三方评价
14	招商证券股份有限公司深圳深南大道车公庙证券营业部	2000		由公司总部及工会统一向灾区捐赠	
59	信达证券股份有限公司深圳深南东路证券营业部	2000	捐款2000元。	捐款2400元。	
15	国泰君安证券股份有限公司深圳上步中路证券营业部	1340	1. 2009. 6. 26～6. 28，参加深圳市义工联调研组第五期阳朔爱心扶贫暨助学行（阳朔县高田龙乡龙城希望小学）。2. 2009，深圳市义工联调研组“安全交通，文明出行”（嘉宾路品）；3. 2009年，深圳市黄保生态组“社区环保嘉年华”（福田村）。	27名员工共捐款7700元	
16	国泰君安证券股份有限公司深圳笋岗路营业部	1200		捐款3200元。	
17	光大证券有限责任公司深圳海德三道证券营业部	1100	光大集团定点扶贫员工捐款9人（湖南省新华县）：600元；光大证券贵州道竹希望小学；500元（书籍）	抗震救灾捐款12人共2100元。	
18	航空证券有限责任公司深圳龙华证券营业部	1000	员工参加了深圳电台生活频道：纪念汶川地震一周年“送孩子一双鞋，阔步成长路”活动，共捐赠爱心童鞋20双。	捐款11390元，已上交总公司。	
62	招商证券股份有限公司深圳深南东路证券营业部	899	2009年5月26日，我部为“希望工程”共捐赠书籍49本，文具19套，合计人民币889元。	2010年4月23日，全体员工及客户为青海玉树捐款，合计10323元。	

续表

排序	机构名称	2009 年 1～12 月社会捐赠总额（元）	2009 年 1～12 月向社会所行善举	2010 年 4. 14 青海玉树捐赠及所行善所（元）	获得的第三方评价
19	长江证券股份有限公司深圳后海海岸城证券营业部	850		捐款 3000. 87 元。	
20	申银万国证券股份有限公司深圳红荔西路证券营业部	550	向云南楚雄希望中学捐款		
21	国泰君安证券股份有限公司深圳深南中路证券营业部	500	1. 员工参与深圳 942 电台 2009 年 5 月纪念汶川地震一周年给孩子送鞋活动；2. 员工向慈善团体捐赠衣物等。	营业部共筹得善款人民币 2270 元。	
37	国海证券有限责任公司深圳宝安裕安路证券营业部	302. 9		捐款 4490 元。	
22	国泰君安证券股份有限公司深圳华发路证券营业部	2. 5	汶川地震重建后续捐款	募集 2. 2 万元捐款。	
28	国都证券有限责任公司深圳金田路证券营业部			捐款 7076 元。	
29	国泰君安证券股份有限公司深圳松岗证券营业部			捐款 2010。	
30	齐鲁证券有限责任公司深圳吉祥中路证券营业部			员工捐款 3460 元（汇至总公司）。	
24	国泰君安证券股份有限公司深圳福华三路证券营业部			捐款 2000 元。	
25	国泰君安证券股份有限公司深圳海岸城海德三道证券营业部			捐款 4000 元。	

续表

排序	机构名称	2009 年 1 ~ 12 月社会捐赠总额（元）	2009 年 1 ~ 12 月向社会所行善举	2010 年 4. 14 青海玉树捐赠及所行善所（元）	获得的第三方评价
26	中国民族证券有限责任公司深圳深南中路证券营业部			捐款 10000 元。	
27	爱建证券有限责任公司深圳深南中路证券营业部			捐款 2400 元。	
31	渤海证券股份有限公司深圳福中路证券营业部			捐款 5260 元。	
32	财富证券有限责任公司深圳深南大道证券营业部			捐款 3000 元。	
33	长江证券股份有限公司深圳大鹏中山路证券营业部			捐款 1695 元。	
34	大同证券经纪有限责任公司深圳南山南油大道证券营业部			捐款 2500 元。	
35	东方证券股份有限公司深圳金田路证券营业部			捐款 8500 元。	
36	东兴证券股份有限公司深圳中兴路证券营业部			捐款 5730 元。	
38	国泰君安证券股份有限公司深圳蔡屋围金华街证券营业部			捐款 5200 元。	
39	国泰君安证券股份有限公司深圳人民南路证券营业部			捐款 7160 元。	

续表

排序	机构名称	2009年1~12月社会捐赠总额（元）	2009年1~12月向社会所行善举	2010年4.14青海玉树捐赠及所行善所（元）	获得的第三方评价
40	国泰君安证券股份有限公司深圳益田路证券营业部			捐款3250元。	
41	国泰君安证券股份有限公司深圳华强北路证券营业部			4月23日营业部开展募捐活动，募得善款柒仟叁佰伍拾元。3月31日我部共青团员自发为抗旱捐款900元。	
42	国元证券股份有限公司深圳百花二路证券营业部			捐款2921.5元（汇至总公司）。	
43	国元证券股份有限公司深圳深南大道中国凤凰大厦证券营业部			捐款3275元。	
44	航空证券有限责任公司深圳振华路证券营业部			捐款8900元。	
45	河北财达证券经纪有限责任公司深圳滨河路证券营业部			捐款2000元。	
46	恒泰证券有限责任公司深圳梅林路证券营业部		为了迎接2011年在深圳举行的世界大运会的召开，我部员工响应号召，走上街头宣传大运会信息并且参与2011年大运会志愿者的招募。	积极组织员工向灾区捐款，共计4600元，其中营业部总经理捐款1000元，其他员工共计28人，捐款3600元。	

续表

排序	机构名称	2009 年 1 ~ 12 月社会捐赠总额(元)	2009 年 1 ~ 12 月向社会所行善举	2010 年 4. 14 青海玉树捐赠及所行善所（元）	获得的第三方评价
47	华龙证券有限责任公司深圳深南大道证券营业部			捐款 10900 元。	
48	华融证券股份有限公司深圳金田路证券营业部			全体员工为玉树地震灾区共捐赠 4100 元。	
49	江南证券有限责任公司深圳春风路证券营业部			捐款 5460 元。	
50	华泰证券股份有限公司深圳民田路证券营业部西丽证券服务部			捐款 5850 元。	
51	民生证券有限责任公司深圳深南中路证券营业部			员工捐款 8600 元。	
52	南京证券有限责任公司深圳分公司			捐款 20600 元。	
53	瑞银证券有限责任公司深圳深南东路证券营业部			个人捐款 1000 元。	
54	新时代证券有限公司深圳深南东路证券营业部			捐款 3600 元。	
55	上海证券有限责任公司深圳福虹路证券营业部			捐款 1400 元。	

续表

排序	机构名称	2009年1～12月社会捐赠总额（元）	2009年1～12月向社会所行善举	2010年4.14青海玉树捐赠及所行善所（元）	获得的第三方评价
56	天源证券经纪有限公司深圳民田路证券营业部			捐款4950元。	
57	西南证券有限责任公司深圳滨河大道证券营业部			向员工和投资者发出捐款倡议，共收到17009元的捐款。直接汇给西南证券党委账户。	
58	新时代证券有限责任公司深圳福华一路证券营业部			捐款6500元。	
60	信达证券股份有限公司深圳福星路证券营业部			2010年4月21日，我部通过深圳市红十字会向青海玉树地震灾区捐赠32330元。	
61	银泰证券经纪有限责任公司深圳福华三路证券营业部			捐款3900元。	
63	浙商证券有限责任公司深圳侨香路证券营业部			营业部全体员工向灾区捐款4620元。	

续表

排序	机构名称	2009 年 1～12 月社会捐赠总额(元)	2009 年 1～12 月向社会所行善举	2010 年 4.14 青海玉树捐赠及所行善所（元）	获得的第三方评价
64	中国银河证券股份有限公司深圳宝安路证券营业部			组织员工及现场客户进行募捐筹款 17780 元。	
65	中国银河证券股份有限公司深圳罗湖证券营业部			捐款 9450 元。	
66	中国银河证券股份有限公司深圳高新南一道中科大厦证券营业部			2010.4.14 青海玉树 7.1 级强震向社会捐款数额 4800 元。	
67	中国银河证券股份有限公司深圳海德三道证券营业部			捐款 7760 元。	
68	中山证券有限责任公司深圳福华三路证券营业部			捐款 6070.00 元。	
69	中山证券有限责任公司深圳深南大道证券营业部			我部组织员工向青海玉树捐款共计 5400 元。	
70	中信建投证券有限责任公司深圳市宝安前进一路证券营业部			捐款 8200 元。	
71	中银国际证券有限责任公司深圳中心四路证券营业部			捐款 20726 元。	

第六节 环保责任：给企业染个什么色

20世纪，一些企业为日本经济腾飞作出了重要贡献，同时也严重污染了环境。而在这些污染事件中，当时的日本与今天的中国一样，和保护当地居民相比，地方政府为促进经济发展，选择了保护企业。

三井在日本是数一数二的大财阀集团，索尼、丰田、东芝、松下都是其成员企业或关联公司，当年它因制造产品排放镉，严重污染了日本富山县的土地，造成大量居民得了“痛痛病”。20世纪60年代日本因经济发展形成了“环保四大公害”：痛痛病、水俣病、第二水俣病和四日市病。

痛痛病是日本环境和经济发展史上一个转折点，它直接推动了相关领域的立法，而法律的立场与政府不同——它们选择保护受害者。例如在富山县，如果某个居民被确诊为痛痛病，受害者医疗费、生活费均由污染事件制造者三井公司支付，生活补贴可细化到每个月的温泉费，也足够受害者生活。而且，富山县的居民有监督权——任何时候，只要他们产生了怀疑，随时可以组团进厂检查，费用全由该公司承担。这好比四川成都的彭州石化修好后，成都居民随时可到这个中石油下属的大型炼油厂去检查，或者福建省永定县棉花滩水库的渔民到紫金矿业的厂区检查排水。正是这样的法律和这种严厉的制约、监督，最终令企业致力于改善技术，并和当地居民达成谅解。

那么，修复土地一共花了多少钱呢？三井矿业最后的出资比例如何？每个受害者又赔付多少？按照富山县的“客土”计划（科学家1975年向日本政府提出的治理污染土地方法，即把镉土埋到25厘米深的地下。严格来说这不叫修复，所以叫“客土”，因为被污染的土壤仍埋在地下）的开支，约是420亿日元，如考虑到日元过去比现在更值钱，这差不多是一个天文数字。即使是三井，也只能承担约四成比例，其余均由中央和地方政府承担。而这还仅仅是一个矿山的修复，况且，隔了40年还没修复完，再况且，即使修复了的部分，也不算彻底，只不过是把毒土埋得更深了而已。

这就是目前在环保领域遥遥领先的国家——日本，上个世纪工业污染留下的后遗症。

以上是《南方都市报》记者杨传敏为报道中国重金属污染问题和探求解决之道而访问日本，得到的一些调查情况。如今，被众多“毒企业”深度污染的大片中国土地，也面临着艰难的修复问题，为数众多的中国居民也出现了“痛痛病”、“血吸虫病”、癌症等病例或疑似病例。中国政法大学曹明德教授和王灿发教授便正在为环境受害者提供法律援助。杨传敏不无忧虑地表示，“在日本的采访中，我最关心两个问题，一是40年后镉污染后遗症，二是环境受害者团体怎么通过司法途径获得补偿。未来，在中国，我们该怎么办呢?”

改革开放30年来，中国GDP持续快速增长，但在自然环境方面也付出了巨大代价。据调查，目前世界上污染最严重的10个城市有7个在中国。随着机动车保有量的剧增，加上工业污染物和颗粒物的排放，生活垃圾的剧增，中国空气质量监测数据表明，70%的中国城市空气质量已经不达标，与此同时，环境恶化导致了社会成本（污染治理、医疗费用等）迅速提高，严重影响了人们的生活质量。最近一年来，《南方都市报》仅就重金属污染一项，就深度报道了紫金矿业对周边癌症村的影响、天津污灌区的重金属农作物上餐桌问题，以及湖南湘和化工厂和广西等地土壤修复的治理困境。

鉴于当今环境问题已成为制约中国经济发展、威胁人类健康生活的重要因素，因此，各类企业面临发展抉择——是以环境为代价求得企业快速增长，还是寻求社会的可持续发展？企业是财富的创造者，同时也是自然资源的消耗者和环境污染的主要角色。企业与社会共生，履行环境保护方面的社会责任，是企业发展的必然要求。当前生态环境的严峻形势，要求企业须充分利用资源、节约资源，达到少用资源换取更多利益的目标。

今天，环境意识已成为衡量企业文明程度的重要标志，表2-10列举了深圳资本圈企业在环保方面的积极探索和社会贡献。深圳市证券业协会和深圳上市公司协会一直鼓励会员履行环境资源保护方面的社会责任。2008年10月，深圳上市公司协会会员公司共同签署了《深圳上市公司环保自律公约》（以下简称《自律公约》）；11月，深圳上市公司向全国上市公司发出环保倡议；2009年1月，深圳上市公司协会和深圳市证券业协会向深圳所有企业发出环保倡议。而从后文所列举的内容中我们看到，很多企业的实际做法，已超出了《自律公约》上列出的标准。

表 2－10　2010 年度深圳资本圈企业环保贡献

企业名称	公司及员工的环保投入值（万元）	公司及员工在环保方面所采取的行动
深圳市中金岭南有色金属股份有限公司	12800.00	行动：进一步加强对三废治理设施运行状况的监督管理，加大环保经济责任制考核力度，强化三废排放的监管，密切关注企业周边环境质量变化，防范重金属污染事故发生；同时企业投入大量资金组织科研攻关，引进先进环保工艺和设备，解决企业的环保难题。 实效："三废"综合排放达标率不断提高，与周边村民关系和谐，全年无因农作物污染上访事件，无重大环保事故的发生，无重金属污染群体性事件。2009 年度在广东省环境保护厅环保信用等级评价中被评为"环保诚信企业"（绿牌）。
深圳能源集团股份有限公司	10800.00	完成妈湾电厂#1 机低氮燃烧器改造，每年减排氮氧化物 1500 吨；完成樟洋电厂在线监测系统建设，污染物排放浓度实现实时监控；完成环保公司除臭改造工程，除臭效果明显提高，环境质量改善明显等；河源电厂脱硫废水深度处理项目投运，实现河源电厂废水零排放。
深圳华侨城控股股份有限公司	8400.00	环保运营，倡导绿色 GDP：华侨城控股公司建设与完善了"节能减排指标体系"、"节能减排监测体系"、"节能减排目标体系"三大节能减排体系，基本建立涵盖煤炭、电力、原油、汽油、煤油、柴油、燃料油等主要能源消费的指标体系及相对统一的各种能耗换算方法。公司将"万元增加值综合能耗"目标层层分解，对所属各级企业提出量化目标，强化节能降耗措施，同时推动各级子公司成立节能减排专项责任人员和日常工作机构，形成每半年的信息报送、工作总结制度，并逐步在各级公司中完善考核奖惩制度。华侨城坚持把节能降耗作为转变企业发展方式的重要手段，实现了经营业绩增长与资源节约和环境保护的同步发展。2009 年，华侨城各项万元产出能耗指标明显下降，万元营业收入综合能耗（现价）为 0.03 吨标准煤，同比下降 12.43%；万元增加值综合能耗（现价）为 0.07 吨标准煤，同比下降 41.5%。华侨城还在公司上下掀起了节能减排的广泛宣传和学习活动，加快以生态和节能为特色的新产品研究和开发步伐，进一步推动旅游、地产、酒店、印刷包装等产品向节约能源、环境友好的方向发展，为华侨城实现新一轮发展而积聚力量。 实践躬行，创造双重效益："优质生活的创想家"，华侨城这一核心理念反映在公司的规划建设和企业运营中，就是从生态环保入手，以可持续发展为理念，强调城市中人与环境、社会、经济的相互协调与共生。 旅游及相关文化产业：华侨城各旅游景区在经营管理的各个环节贯穿环境保护、节能降耗的理念，努

续表

企业名称	公司及员工的环保投入值(万元)	公司及员工在环保方面所采取的行动
深圳华侨城控股股份有限公司	8400.00	力建立景区的资源循环利用体系,实现资源的循环和高效利用。一是加快游乐设备节能改造。2009 年,华侨城各景区对供水管网、电网进行局部改装,实现容量大利用率少的变压器共同使用或合并利用。深圳欢乐谷对激流勇进、太空梭、尖峰时刻、漂流河项目进行节能技术改造,全年节约用电量 23 万余度。北京欢乐谷对设备运行电机进行了技术改造,对水泵电机、设备电机增加变频控制器,通过计算机智能控制使设备运行功率根据负载大小自动调节,从而实现节能。各景区还严格执行公共场所照明灯光的开关时间和开灯数量;用节能灯对部分环境灯和室内灯进行代替,首选 LED 灯代替传统的灯丝型星灯;旅游淡季时在不影响景区整体服务水准的前提下,制定景区娱乐设备运营时间表,提高设备的运转效率。二是全面引进新技术。投资环保设施、利用新能源和再生能源等措施是实现节能减排的直接手段。2009 年,东部华侨城投资 2487 万元新建两座处理量分别为 5000 立方米/天、2000 立方米/天的污水处理站,投资 120 万元建立环境监测系统,投资 2900 多万元在大侠谷海洋广场、冒险海滩、瀑布酒店,菲德剧场内的中西餐厅、住房、会议室、游乐室等设施安装空气源热泵空调及变频多连机空调。继 2008 年在湿地花园和云海谷低密度住宅区安装风光互补路灯、太阳能庭院灯后,东部华侨城 2009 年又在天麓八区景观大道安装风光互补路灯 160 盏,每年节约电能约为 15 万度。“欢乐海岸”项目采用国际先进技术,大量运用彩色太阳能发电板、光导管等环保节能材料,将侨城湿地打造成一个规模宏大的城市生态旅游群。三是加强对水资源的管理。在节约用水方面,各景区都打造节水工程系统:景观用水如激流勇进、造浪池、人工瀑布、喷泉等均采取循环使用;景区内泻湖做好防渗处理,多利用天然降雨蓄水,减少中水补给;广泛采用免冲水环保洁具;绿化自动喷灌,提高水的利用率。锦绣中华定期对用水量进行分析,使用进口自动喷淋头进行喷灌,景区景观水池及民俗村翠湖水运用净化措施,投药净化,确保水质清澈的情况下,不更换自来水等多种方式达到节约用水的目的。世界之窗将雨水收集回收,作为景区水系的补充水源,如:大瀑布过滤水回收到百米喷泉,大炮喷泉清洗池水回收,舞台积水坑水回收等,严控各给水管道的跑冒滴漏,各用水点加装水表,同比分析用水情况,找出漏水点,加以解决。深圳欢乐谷大湖池水约 40000 立方,每日按正常损耗用水补充约 200 立方,通过在大湖下游与燕栖湖交界处安装潜水泵利用下游水补充大湖的办法,大湖水不再用自来水补充,全年节省 7 万吨水。四是加强节能减排宣传。东部华侨城作为国家生态旅游示范基地,组建了“东部华侨城节能减排宣传小组”,将节能减排与旅游教育融合在一起,积极开展节能减排宣传活动。宣传小组对内贯彻《节约能源法》,普及节能法律法规,对各职能部门存在的节能减排

续表

<table>
<tr><th>企业名称</th><th>公司及员工的环保投入值(万元)</th><th>公司及员工在环保方面所采取的行动</th></tr>
<tr><td>深圳华侨城控股股份有限公司</td><td>8400.00</td><td>漏洞进行监督,每月对东部华侨城节能减排信息进行发布;对外发布《东部华侨城环保宣传手册》,向游客普及环境保护和节能减排知识,并以东部华侨城节能减排设施、设备为参观景点,引领游客前往参观。

2009 年华侨城旅游景区节能减排情况统计表
<table><tr><th>太阳能发电(万度)</th><th>风力发电(万度)</th><th>循环用水(万吨)</th><th>其他节能项目(万度)</th></tr><tr><td>31.7</td><td>3312</td><td>998.5</td><td>99.8</td></tr></table>
案例：东部华侨城 2009 年节能减排案例
（一）建设污水处理站：2009 年总投资为 2487 万元，新建两座处理量分别为 5000 立方米/每天，2000 立方米/的污水处理站，采用工艺是国际上新兴并迅速发展的膜生物反应器（MBR）水处理技术。设计出水水质达到《城市污水再利用城市杂水水质》（GB/18920－2002）标准，中水经过泵房提升，用于山地树林和草坪的绿化浇灌、喷灌，实现了水的回收，再净化，再利用，充分体现了水资源的循环利用价值。
（二）建立环境监测系统：投资 120 万元建立的环境监测系统，采用国外先进的仪器设备对三洲田地区的大气、水、土壤、植被等环境质量状况的实时监测，并将监测数据实时公告。生态示范监测站是我们对游客开放参观景点，在内部我们精心制作了监测流程、监测项目和许多精美的环保宣传栏，即做到了实时在线监测，同时也对游客普及了环保知识。其中大气监测项目包括：二氧化硫、二氧化氮、臭氧及悬浮颗粒等；水监测项目包括：氨氮、总磷总氮、PH、溶解氧、温度等；土壤监测项目包括：PH、镉、铅、汞等；植被监测主要为水土流失。
（三）安装空气源热泵空调：投入 2900 多万元，在大侠谷海洋广场、冒险海滩、瀑布酒店，菲德剧场内的中西餐厅、住房、会议室、游乐室等设施安装空气源热泵空调及变频多连机空调。空气源热泵空调的特点是将空调系统冷热源合一，不需要设专门的冷冻机房、锅炉房，省去了烟囱和冷却水管道所占有的建筑空间。无冷却水系统的特点是无动力消耗，无冷却水损耗，无锅炉，无烟气，减少环境污染，无冷却塔，避免水污染形成的军团菌。
空气能热泵机组的热效率一般为 300%～500%，全年平均运行成本仅是电加热的 1/4，燃油、燃气加热的 1/3～1/2，常规太阳能的 1/1.5。以温升 40℃计算，生产一吨热水约耗电 9～15 度。而普通电加热方式需要耗电 52 度。</td></tr>
</table>

续表

企业名称	公司及员工的环保投入值(万元)	公司及员工在环保方面所采取的行动
深圳华侨城控股股份有限公司	8400.00	酒店及房地产开发经营:华侨城酒店和物业管理业务将节能减排作为增强自身市场竞争力和增加效益的重要手段,不仅降低了经营成本并确保了节能环保零违规和环境污染零事故,同时还将绿色、环保的元素延展到企业品牌内涵之中。一是各酒店完成客房走廊、餐厅、办公室、车库等后勤区域的小射灯或日光灯的节能改造。华侨城大酒店在客房走廊及客房内的35瓦石英灯改为11瓦高效节能灯,每年节省电费43.4万元;将停车场的照明灯由40瓦的T8灯管改成21瓦的T5灯管,每年节省电费6.1万元。二是引入节能系统,进行设备改造。华侨城大酒店洗衣房水洗机由蒸汽加热洗涤改造为用臭氧洗涤,每台水洗机每年节省燃料费16万元,缩短了洗衣设备的投资回收期;威尼斯酒店推进锅炉“油改气”的改造工程,走道空调冷冻管更换保温工程,安装洗衣房排风管除尘设备;海景奥思廷酒店将原有2台150冷吨的风冷式中央空调机组更换为120冷吨环保型水冷式机组,全年共计节约费用2万元;各城市客栈使用燃气锅炉改造为空气源热泵,年节约能源费用约5万元;华侨城物业公司通过电器照明线路安装改造,节约费用10万元。三是通过改善运营模式实现节能减排。华侨城大酒店将东南亚餐厅、巴西餐厅、法餐将清洁时间改在上午,大宴会厅在清洁卫生和摆台时启用专门设置模式,对所有景观水泵每天缩小一小时的运转时间;海景奥斯廷酒店根据室外温度,适时关闭空调主机及水泵,冷气实行冬季制开启时间,全年度根据天气变化及营业情况合理调整中央空调主机带载量及运行电流,减少制冷用电;国际酒店管理公司对部分酒店卫生间坐便器利用二次冲水系统、降低了成本以及公共洗手间小便器冲水感应系统,厨房的污水经过隔油池处理后排入市政排水管,排水系统采用雨污分流制,粪便污水经过室外化粪池处理后排入市政排水管。以上措施令各企业全年能耗同比均下降10%左右,威尼斯酒店于2009年11月1正式通过“绿色环球”银徽标认证,节能环保工作得到业界一致认可,并于12月通过深圳市节水办公室组织的“水量平衡测试”,正在申请“广东省节水型单位”。四是对员工进行环保培训,同时对客户进行环保宣传引导绿色消费。2009年,华侨城大酒店定期为全酒店员工进行有针对性的环境保护培训,提高员工爱护环境的意识,普及和提升创建绿色酒店的能力。威尼斯酒店在办公及公共区域张贴节约能源的环保小贴士,员工布告栏张贴着员工们自创的环保宣传海报,每月员工餐厅开创“素食日”,将美食与低碳挂钩;在客房放置温馨提示,鼓励客人两天更换一次床上用品。各酒店积极参与“地球一小时”熄灯活动,并在酒店公共区域、客房和媒体上宣传相关知识,呼吁更多的人了解也参加此活动。

续表

企业名称	公司及员工的环保投入值(万元)	公司及员工在环保方面所采取的行动
深圳华侨城控股股份有限公司	8400.00	华侨城房地产业务坚持走对环境、资源、生态充分保护、可持续发展的开发模式,从规划布局、平面布置、建筑体形等方面入手,加快以生态环保和节能为特色的新产品开发,并以此形成企业新的竞争力。2009 年,华侨城房地产业务绿色节能开始由点到面,从示范项目、技术应用、交流宣传几个方面进行了深入工作,使绿色节能建筑研究和实践走在了国内房地产公司的前列,具体表现在:一是示范性项目保持国内领先。“华侨城体育中心”项目被国家住房和建设部授予第一批绿色三星级建筑。同时,“海景步行街改造”项目也提出建设成为国内第一个绿色三星级公寓的目标,目前该项目初步设计已经完成。二是环保技术应用全面铺开。太阳能热水,空调冷凝热回收、光导管采光等技术,已在栖湖别墅,侨北苑一、二期,纯水岸九期等新设计的项目中逐步应用推广并取得了良好的成效。三是扩大绿色环保的社会示范效益。2009 年,房地产公司多次参加国家住房与城乡建设部、中国绿色建筑与节能专业委员会等主管部门和机构组织的绿色建筑推广工作,使绿色生态理念成为越来越多行业企业的共识。 印刷包装产品制造:2009 年,香港华侨城有限公司在纸包装业务中大力推行节能减排工作,具体措施包括:产品订单集中生产,减少开机耗能,根据市场形势,通过 ERP 系统科学集中汇总零散订单进行集中生产,减少生产设备开机次数,有效地减少了能耗支出。此外,该业务推广生产工艺流程革新,提高生产效率,减少能耗支出,在中山华力流程革新成功经验的基础上,继续深入开展所有下属企业的工艺流程革新,降低整体的能源消耗量。 随着环保趋势的发展,可回收利用的纸制品将越来越多地作为木制品和塑料的替代品出现。“华力”系企业的绿色环保纸箱,全部采用环保纸张制作,连油墨都是以大豆提炼的油为原料,没有任何化学添加剂,是名副其实“可以吃的纸箱”。2009 年 11 月,在深圳第十一届中国高新技术成果交易会期间,华侨城(亚洲)正式加入“绿色包装产学研与服务联盟”,将通过构建设计、研发、检测、供应链配置,以及销售一体化的集成服务平台,推动国家级的包装产业检测平台的建设,创建绿色包装产业园,并抓住低碳经济发展的契机,服务于以深圳为中心的珠三角地区的企业,实现绿色包装产业可持续发展。 案例:香港华侨城积极构建环境友好型企业 香港华侨城有限公司旗下惠州华力新项目是华南地区单产规模最大的纸包装企业,占地面积 22 万平方米,于 2009 年底建成投产。 为提高能源利用率,构建环境友好型企业,惠州华力率先引进水煤浆锅炉系统进行生产系统蒸汽供应

续表

企业名称	公司及员工的环保投入值(万元)	公司及员工在环保方面所采取的行动
深圳华侨城控股股份有限公司	8400.00	和生活区热水供应。水煤浆是一种新型煤基流体低污染燃料,由 66% ~67% 的煤炭、32% ~33% 的水及 1% 的添加剂组成,具有环保节能,燃烧效率高,负荷调节范围大,存储安全等显著特点。使用水煤浆锅炉可以兼顾环保效益和经济效益,既能达标排放又能降低企业成本。 此外,为保证厂区用水卫生和厂周边生态环境的相对稳定,惠州华力新项目从建设初期就明确"污水处理零排放"的总体目标。惠州华力设立专属的污水处理车间,使印刷油墨废水、生产废水等经过多环节净化过滤,实现水的循环再利用。同时,生化系统产生的污泥利用吸泥器抽提到厌氧调节池,利用微生物消化分解系统中的污泥,减少污泥外排量,积极践行"绿色包装"的社会承诺。
深圳赤湾港航股份有限公司	6242.74	下属公司赤湾集装箱码头有限公司及赤湾港集装箱有限公司积极开展"油改电"工程项目,在发展码头经济的同时,也注重社会效益,是码头在打造"绿色港口"过程中的一大手笔。在节能和减少环境污染方面收到了明显的效果,并降低了企业相关成本费用。
方大集团股份有限公司	3181.00	本公司始终坚持以创新和科技进步来推动企业的发展,不断开发出拥有完全自主知识产权的节能低碳产品,并广泛应用于建筑外围护系统、室内照明和地铁工程等。报告期内,本公司销售的节能低碳幕墙、地铁屏蔽门、半导体照明(LED)产品与同类传统产品相比,据测算,每年可为用户节约用电 7949 万度,相当于每年减少标准煤消耗 3.2 万吨,减少二氧化碳排放量约 8.384 万吨,减少二氧化硫排放量约 272 吨,减少氮氧化物排放量约 236.8 吨,每年可为用户节省电费近亿元,为我国的控制温室气体排放行动目标作出了贡献。
广深铁路股份有限公司	3021.00	2009 年,公司修订了《环境因素、危险源识别与评价控制程序》、《污染物排放控制程序》、《资源、能源管理程序》、《环境保护管理办法》等规章制度,加强环保统计工作,保证环保设施正常运转,开展环保宣传。公司在广州至坪石段铁路沿线补种、换种乔木和灌木 12005 株,完善广州至深圳段铁路绿化带,沿线宜林地段绿化率达 96%。

续表

<table>
<tr><th>企业名称</th><th>公司及员工的环保投入值(万元)</th><th>公司及员工在环保方面所采取的行动</th></tr>
<tr><td>深圳南山热电股份有限公司</td><td>1880.00</td><td>2009 年深南电公司环保投入及节能减排情况:一是环保投入共计 1880 万元,其中:公司下属三家电厂合计:680 万元,循环经济污泥干化项目投入 1200 万元;二是环保行动及成效:大力发展循环经济,全司 LNG 发电占 49.78%,发电量 160826 万千瓦时,LNG 用量 32284.59 万标方。在移动供热 63900 吨,集中供热 61700 吨,相当于实现节能减排。
<table>
<tr><th>项目</th><th>节约重油(吨)</th><th colspan="3">污染减排(吨)</th></tr>
<tr><td></td><td></td><td>二氧化硫</td><td>氮氧化物</td><td>烟尘</td></tr>
<tr><td>油改气(全司)</td><td>—</td><td>2471.57</td><td>2074.56</td><td>626.76</td></tr>
<tr><td>集中供热(南电)</td><td>4823.71</td><td>274.95</td><td>48.72</td><td>10.23</td></tr>
<tr><td>移动供热(南电)</td><td>535.24</td><td>32.11</td><td>5.41</td><td>1.13</td></tr>
<tr><td>合计</td><td>5358.95</td><td>2778.63</td><td>2128.69</td><td>638.12</td></tr>
</table></td></tr>
<tr><td>中国国际海运集装箱（集团）股份有限公司</td><td>1731.00</td><td>研究和开发应用有利于环境保护和减少资源消耗的新技术、新材料和新产品，向客户推荐和推广环保型产品和设计。鼓励和促进供应商加入开发环保材料，使用可再生资源。中集联合供应商成立项目组，共同开展新材料、新工艺和新技术的研发应用工作，解决水性涂料、高强度钢等环保、节能技术难题，推动绿色采购，以实际行动保护生态环境，走可持续发展之路。
中集新一代集装箱 SGIL1 代已正式推向市场，目前已被多家箱东接受和使用。SGIL 标志着下一代集装箱的发展趋势，它的开发和全面推广应用将为行业节省近百万吨的钢材，减少 90% 的 VOC（挥发性有机化合物）的排放，在运输过程中节省上亿升燃油。
中集与供应商共同开发的高强度钢，不仅可实现高强度应用的标准化产品，同时也可充分满足车辆整车的轻量化、成本降低、承载能力提升。同时高强度钢材的应用在增加车辆承载能力、降低空载油耗、延长使用寿命的同时，无形中增加了公司产品的市场竞争力，提高了公司形象及声誉。钢材强度的提高，减少了钢板的厚度，工人的劳动强度降低，吊具的磨损程度减少，减少了安全事故，气割割渣减少，减少了环境污染。
焊机是中集集团的主要焊接设备。根据研究比较，逆变焊机较普通焊机节能 15% ~30%，中集集团在集装箱和车辆制造首先引进并推广使用逆变焊机，并拟在集团内更大范围地推广使用。</td></tr>
</table>

续表

企业名称	公司及员工的环保投入值(万元)	公司及员工在环保方面所采取的行动
中国国际海运集装箱(集团)股份有限公司	1731.00	在冷藏集装箱材料采购和应用方面,中集积极配合国家环境保护部门的要求,密切跟踪国际新型环保发泡剂的发展趋势,并和国际著名聚氨酯发泡料供应商建立了良好的合作关系,对多种环保发泡剂进行试验,积极论证相关 HCFC 聚氨酯硬泡替代方案,力争提前完成 141B 的替代,切实保护环境,护卫地球。 中集致力于再生林木(松木、桦木、桉木、竹木)集装箱木地板替代热带雨林克隆木地板的推广应用,目前再生林木集装箱木地板已占总采购使用量的 70% 以上,以切实的行动保护原始热带雨林。 涂料是集装箱制造行业使用的主要化工材料,中集联合供应商,开展安全无毒的水性涂料的研发和推广应用。目前环保水性涂料已基本完成批量试用,与制造基地和供应商合作,已经取得从研发性工作向产业化推进的能力,进入客户推广阶段。 中集集团在生产过程中需要大量使用空压机,在空压机节能方面,与空压机供应商公司合作,对集团内的压缩空气系统进行优化处理,已达到节能的效果。
中航三鑫股份有限公司	1275.00	公司的各条生产线采用节能环保先进技术,据不完全统计,实现降低燃料消耗 20% ~30%,大大降低污染物排放氮氧化物排放减少 70% 以上。
比亚迪股份有限公司	1249.00	我司致力于开发绿色新能源车系,带给人类一个没有烟熏与尾气的生活,让更多的国家和人民能够摆脱石油问题带来的环境污染。
深圳市格林美高新技术股份有限公司	1189.98	格林美对废弃物的处理受到各界关注与好评,成为社会各界参观学习的典范,近两年来,共接待社会各界人士参观 98 次,接待人数 789 人;作为专门从事废弃资源循环利用的企业,公司建有专门的环保机构,配置了专职的环保管理人员,始终坚持废弃资源"资源化、无害化"的处理原则和"三同时"的环境管理制度,实施了全过程的生态设计和清洁化生产,各项环境指标达到了国家排放标准,2009 年 4 月,格林美被荆门市政府授予"环境友好型企业",2009 年 12 月在湖北省率先安装废水监测在线控制系统;2007 ~2009 年,公司处理了 6 万余吨含镍、钴、锌等金属的危险废弃物,回收和处理金属 5000 余吨,使相当于 56 亿吨水或 766 平方公里土壤免遭污染,节能 6.25 万余吨标准煤,减排二氧化碳 8466 吨;自 2006 年以来,公司在中国率先发动了中国废旧电池与电子废弃物集中规范回收活动,在深圳、武汉等地与当地政府合作,通过设立回收超市、回收箱的形式建立起了一整套完善的废弃资源社会回收体系,公司从废旧电池到电子废弃物的回收实践为公司开启了一条通往资源永不枯竭的城市矿山之路:在深圳、武汉等 12 个城市建立

续表

企业名称	公司及员工的环保投入值(万元)	公司及员工在环保方面所采取的行动
深圳市格林美高新技术股份有限公司	1189.98	了废旧电池回收体系,布置电池回收箱15000余个,覆盖5万平方公里,7000万人群,2000个社区、500个政府机关、近千家企业建立了合作关系,年回收废旧电池量达到3000吨以上;在武汉、深圳等5个城市建立了电子废弃物回收体系建设了30余个电子废弃物回收超市和流动回收站,累计回收了5万台电子废弃物,约2000余吨。举办了57次社会性回收活动,建立了格林美在市民、政府官员之中的良好环境信誉,在全国范围树立了格林美的城市矿山开采文化与品牌。
中粮地产(集团)股份有限公司	1137.97	2009年,中粮地产制定了《2009~2010年节能减排工作部署和主要措施》、《节能减排管理规定》并贯彻实施。通过开展环保工作,中粮地产及所属单位主要污染物排放符合国家现行标准,未发生环境污染事故。中粮地产2009年在节能环保工作方面采取的措施及成效: (一)中粮地产要求公司开展成本控制和节能减排措施,要求总部职能部室和所有单位、项目制定严格的办公用品采购使用、水电成本控制、车辆消耗控制、建筑施工项目成本优化及材料节能环保控制等一系列控制措施,并专门成立了领导小组,推进各项成本控制和节能环保工作的开展。 (二)工业地产企业在现有的基础上,一是抓好节约用水、用电各项工作的落实。二是加强办公用品管理,利用电子邮件减少用纸,利用废纸进行2次回用减少用纸量,尽可能回收生产过程中可回收利用的物品,对包装纸箱、卡板回收重复利用,文件无纸化管理,双面纸的使用等,减少废弃物的产生。如:集团下属万宝电子厂2009年节能减排投入资金合计约15.1万元,节约用电等相关金额合计约177.65万元;汎纳克厂每年节约用电开支36万元。 (三)住宅地产开发公司以"节地、节能、节水、节材和环保"(四节一环保)为重点,切实推进住宅资源能源节约的五项具体措施。①是推进土地的节约集约利用。重点围绕改善住房套型结构,优化住宅和配套公建设计等方面,切实推进居住区节约集约用地。②是推进住宅使用能耗的节约。重点围绕增强住宅围护结构的保温隔热性能,提高住宅采暖、空调等用能设备的能效,加快太阳能等可再生能源的利用等措施,综合提高住宅的能源利用效率。③是推进居住区节约用水。开源和节流相结合,推广应用节水型产品,提高水资源的循环利用率,实现合理用水,节约用水。④是推进资源综合利用和节约材料。⑤是推进居住区的减排和环保。采取综合措施提高居住区声环境、光环境和空气质量。 深圳物业服务公司管辖的中粮地产集团中心通过技术改造和采取各项控制措施,投入资金约4万元,年节约用电近30万度,节约用水近5000吨,年节约费用33万余元。沈阳大悦城项目通过设计优化,住宅

续表

企业名称	公司及员工的环保投入值(万元)	公司及员工在环保方面所采取的行动
中粮地产(集团)股份有限公司	1137.97	建筑节能达到65%,公建项目节能达到50%以上。成都御岭湾项目通过控制生态森林湖品质,于2009年取得了由中国房地产协会颁发的"四川省最佳人居住环境奖"。
深圳市漫步者科技股份有限公司	994.54	新工厂买进及安装除尘太阳能设备;子公司北京漫步者科技有限公司获得ISO4001:2004环境管理体系认证证书。
雅致集成房屋股份有限公司	892.00	在本公司东莞生产基地和廊坊生产基地对车间排风系统进行改造,有效地改善了员工的生产环境。
深圳市拓日新能源科技股份有限公司	614.00	公司工业园积极建设环保设施包括隔油池、化粪池、净水池、中水池、雨水管道、污水管道、发电机降噪音设施、气体燃烧除硫及黑烟设施、危险废弃物委托有资质公司处理等以及循环水处理系统,污水雨水处理设施、化粪池等其他环保设施,节约了水资源,保护了环境。公司工业园建设了多种可再生能源示范工程,包括70千瓦幕墙工程、300千瓦屋顶电站、太阳能热水器工程、风力发电工程等,预计可年节电约44.9万千瓦时,减排温室气体462吨。
深圳市得润电子股份有限公司	600.00	用于污水、废气环保处理工程;环保设备采购;开设绿色生产线。
深圳信隆实业股份有限公司	500.00	节电方面:为推进全公司节约能源,提高能源利用率和经济效益,贯彻国家"十一五"节能指标,保障公司持续发展,公司于2009年成立以董事长、总经理主导的节能降耗、生产技术改造开放的二大专案,并建立完善相关能源管理制度办法,为此,具体改造项目如下: 淘汰落后耗能工艺、设备和产品。照明系统由T8节能灯代替传统T5荧光灯,公司2009年共投入1万盏,年可节省电力76万千瓦时;公司耗资176万元购进外部新型结构T4设备、淘汰传统耗能T4设备年节省电力在8.5万千瓦时;积极引进外部先进材料及工艺,在公司内实施自干油墨取代传统须高温烘烤之油墨年可节省电力127.5万千瓦时,在工艺面利用现有锻造技术对销售量年约30万支SP-352接头进行一次锻造成型加工,取代原锻造后须移至下制程钻削加工工艺,经计算年可节省电力22.5千瓦时。 完善生产能耗管理标准。公司已建立完善能耗管理小组,并对每一个部门年平均产值作一对比分析,据统计,2009年比2008年人均生产力提升0.63%,相对而言,每支产品能耗比2008年至少低10%以上。

续表

企业名称	公司及员工的环保投入值(万元)	公司及员工在环保方面所采取的行动
深圳信隆实业股份有限公司	500.00	减少排污方面:废水处理方面:2009 年,废水处理全年达标排放,排放因子达到一级排放标准,各监测仪器、检测设备、处理设施运行正常,为废水稳定达标排放提供了可靠保证。通过对废水的分类收集、分类处理及回收利用,年可对外减排废水 4.7 万立方米。重金属废水实现全面回收,对外实行"0"排放;通过对部分污染工艺的调整,减少酸类、碱类物质的使用量,达到减排的目的;镍回收设备及中水回用设备的正常运转,年可节约镍盐用量子数 20 余吨,节约自来水用量 5 万多立方米;废气处理方面:2009 年,公司投资 150 余万元,对各表面处理车间产生废气的药槽进行分类区隔,分类收集处理,达标排放,既改善了车间作业人员的工作环境,废气收集处理达标后排放也避免了对环境的污染;噪音方面:2009 年,公司累计投资 100 多万元对高噪音设备进行改造,以减少对附近居民的影响。
中兴通讯股份有限公司	374.00	中兴通讯作为全球领先的电信设备制造提供商,一直强调企业之社会责任,在企业内部推动绿色环保行动。中兴通讯将以可持续增长为根本,持续创新为依托,绿色环保为责任,积极迎接挑战,全力以赴与运营商构建可持续发展的绿色网络,实现环境友好型信息社会。中兴通讯积极推行绿色生产、绿色文化、绿色管理、绿色价值链。"创新、融合、绿色",是中兴通讯的三大发展战略,绿色是创新与融合的根本目标所在。绿色战略已经全面深入到标准、研发、生产、物流、工程等所有公司经营活动之中。节能减排成为公司产品和技术创新的驱动因素之一,并贯彻到规划、设计、研发和制造中;在行业积极推行绿色技术标准,与合作伙伴一起,推动产业上下游一起建设绿色网络;在企业内部贯彻高效环保的生产流程,推行诸如 E 化办公,5S 策略等绿色管理机制的建立执行。中兴通讯还大力推广使用绿色能源产品,如太阳能、风能等,并跟合作伙伴一起推动节能减排工作,共同研究开发新能源。 在公司运营方面,中兴通讯建立公司级环境管理程序文件,在对水污染控制、大气污染控制、噪声污染控制和废弃物管理等方面工作提供了理论依据,实行了流程化运作。在各项环境管理工作中,我们将节能降耗和资源回收利用工作作为重点工作。中兴通讯致力于推行"节能降耗、减污增效"的能源方针,强化企业内部科学管理,降低原料、生产、消费、废弃物处理等各个环节的物耗和能耗。公司 2009 年参与并通过了广东省经济贸易委员会与深圳市贸易工业局推行的清洁生产工作。 公司加强对废弃物的管理,并同时从一般废弃物的回收利用率和危险废弃物 100% 回收处理率两方面进行有效管理,目前危险废弃物回收已达到 100%,并移交深圳市有资质处理能力的单位进行回收,有效减少了环境污染概率的发生。2009 年度总计回收一般废弃物 3006 吨,危险废弃物 279 吨。

续表

企业名称	公司及员工的环保投入值(万元)	公司及员工在环保方面所采取的行动				
		重要环保和节能项目：				
		序号	项目名称	项目优势	节能效果	运行现状
中兴通讯股份有限公司	374.00	1	更换 T8－36 瓦节能灯为 T5－28 瓦节能灯	节能——采用高性能电子镇流器年可节约 20%～30% 电费，可逐步回收灯具成本，降低物业运项目行成本； 舒适——避免照明灯频闪现象，为员工提供健康、安全的工作环境； 环保——灯管寿命较长，避免废气灯管回收不利引起的汞泄漏。	平均可节约电能至少 25%	已根据预期将公司更换深圳科技园片区 80% 以上
		2	文印整合项目	资源能源的利用效率大幅提高； 用户满意度的提高； 管理效率的提升； 文印输出方面的成本大幅下降。	平均可节约电能、纸张、硒鼓等资源合计 40%	公司全国范围内覆盖超过 80%
		3	中央空调水系统和风系统变频智能改造项目	节约社会电力资源； 减少设备的使用老化率； 降低公司能耗成本。	节电率实测 25% 以上	公司深圳地区 50% 以上区域试运行
		4	清洁生产审核项目	确定废物削减目标，制定有效的削减废物产生对策； 判定组织效率低的瓶颈部位和管理不善的地方； 提高组织经济效益、产品和服务质量。	整体经济效益达到 1.2 亿元	公司深圳地区正在实行

续表

企业名称	公司及员工的环保投入值(万元)	公司及员工在环保方面所采取的行动
中兴通讯股份有限公司	374.00	在环境管理体系检查监督和持续改进方面,公司每年度进行一次环境和职业健康安全状况评估,确保能够符合所有相关的法律、法规和其他要求(包括国内和产品出口国家)。监测和评估的项目中有明确法规标准要求的由有资格的检测机构进行监测,如工艺废气排放和工业厂房噪声排放由深圳市南山区环境保护监测站进行检测等。公司连续三年来各项监测数据均达标,不存在污染物排放量超标情况。在基于守法的前提下,公司仍持续不断地开展纠正和预防措施,以更高的标准来要求环境管理工作的持续改进。同时,随着中兴通讯业务规模的不断发展壮大,在全国其他地区相继建立了驻外平台。因此公司在新建楼宇建设中,始终关注绿色节能技术的运用,从设计扩展到施工各个环节,遵循可持续发展原则,以最节约能源、最有效利用资源的方式,在最低环境负荷情况下,建设最安全、健康、高效及舒适的办公、居住空间,达到人、建筑与环境共生共荣、永续发展。
深圳市深宝实业股份有限公司	347.00	公司积极关注节能减排、环境保护等问题,不断增加对环保治理的投入,投资兴建排污设备,公司产品生产严格按照法律法规的要求进行,废水污染物的排放均达到环保部门规定的标准要求。
深圳信立泰药业股份有限公司	345.15	2009 年,公司在环保方面的投入进一步加大,也加强了对公司员工的环保意识培训,使得整个公司的环保工作得以更加细化、进步。
深圳一致药业股份有限公司	255.40	所属深圳致君制药有限公司:对于锅炉油改气项目,公司决定锅炉燃烧逐渐由柴油改天然气,该项目投资的费用可 1 年内回收,投资收益率为 100%,每年可节约资金约 100 万元,每年减少污染物排放量约 50 吨,为企业和社会带来良好的经济效益。项目从 2009 年下半年启动,2010 年 5 月项目完成;在空调系统冷水泵节能改造方面,改造前冷冻水泵和冷却水泵长期全频率运行,在实际需求变化时,长期如此运行比较浪费电能。改造后,变频冷冻水泵和变频冷却水泵根据终端需求变化灵活调节运行频率,节能效果明显,同时满足冷水机组和组合风柜的流量需求,未发现对同电网设备造成干扰。自 2009 年 3 月份开始实施,截至 2009 年 12 月节能 163968 千瓦时电量,节约费用 112919 元。纯水系统预处理部分消毒改造,改造后预处理消毒时间降低至 4 小时,4 小时消耗 16 千克工业蒸汽,锅炉 1 升柴油产 10 千克蒸汽(保守计

续表

企业名称	公司及员工的环保投入值(万元)	公司及员工在环保方面所采取的行动
深圳一致药业股份有限公司	255.40	算),每升柴油的价格为6.25元计算,每次消毒可节约4千克工业蒸汽,节约2.5元。自来水可节约60立方米,可节约135元。因每周需对2套系统同时消毒,每周每次可节约275元。自2009年6月份开始实施,统计截至2009年12月节约费用15200元。 所属苏州致君万庆药业有限公司:某原料生产技术合理优化项目,每月可以减少50吨含有有机溶剂的废水排放;减少COD排放量:按COD排放量10000mg/L计算,每月可以减少60吨有机溶剂的使用;改善原有溶媒回收装置的冷却系统:加强冷却效果;相对加大日处理量,相对增加3吨/每日的处理量;照明改造:将150瓦白炽灯改20瓦节能灯,每年节约电费3万元;中央空调改造:更换新型冷却泵和冷冻泵,每年可节约电费将近114012元。不包含水泵线圈烧坏的维修费用,而且改造后水泵负荷率将百分之百利用,充分发挥了设备的使用能力。锅炉改造:重油锅炉改天然气锅炉后,天然气污染系数:相当于实现零排放;新增BMF锅炉:使用秸秆作为燃料减低天然气消耗(燃烧秸秆排放的二氧化碳量等于秸秆作物生长吸收的二氧化碳量,国际上不把燃烧秸秆排放的二氧化碳量记为温室效应的制造者;可以界定为零排放)。每天节约1129.5元,每年节省成本约338850元。
深圳新宙邦科技股份有限公司	234.00	
深圳市深信泰丰(集团)股份有限公司	210.00	公司大力投入资金进行养殖业污水处理设施建设,2009年投入资金40多万元。在电子产品生产上,很多电子原材料采用无铅元器件,以减少对环境的污染。
研祥智能科技股份有限公司	206.00	在环保行业,研祥智能嵌入式智能平台可提供污染源在线监测、联网自动化监控、烟气在线监测、其他工业废物废水污染防治等自动化系统的多种嵌入式解决方案。研祥智能一直努力在环保产业的链条中努力失学好自己的智能控制平台角色,于2009年期间的主要行动有: 参与国家海洋局的新中国成立60周年“海洋成就回顾展暨海洋博览会”和相关的推广活动。在海博会举办之后,研祥智能与国家海洋局、华谊公司旗下当红艺人苏有朋共同发起了海洋环保倡议书并一起

续表

企业名称	公司及员工的环保投入值(万元)	公司及员工在环保方面所采取的行动
研祥智能科技股份有限公司	206.00	举办社会公益活动,被国家海洋局授予“爱心环保企业”称号。 2009年11月17日,公司董事长陈志列荣获中国环境保护产业协会颁发的“中国环境保护产业优秀企业家”荣誉称号。
深圳赛格三星股份有限公司	201.02	公司投入120万元更换选择性催化还原(SCR)系统设备触媒及维修燃烧系统,保障氮氧化合物达标排放。 公司多次进行环保公益活动扩大社会影响:小梅沙海洋公园与坪山政府部门联合进行公益环保宣传活动,扩大影响力;捐赠参与大运会前大型植树绿色环保活动;5次马峦山绿色环保公益活动并见报;8次进行坪山河道清理公益环保活动;2次红红树林现场环保宣传活动;邀请并通过国际劳工组织开展的“工作场所艾滋病预防”深圳唯一通过的两家企业之一;积极策划并联合当地政府开展安全,职业病防治,妇女卫生计划生育等大型活动2次。
深圳市新纶科技股份有限公司	200.00	公司以“保护地球,美化新纶基地”为主题,组织员工参加苏州基地植树活动;参加光明新区新纶科产业园用地平整等环保行动。
深圳市通产丽星股份有限公司	193.96	公司于2009年6月成立“义工队”,并向深圳市福田区义工联登记加入义工队的“环保生态组”、“慈善公益组”进行爱心公益活动。公司2009年度启动循环经济项目,对废弃塑料进行回收利用,同时在工业污水和噪声处理方面加大投入力度。
深圳莱宝高科技股份有限公司	150.00	公司生产废水经环保处理后回收利用,用于绿化浇灌等其他用途;采用节能设备,年节约用电80万千瓦时以上。
深圳市特发信息股份有限公司	150.00	对公司进行特发信息港建设和龙华厂房搬迁所涉及的园区、产区内的三百多棵树木,公司将其移植到新建的工业园区,继续栽种,其间的移植(包括运输)费用约10万元;东莞寮步纤缆工业园建设成后将以物理控温措施替代使用空调,对厂房实施降温;公司正在进行的特发信息港和东莞寮步纤缆工业园建设项目,在温控设计和采光设计等方面充分考虑了节能的因素,同时尽量扩大园区绿化的面积,减少对周围环境的不利影响;公司对办公楼的空调系统除进行节能改造外,还定期对空调进行维护,保证其运转效率;公司办公区照明以LED灯管代替普通荧光灯管;文件处理提倡以办公自动化系统信息传递,代替提

续表

企业名称	公司及员工的环保投入值(万元)	公司及员工在环保方面所采取的行动
深圳市特发信息股份有限公司	150.00	交纸质文件,同时,倡导双面打印、复印;在生产区域广泛开展精益管理,从操作工序节约耗时、加工工艺优化耗材到精益化现场管理节水节电,在生产过程的各个方面深入开展节能、减耗、增效的活动。
中国平安保险(集团)股份有限公司	128.50	合理利用资源,创建绿色大厦:累计投入128.5万元用于自有9个管理物业的设施改造,从采光、照明、温度控制等多方面减少能源消耗,特别是通过改造照明开关合线路,调节公共区域灯光亮度的方式节约用电量达1667021度; 全面推行无纸化办公技术:中国平安后台集中项目,通过办公和作业的无纸化,每年可在核保、核赔和保全等环节节约用纸逾2亿张,约合873吨(每张A4纸约4.366克);同时,通过使用低能耗IT设备与高效能制冷设备和采用虚拟化技术提高设备利用率,降低了整体能耗,并减少了碳排放。 2009年,中国平安集团旗下平安寿险推广E化服务,新增185万网络E服务客户,发展45万电子函件用户,全年累计减少发送纸质函件100万封;平安产险充分利用IT信息技术平台支持,累计向车险个人客户共成功发送380万条续保短信,从而取代传统纸质信函。 支持可持续发展的商业实践模式:平安产险研发销售《环境污染责任保险》,截至2009年,累计在广东、深圳、湖北、广西、湖南、云南、四川、北京等地承保环境污染责任保险61单。该产品在第四届中国保险创新大赛中荣获"最具市场潜力保险产品"和"最佳责任保险产品"两项大奖。 平安银行严格按照国家产业调整的政策,对"高能耗、高污染、资源消耗性"的"两高一资"的企业制定严格的发放贷款指导原则,并将贷款行业分为目标市场、特殊高风险目标市场和禁止进入市场三类,给予不同标准的贷款资格审核;平安证券将企业社会责任指标明确纳入保荐企业立项环节的审核,重点关注企业对环境保护、员工保险及合法用工等问题的执行情况。立项时,企业需提供立项报告,立项报告内容要对企业在环境保护、依法执行社会保障制度等情况进行说明,立项委员会根据立项报告的内容进行综合评判,对于未能良好完成指标的企业不予立项。
深圳市海王生物工程股份有限公司	118.50	控股子公司海王福药进行了余热回收工程改造、节能与环保工程改造。顺利通过ISO14000环境管理体系现场认证审查。

续表

企业名称	公司及员工的环保投入值(万元)	公司及员工在环保方面所采取的行动
天马微电子股份有限公司	108.10	2009 年 6 月 5 日,天马获深圳市鹏城减废行动“卓越企业”称号,总经理刘瑞林被评选为鹏城减废行动“先进个人”;2009 年 8 月 26 日,深圳市贸工局、环保局、科技局对天马公司进行了清洁生产审核,专家组一致通过天马公司清洁生产审核和验收;公司清洁生产项目实施已达到削减单位 LCD 耗用新鲜水量的 15% 和单位 LCD 耗用电量 5% 的清洁生产目标;2009 年 12 月 23 日,根据市政府办《关于印发深圳市创建节水型城市专项行动方案的通知》及《深圳市创建节水型企业(单位)专项行动奖励办法》;天马公司获得深圳市节约用水办公室专项奖励;获深圳市龙岗区人民政府颁发“2009 年十大低碳经济节能减排企业”称号;2009 年公司危险废弃物排放 100% 达标。
深圳市芭田生态工程股份有限公司	100.00	公司环保行动表现为设施投入;员工每年健康体检;公司全年环保无投诉“三废”达标,通过 ISO14000 认证。
深圳市农产品股份有限公司	100.00	2009 年,在沈阳、南宁等新建市场继续投资建设污水处理设施,日处理量已达到 200 ~ 300 吨,污水排放达到城市一级排放标准;公司提出海吉星计划以来,不断完善海吉星标准,节能、环保也是海吉星标准的重点之一,公司将不断针对节能减排、环境保护方面加强设计、加大投资力度。在硬件设施逐渐提升的同时,在各地市场日常管理中还会在软件方面精益求精:建立能耗管理、能耗统计制度,实现水、电、气、油等能源资源分项、分单位计量统计,对能耗设施设备的操作人员进行节能技术培训和宣传培训。
深圳市机场股份有限公司	84.00	深圳机场主要环保目标:①目标:保证危险固体废弃物合法处置,指标:各类危险废弃物合法处置比例为 100%,实现情况:100%;②目标:保证污水达标排放,指标:处理后的机场污水 100% 达标排放,实现情况:100%;③目标:杜绝化学危险品泄漏,指标:化学危险品泄漏导致土壤污染次数为 0,导致水体污染的次数为 0,实现情况:0。 节能减排:2009 年,公司继续与东航、东海航、中货航、邮航等航空公司合作,推进节能减排工作的开展,节能减排成效颇为明显。通过用车载地面保障设备来代替飞机 APU 使用,大大降低了航空公司的能源消耗,节约了航空公司的运营成本,减少了 APU 所产生排放的废气和噪声污染,改善了机坪工作人员的工作环境。 技术改造节能:通过实施候机楼内电梯步道节能措施、照明节能改造措施、空调系统节能措施、行李系

续表

企业名称	公司及员工的环保投入值(万元)	公司及员工在环保方面所采取的行动
深圳市机场股份有限公司	84.00	统节能措施,以及更换外连廊、13#安检通道、A 楼房中房节能照明灯具近 2200 套,全年节约水电支出费用 160 余万元。 公司积极推动企业环保文化,增强每一位员工绿色环保意识、危机意识、节约意识,提升员工的使命感、历史责任感,充分认识到资源短缺危机,环境恶化危机,节约资源,保护环境,防止污染;环保义务人人有责,宣扬环保从我做起,从现在做起,从小事做起,大家相互鼓励、相互督促,共同来建设我们的绿色机场,绿色家园。
深圳市宇顺电子股份有限公司	67.00	公司产品相关材料全部符合 ROHS 要求;全年无环境污染事故;客户、员工、供应商、周边居民等相关方认可宇顺在环保方面所做的努力;厂区环境管理符合法律法规要求。
深圳市拓邦电子科技股份有限公司	52.29	通过节能改造达到节能减排的效果。
深圳市沃尔核材股份有限公司	50.00	公司积极创新,增加研发投入,大力开发环保产品,目前研发、生产的产品皆为环保产品,例如环保阻燃电线电缆、环保标识管、环保阻燃热缩套管等。公司还积极开展"清洁生产"活动。
深圳华强实业股份有限公司	43.85	环保投入值具体内容是下属企业东莞电子和三洋集团向东莞政府环保部门交的排污费。
平安证券有限责任公司	37.06	倡导绿色职场办公环境,节约用水、用电,推广无纸化办公。
国投瑞银基金管理有限公司	35.50	公司积极采取各种活动鼓励客户采用电子对账单,以替代纸质对账单,支持绿色环保。如举办电子账单订阅用户幸运抽奖活动等。这既给公司节约了成本,也大大减少了对森林资源的消耗。此外,公司向客户赠送环保购物袋,为环境保护出一份力。公司倡导节约型文化,鼓励员工养成环保节约的良好工作习惯。比如在打印非公开信息时,尽量采用双面打印,以节约纸张;提倡离座关灯、减少空调使用等,并制作了内部宣传口号:"人走灯灭空调停 ,节能环保大家行,轻松下班好心情。"将会议室瓶装水改成可循环用桶的桶装水等。公司爱好步行的员工们成立了"步行俱乐部",倡导每日步行上下班,既锻炼了身体,也减少了驾驶私家车造成的对空气的污染,为节能环保贡献一己之力。

续表

企业名称	公司及员工的环保投入值(万元)	公司及员工在环保方面所采取的行动
招商局地产控股股份有限公司	30.60	2009年公司要求各部门节约复印纸张,尽量采用无纸办公形式处理文件,并要求员工复印文件时使用双面复印和尽量利用使用过的废旧单面复印纸张,公司现有各类复印机20台,平均日消耗A4复印纸约200张,现在每台复印机的日耗纸量已经下降到原先的1/3,仅此一项每年可以节约纸张费用约3万元;数名员工主动要求降低汽车油补,改为乘自行车或步行上班,总计每月共减少150升汽油,折合每月节约1000元,全年共节约1.2万元;公司利用人工湿地生产回用水近1万吨,一年共节约水费近4万元;公司取消了开会时每人一支矿泉水的传统做法,本公司员工自带水杯,仅向外单位客人提供矿泉水,根据统计,每月可以将少矿泉水开支约4500元,年平均可以节约5万元。
南方基金管理有限公司	30.00	一直以来,南方基金都全力支持绿色管理与绿色企业三大目标:节约消费、重复使用、回收再生。具体表现在:为了减少大量使用纸张对森林资源造成的浪费,我司积极推广、推荐客户使用电子对账单服务,取消邮寄纸质对账单;办公室里,传真、复印等要求尽量使用单面有空白页的已用纸张,打印材料也要求双面打印,既节约了成本也支持了环保事业;公司提倡无纸化办公,有关工作事项通过公司办公平台(OA系统)处理,尽量减少纸张的使用;办公区域内,公司使用节能环保型电器,空调温度保持在26度以上。要求员工做到人走灯关,下班及时关闭电脑,坚决杜绝"白昼灯"和"长明灯"等能耗放空的现象;公司里专门设有"废旧电池回收点",防止污染环境,为环保事业尽我们一点微薄之力;积极提倡员工尽可能步行上、下班,既锻炼身体又节约能源,以实际行动支持环保;为了减少白色污染危害(使用塑料袋),我司给客户定制了环保购物袋,倡导保护生态环境,为建设生态城市和文明城市做贡献;公司提倡员工秉承节约理念,尽量将各种可用资源循环使用,例如,碳水笔只更新笔芯继续使用,等等。
深圳中国农大科技股份有限公司	25.00	努力做到低碳无污染。
深圳市海普瑞药业股份有限公司	25.00	三废达标排放,部分生产废水实现二次利用,单位产品耗电下降53.95%,耗水下降51.04%。

续表

企业名称	公司及员工的环保投入值(万元)	公司及员工在环保方面所采取的行动
深圳日海通讯技术股份有限公司	20.50	对生产过程,要求节约原材料和能源,淘汰有毒原材料,减降所有废弃物的数量和毒性。加强厂内废物回用;改进技术工艺水平提高原材料的利用效率,从而减少废物的产生;凭借在通信节能领域的创新开发和节能产品,以及为运营商、设备商提供成功应用和节能解决方案,特别是在上海世博园项目中绿色节能机房效果显著,得到了运营商客户和专家的充分肯定和认同。日海绿色节能机房成功荣获“2009～2010年度绿色通信优秀产品奖”。
康佳集团股份有限公司	20.00	为推进彩电、冰箱等产品节能减排,康佳投巨资研发和生产节能环保的 LED 电视和高效能冰箱等产品,减少电力的使用和降低有害废弃物的排放。此外,康佳还在生产过程中,通过采用新工艺、更新设备等手段,大幅度提高原材料利用率和产品回收率、进一步降低能耗和降低噪声、减少废弃物的排放。
深圳市科陆电子科技股份有限公司	20.00	科陆电子于 2008 年 3 月开始执行环境管理体系 ISO140001 标准,并于同年 8 月通过了 UKAS 认可机构 NQA 的认证。公司利用环境管理体系展开了多项环境管理行动。公司在产品设计环节关注了 ROHS 及 WEEE 的要求,按照法律法规及客户的要求对相关产品进行了测试并达标。在设计指导原则上考虑到了产品的可回收性,方便产品的回收处理及二次利用。在以电子产品组装为主的生产环节,对产生的锡烟、发电机废气、生活废水及厂界噪声进行了达标排放控制及年度抽样监测,结果显示控制有效且监测均达标。对少量的危险废弃物(如日光灯管、废油漆桶、少量化学品及容器等)实施 100% 收集并定期合法转移(与深圳市危险废弃物处理站签订了合同并展开长期合作)。公司内部施行了《节能降耗管理程序》,把“电、水、纸”的节约降耗融入日常监督管理中,保证了节能措施长期稳定地执行。公司始终实施贯彻“遵章守法,预防污染、节能降耗、保护环境”的环境方针,在产品设计、生产、安装、服务的各个环节主动识别并遵守相关环境法律、法规要求,预防污染、节能降耗、提高资源能源利用率,实现与环境保持和谐的可持续发展。
深圳世联地产顾问股份有限公司	16.71	董事长陈劲松担任阿拉善生态协会华南分部召集人,负责深圳市龙岗区葵冲镇坝光管理区古银叶树群保育项目的实施;参加阿拉善 SEE 生态协会; 资助阿拉善“大学生校园环保行动创意大赛”;阿拉善节水作物小米收购立项。

续表

企业名称	公司及员工的环保投入值(万元)	公司及员工在环保方面所采取的行动
深圳市实益达科技股份有限公司	12.65	向所有员工广泛宣传节约用电、节约用水措施;对空调技术进行改造,使用新型的中央空调,每年可节省40%电力;全厂改用T5节能灯,每年可节省大约35%电力;改造热水器,充分利用太阳能,每年节约2万余度电。
深圳市怡亚通供应链股份有限公司	12.00	2009年大运会绿色行动。
深圳诺普信农化股份有限公司	12.00	为进一步改善环境质量,在环保方面工厂一直积极推进污染防治和节能减排工作,做到无污染,零排放。
深圳市天地(集团)股份有限公司	11.10	
中信证券股份有限公司	11.00	倡导建设绿色办公环境:购置绿色植物装点办公室,并鼓励员工自购绿植;推行无纸化办公:内部通知以邮件形式发送,非必须文件不再打印;打印及纸张:鼓励双面打印,同时将打印过的纸张作为草稿纸二次使用,回收打印机炭粉盒等;节约用电:使用节能电灯,周末加班仅开启使用区域的灯光;"告别一次性"活动:倡导员工告别一次性碗筷、一次性塑料袋等;中信产业投资基金公司建立公司图书馆,鼓励员工向图书馆捐书,共享图书,避免重复购买;中信证券国际公司添置时间控制自动开关灯装置,购买有环保标签电器及办公室用品;中信金通公司响应杭州无车日的号召,鼓励员工乘坐公共交通工具上下班,引导员工以实际行动投入到环境保护中,嘉兴营业部、金华营业部向客户发放环保购物袋。
深圳市同洲电子股份有限公司	10.00	公司加入阿拉善绿色环保组织成为华南分会会员,为低碳、绿色、环保事业尽自己的努力。阿拉善环保组织有自己的持续环保项目,公司每年持续交纳环保基金,定期对项目进行跟进和提供支持。
深圳市证通电子股份有限公司	10.00	
大成基金管理有限公司	10.00	向福建金鸡山公园捐赠10万元资金用于植树造林工程以及公园爱心附属设施;在深圳总部及北京、上海、武汉、福州等地种植"大成绿地";客户兑换电子对账单与慈善公益事业结合,宣传节约用纸的环保理念。

续表

企业名称	公司及员工的环保投入值(万元)	公司及员工在环保方面所采取的行动
深圳市华测检测技术股份有限公司	10.00	公司的主营业务包含对产品和环境中一些有毒有害物质检测，保护环境本身就是我们的工作职责之一；实验室产生的化学废液，委托专业处理机构进行处理；2009 年为公司的管理优化年，全体人员积极响应公司号召，在工作期间注意环保节约，例如尽量使用双面打印、对可重复使用的纸张收集整理再次使用、下班后照明灯管减半等。
深圳市特力(集团)股份有限公司	7.80	公司添置设备，实现洗车用水循环使用；倡导员工少开私家车，多乘公交；实行网上办公，办公用纸双面使用。
信达澳银基金管理有限公司	5.00	为响应深圳市委、市政府提出的“建设绿色家园，倡导生态文明”的号召，公司参加深圳市城管局等单位联合发起举办 2009“万人同植万棵树”活动，2009 年 4 月 18 日在深圳莲花山公园植树 50 棵；为倡导环境保护、节约社会资源，公司长期举办“取消邮寄对账单 保护森林资源”抽奖活动，2009 年度共有 8759 位客户参与了本次活动，选择取消邮寄纸质对账单改用电子对账单，起到了良好的社会效益。
深圳市中青宝网网络科技股份有限公司	4.80	倡导员工从个人做起，从小事做起，如：使用自己的水杯代替一次性杯子、鼓励大家双面打印复印纸张、注重旧物回收再利用、珍惜用水用电、办公室内的电器选用节能产品等；绿化办公环境，改善空气品质；在公司显眼的地方挂上倡导环保的标语；减少废弃物、提高设备的循环使用。
中国建银投资证券有限责任公司	3.80	参加深圳市大运植树活动，公司植树 100 棵。
深圳中恒华发股份有限公司	3.00	环保设备整改。
深圳市新亚电子制程股份有限公司	3.00	员工集体植树。
广东宝利来投资股份有限公司	2.00	①节能、节电、节水，减少电灯、空调使用以及选用节能、节电电器；②多用电子文件，减少纸张以及循环使用纸张等。
深圳市飞马国际供应链股份有限公司	1.50	洗手间擦手纸用吹干机替换；要求员工尽可能双面打印资料；充分利用废纸；无烟办公环境；无纸化传真。

续表

<table>
<tr><th>企业名称</th><th>公司及员工的环保投入值(万元)</th><th>公司及员工在环保方面所采取的行动</th></tr>
<tr><td>众成证券经纪有限公司</td><td>1.45</td><td>节约每一度电。公司要求最后一人离开办公室的员工,做到随手关灯;并自觉养成合理使用空调的好习惯(规定空调开放的时间及可调节的度数);同时提倡员工减少使用电梯次数,建议充分利用楼梯上下,这样不仅节约用电还能达到健身的效果;节约每一滴水。用水时,水龙头尽量开小一些,用毕即关紧。发现有漏水现象积极主动通知办公室综合部及时修理;节约每一张纸。合理使用纸张和记录本,做到物尽其用,充分利用打印纸,双面打印复印;废弃物品再利用:设立废旧资源回收箱,回收资金积累起来可以开展文体与健身等活动。废纸、废塑料、废电池、废旧金属等所有可回收利用的物资都尽量分类回收,以实现资源循环利用,从而节约资源、减少垃圾污染。保护环境:垃圾入箱,不乱扔;爱护绿化,不践踏草坪;减少尾气排放;减少开车次数。</td></tr>
<tr><td>长园集团股份有限公司</td><td>0.60</td><td>处理了工业废物(包括废树脂、废日光灯管、废电池、废有机溶剂等)。</td></tr>
<tr><td>深圳高速公路股份有限公司</td><td>该数据无法提供</td><td>作为一家以高速公路运营和建设为主业的公司,深高速在公路建设和营运过程中,都会涉及水土资源的保护和利用、污染防范、资源再生利用等实践活动。公司始终将保护环境、节约资源的社会责任放在企业发展的重要地位,力所能及地推动环境友好型社会和资源节约型社会的建设。为达到公路建设与环境保护协调发展的目标,公司需将环境保护理念与项目前期规划、项目设计、建设管理、营运管理各环节紧密结合,形成一条贯穿全部工作过程的环境保护链。
1. 重视项目建设前期的研究与规划:按行业标准要求,公司在项目立项前需聘请有资质的第三方进行环境研究并出具环境评价报告,以了解项目沿线地区的环境质量以及环境敏感点,分析项目建成后的污染源排放情况,预测公路施工期及营运期对沿线可能造成不良环境影响的范围和程度,并提出防治污染、减少破坏的措施与对策,为项目设计、营运管理和环境管理以及沿线地区的经济发展规划、环保规划等提供依据。
【案例1】在设计中体现环境保护的理念。公司重视环境保护的理念在沿江项目的设计中继续得以体现。针对沿江项目沿海岸线布设、环境保护要求高的特点,公司在设计中采取的主要措施包括以下内容。<table><tr><th>环保要素</th><th>具体措施</th></tr><tr><td>选线注意避让:居民区</td><td>在项目初步设计修编阶段,对其线位进行了充分优化,尽量避让居民区,减少噪声污染。例如,为避开居民区将 K78 ~ K79 标段向东调整了 10 米。</td></tr></table></td></tr>
</table>

续表

<table>
<tr><th>企业名称</th><th>公司及员工的环保投入值(万元)</th><th>公司及员工在环保方面所采取的行动</th></tr>
<tr><td>深圳高速公路股份有限公司</td><td></td><td>
<table>
<tr><th>环保要素</th><th>具体措施</th></tr>
<tr><td>采用减少环境污染的设计方案:</td><td>为减少桥面排水对海洋生物的污染,在设计中采用集中排污装置,禁止污水直接排放;对于敏感路段设计了降噪隔声屏障,以有效降低噪声污染。</td></tr>
<tr><td>关注与周边环境的协调:</td><td>将主要桥梁的设计方案调整为斜拉桥,并优化桥梁景观设计的细节,以体现建筑的美观和与周边环境的协调。</td></tr>
</table>
2. 珍惜水土资源，推进资源再生利用：在项目规划时，尽量少征用耕地、林地及水源体；在项目建设时，注重采取适宜的取土、弃土及保护水源措施，例如：取土时首先考虑利用挖方路段土石方，其次考虑选择贫瘠地段集中取土，注意保护当地的植被和水资源，将取土坑与地方水产养殖、农田排灌相结合；施工弃土则尽量减少毁坏植被、侵占农田，并进行复垦或绿化的合理规划，提高土地再生资源；鼓励员工大胆创新，在项目设计及建造过程中使用环保新技术、新工艺，以科学的规划和技术推进建设废弃物质的再生利用。
【案例 2】资源再利用，环保又经济：在清连项目高速化改造工程中，原清连一级公路的路面破损严重，大部分路段的原有水泥混凝土结构将在改造中被破碎或清除。在混凝土垃圾处理规范和标准还是空白的情况下，项目管理处通过科学试验和论证，在国内首次对旧混凝土面板的利用途径、施工技术与验收标准进行系统研究，提出了新的解决方案和施工技术，使 100 多万立方，旧路混凝土板得到有效利用。这不但避免了建筑废弃物造成的大范围环境污染，降低公路建设及营运对自然环境和社会环境的影响。而且，仅废弃混凝土板再利用一项，就减少临时占地 1505 亩，节省工程费用约人民币 4900 万。
3. 倡导绿色运营：在公路营运管理中，将减少能源消耗和碳排放作为重要关注点，通过设立自动缴费车道、提高人工收费效率、保持路面畅通等措施，促进车辆油耗的降低和废气排放的减少；在日常办公管理中倡导“绿色办公”的理念，通过调高办公室空调温度、实行无纸化办公、推动自动化办公系统、建立数字化远程会议系统、改革用车制度、管理纸张等措施降低办公能耗与排放；在公司经营中提倡环保节能材料的使用，例如：在项目建设时，优先选择性能优秀的新型环保材料；在路产养护时，采取低噪音的新型材料路面以减少噪音污染；通过对公路沿线进行绿化、种植“生态墙”等措施，</td></tr>
</table>

续表

企业名称	公司及员工的环保投入值(万元)	公司及员工在环保方面所采取的行动
深圳高速公路股份有限公司		保护沿线路基、减少噪音,同时建造了与自然景观相协调的绿色走廊。 【案例3】缩短收费耗时,减少油耗、创造价值:2009年,公司营运部门对"缩短单车收费耗时2秒钟所产生的经济价值"进行了专题研究和测算。按照2008年公司各收费站数据,若单车收费耗时缩短2秒,可减少车辆油耗支出合计约94万,为旅客节约在途时间可创造经济价值约为人民币768万。公司营运系统已开展"缩短2秒"活动,进一步强化收费流程培训和技术培训,号召收费员工在目前单车收费耗时的基础上再缩短2秒。
深圳市兆驰股份有限公司	所有工业废水统一回收,每年1万~2万元。 废旧物及垃圾分类处理,每年1万元。	使用冷水空调、购买低能耗灯管、双面打印纸张。
健康元药业集团股份有限公司	未统计	公司在安全生产和环保节能方面:子公司深圳海滨制药公司严格按照GMP的要求合理组织生产,紧抓产品质量,接受国外客户及通过国家药监部门的各项检查,同时按新的制药企业污染物排放标准要求对废水处理设施及污水管网改造,亦做到节能减排。酶法生产7-ACA是国家863科技攻关项目,子公司焦作健康元作为掌握酶法生产7-ACA核心技术的企业,填补了国内空白,打破了国际对酶生产技术的垄断,同时焦作健康元通过提炼车间清污分流、溶媒蒸馏废水改造等9项环保措施保护环境。生产保健产品的太太药业有限公司等,亦严格遵守环保法规,除日常自查监测外,环保部门的不定期监测亦全部合格。
深圳中航集团份有限公司	未统计	天马:2009年6月5日,天马获深圳市鹏城减废行动"卓越企业"称号,总经理刘瑞林被评选为鹏城减废行动"先进个人";2009年8月26日,深圳市贸工局、环保局、科技局对天马公司进行了清洁生产审核,专家组一致通过天马公司清洁生产审核和验收;公司清洁生产项目实施已达到削减单位LCD耗用新鲜水量的15%和单位LCD耗用电量5%的清洁生产目标;2009年12月23日,根据市政府办《关于印发深圳市创建节水型城市专项行动方案的通知》及《深圳市创建节水型企业(单位)专项行动奖励办法》,天马公司获得深圳市节约用水办公室专项奖励;获深圳市龙岗区人民政府颁发"2009年十大低碳经济节能减排企业"称号;2009年公司危险废弃物排放100%达标。

续表

企业名称	公司及员工的环保投入值(万元)	公司及员工在环保方面所采取的行动
深圳中航集团股份有限公司	未统计	深南电路：水蓄冷系统于2009年底完成投入使用，日蓄冷量9000RTH，总蓄水量4000吨，每年可转移240万度左右的高峰用电，实现180万元的电费节余；深南电路净化空调转轮除湿机改造使2009年节省空调电加热消耗约47.5万度，同时冷水机温度由原来的8℃设定为11℃，提高了露点温度，年节省冷水机冷量约134.4万RTH（折合电力消耗为24万度），合计年节省电费约50.5万元。
深圳发展银行股份有限公司	未统计	建立总分支行一体化的视频会议系统，全年举办远程会议209场，减少近3000人次的会议差旅，直接节约差旅费用约450万，时间成本约650万元； 在全行营业网点、办公区域张贴宣传海报及环保小标贴，设计制作以环保为主题的台历、报事贴等办公用品近20万份，提示客户及员工关爱环境，节约水电和纸张；向员工赠送节能灯，用于员工家庭和转送亲朋好友，提醒员工注意生活细节，处处节能环保，号召更多的人关注地球、爱护环境。据估算，银行此次赠送的1.2万支节能灯与一般白炽灯比，一年即可节约47万度电，减少CO2排放约540吨；深入推进无纸化办公，年内实现财务报账、员工请休假管理、会议管理等十余项纸质流程电子化工作；同时，多项业务流程改造取得显著成效，身份证复印清理使复印数目减少了60%，手工登记簿清理使登记簿减少了25%，新版网银落地项目实现了印鉴核对和保管电子化，这些措施每年可节约大量纸张；举办“走进南极”科普展，累计参观人数突破10万人次，号召公众关注气候变化问题；举办“向未来致意”绿色视听交响音乐会，用艺术形式唤起公众对环境问题的重视；积极参与“百万森林”项目，捐赠20000颗沙棘树苗，支持西部环保治沙事业。
万科企业股份有限公司	未统计	以装修房、住宅产业化和绿色建筑科技作为万科节能减排的主要手段：2009年，万科完成集团绿色产品实施规划、可再生能源发展规划以及性能分级标准实施计划。编制并发布了《万科住宅产品性能标准（控制项）》，按此标准，万科住宅产品在建筑节能、室内舒适度、室内隔声等方面将全面与国家标准匹配。完成《万科绿色三星项目实施手册（征求意见稿）》和万科建筑研究中心基地零碳、零排放技术系统规划。 以装修房、住宅产业化和绿色建筑科技作为万科节能减排的主要手段：2009年，万科完成集团绿色产品实施规划、可再生能源发展规划以及性能分级标准实施计划。编制并发布了《万科住宅产品性能标准（控制项）》，按此标准，万科住宅产品在建筑节能、室内舒适度、室内隔声等方面将全面与国家标准匹配。完成

续表

企业名称	公司及员工的环保投入值(万元)	公司及员工在环保方面所采取的行动
万科企业股份有限公司	未统计	《万科绿色三星项目实施手册(征求意见稿)》和万科建筑研究中心基地零碳、零排放技术系统规划。 通过绿色采购、开展污染治理、社区垃圾分类回收主动减少对环境的冲击:2009 年,在委托环保机构完成的第三方调查后,万科形成了负责任的木材采购政策。复合木材在万科所消耗的木材中所占比例接近 95%。绿色采购已经成为万科装修房战略中的重要环节。 北京万科西山庭院的"垃圾分类"进入第三个年头,居民知晓率 95%,居民参与率 85%,办公场所垃圾分类率 90%。这一年来,整个小区的年处理厨余垃圾近 30 吨。 支持环境研究,推动民间环境保护:2009 年,万科资助麦肯锡开展中国能源与可持续发展研究,与阿拉善 SEE 生态协会、山水自然保护中心等中国本土环保组织开展广泛合作。
中国长城计算机深圳股份有限公司	未统计	2009 年 4 月 26 日,根据长城电脑党委的统一安排,公司团委组织近 50 名团员义务参加了深圳市精心组织的"万人同植万棵树、迎大运"主题绿色行动;在电源制造领域,长城电源始终围绕大功率、高效节能、绿色环保,不断推出新产品。"节能王"系列产品已经成功发布并上市,是国内唯一全系列通过美国 80PLUS 节能认证和中国节能认证双重节能认证的产品,为中国 PC 节能迈上新台阶做出了重要的贡献;在显示器制造领域,长城电脑自主创新的"动态脉宽技术",降低了显示器待机与关机状态时的功耗,该技术被信息产业部作为第一批节能推荐技术向社会推荐。
深圳市天威视讯股份有限公司	未统计	在深圳南山公园植树 50 棵,参加人数 50 人。
深圳市振业(集团)股份有限公司	未统计	公司秉持"科技环保、建筑节能"的开发理念,坚持将"在建项目节能率达到或超过国家标准(节能率≥50%),其中深圳新开工项目节能率≥55%"作为公司产品开发的硬性标准,大力倡导绿色开发。 公司开发的振业城二至五期项目在振业城一期自然通风模拟、太阳能热水系统、光辅助发电照明系统和雨水收集湖水自净系统基础上继续创新,增加了中水处理系统、小机电无齿轮电梯等建筑节能产品的应用。凭借先进的环保、节能技术理念,振业城二至五期项目荣获"2009 年深圳首届十佳生态文明示范社区";惠阳・振业城项目应用 Low－e 中空节能玻璃,节约能源,清洁干净;采用湖体水循环处理系统,净化了水质,提高了天然水利用率;并充分利用了太阳能节约能源;振业峦山谷花园充分利用中空 Low－e 玻璃和单片热反射镀膜玻璃、中水处理系统以及雨水收集系统来节约能源,力求环保。

续表

<table>
<tr><th>企业名称</th><th>公司及员工的环保投入值（万元）</th><th>公司及员工在环保方面所采取的行动</th></tr>
<tr><td>国信证券股份有限公司</td><td>未统计</td><td>公司积极推行“绿色办公”方案：夜间实施关闭市电电源总开关；所有办公区域一律实施节能照明方案；楼顶招牌实施 LED 照明；办公区域实施标准模块式屏风隔断；倡导 26° 使用中央空调等。公司还积极推行“绿色金融”服务：在经纪业务方面，公司大力推行证券网上交易，不仅可以让投资者享受到更为优惠的交易费用和更加快捷、安全、方便的服务，公司也节约了大笔交易场地的租金、物业管理及水电等各项费用；在投资银行业务方面，公司投资银行事业部注重推荐具节能环保概念的企业上市，凡是对社会环境有污染的企业一律不予推荐。</td></tr>
<tr><td>深圳市大族激光科技股份有限公司</td><td>未统计</td><td>在公司推行 ISO14000 管理及 7S 管理，使整体办公环境得到有效提升，对废品进行分类处理及管理，加强了员工环保意识，减少办公物料浪费。</td></tr>
<tr><td>深圳市远望谷信息技术股份有限公司</td><td>未统计</td><td>节能降耗：2009 年，远望谷节能降耗的主题活动“节约，就是增加利润”，获得公司高层的重视，在全公司范围内开展了为期一年的相关活动，不仅在应对金融危机方面发挥了积极的作用，同时在公司员工中宣扬了一种新时代的环保与责任意识。依据“资源、成本、时间”三个方面，结合公司各级业绩目标、质量环境管理体系目标制定了相关措施，并通过其使节能降耗工作上了一个新台阶。研发部门开发了替代零配件及模块，大大减少了外购件的使用量，每年降低成本 70 余万元。在业务和人员双增长情况下用电量降低了 570.85 度，用纸量减少使用了 33073 张。
危险废弃物处置：尽管公司属于高科技研发型公司，危险污染物极少，但我们依旧不让丝毫的危险废弃物流入到社会环境中，小到一颗纽扣电池、一支灯管，我们通过收集、登记、分类储存，并请有危废处理资质单位进行拉运处置。做到公司产生多少危险废弃物，我们就处置多少。
环境目标：远望谷每年都要结合重大环境因素的管理，更新制定年度环保目标和措施，并努力实现这些目标和指标。2009 年环境目标达成情况如下。
<table>
<tr><th>环境指标</th><th>目标（%）</th><th>达成情况</th></tr>
<tr><td>危险废弃物处置率</td><td>100</td><td>达　成</td></tr>
<tr><td>年降人均电能耗量</td><td>0.5</td><td>超额达成</td></tr>
<tr><td>年降人均办公用纸耗量</td><td>0.5</td><td>超额达成</td></tr>
<tr><td>全年火灾事故数</td><td>零</td><td>达　成</td></tr>
</table></td></tr>
</table>

续表

<table>
<tr><th>企业名称</th><th>公司及员工的环保投入值(万元)</th><th>公司及员工在环保方面所采取的行动</th></tr>
<tr><td>深圳市远望谷信息技术股份有限公司</td><td>未统计</td><td>环境目标
远望谷每年都要结合重大环境因素的管理,更新制定年度环保目标和措施,并努力实现这些目标和指标。2009 年环境目标达成情况如下。
<table><tr><th>环境指标</th><th>目标(％)</th><th>达成情况</th></tr><tr><td>危险废弃物处置率</td><td>100</td><td>达成</td></tr><tr><td>年降人均电能耗量</td><td>0.5</td><td>超额达成</td></tr><tr><td>年降人均办公用纸耗量</td><td>0.5</td><td>超额达成</td></tr><tr><td>全年火灾事故数</td><td>零</td><td>达成</td></tr></table>EMS（环境管理体系）运行控制：2009 年，远望谷按照 PDCA 循环改进的科学方法，制订年度审核计划，通过集中内审和滚动内审，召开管理评审，以及外部审核，追踪在实现目标和指标方面取得的进展，以及识别持续改进的机会，实现 EMS 的运行控制；从研发设计、原料采购、产品生产、交付使用到整个产品的生命周期，我们一直跟进，获知环境相关信息；设计和开发产品时考虑材料环保性能的满足、材料的节约；杜绝选用对环境有害和国家限制的落后工艺；对供应商进行环境评估调查和评估，分类分级建立档案，优先选用通过 ISO14000 认证的供应商；生产组装过程中力求减少包装废弃物的数量，选用可循环再利用的包装材料；严控禁用和限制使用的材料以及化学物资，如《关于在电气电子设备中限制使用某些有害物质指令》（ROHS）和《关于报废电气电子设备指令》（WEEE）中相关的要求；跟进客户对产品的环保要求。
环保行动：2009 年，远望谷通过一系列的环保措施，在硬件设施和软性管理方面践行环保行动：改造陈旧的中央空调冷却塔系统、对空调系统进行日常的养护，在节约电能、水资源方面得到了有效的提升；改桶装水为直饮水，不仅提高了饮水安全，提高资源的利用率，同时，还优化了办公环境；加强租赁花卉的管理，通过专业人员对办公区域花卉的种类搭配、定期养护，使办公环境更加美观和洁净；制定出版《远望谷诚信手册》，从诚信道德层面规范环保行为准则，灌输环保及危机意识；举办多媒体大赛，以“节约，就是增加利润”为主题，让更多员工参与和分享节能降耗的点滴细节及深刻意义；设置最佳节约奖，奖励为企业和社会节能降耗作出突出贡献的员工，并以此激发节能降耗的创造性工作；在全球气象变暖的大环境背景下，尤其是在哥本哈根世界气候大会之后，公司深感环境保护的重大意义，主动肩负起“低碳生活”的环境责任前行。</td></tr>
</table>

续表

企业名称	公司及员工的环保投入值(万元)	公司及员工在环保方面所采取的行动
深圳市太光电信股份有限公司	未统计	2009 年,公司大力开展法制宣传教育,为绿色环保营造良好的法治环境和节能工作氛围,合力推进节能降耗工作;公司鼓励员工尽量坐公交车、少开车、购物使用购物,等。
深圳和而泰智能控制股份有限公司	未统计	广东省经济和信息化委员会、广东省科学技术厅、广东省财政厅根据《中华人民共和国清洁生产促进法》以及《广东省清洁生产审核及验收办法》,认定了 127 家“广东省清洁生产先进单位”,其中深圳市 7 家,和而泰公司位列其中,得到了相关的表彰奖励。
招商证券股份有限公司	未统计	大力提倡低碳生活,倡导无纸化办公,持续开展办公电子流程改进,最大限度减少纸张用量;办公区域空调温度倡导保持在 26 度以上,增加视频会议的次数,减少员工出差,减少碳排放;办公区域均采用节能灯照明,为节能减排作出实际的投入;营业网点招牌采用 LED 节能照明灯箱;员工电脑均为液晶显示屏以减少辐射;日常工作中最大可能少用复印机等设备,以减少碳排放量;资料用纸尽可能采用环保纸张。号召员工积极参与“地球一小时”活动,以实际行动应对全球气候变化。
第一创业证券有限责任公司	未统计	实行环保理念教育:定期通过发文、邮件、荧屏等方式提示员工节约用水、节约用纸(教导员工使用双面、一版多页式打印)、节约用电,教育员工节约资源;强制推行无纸化办公:除非特殊情况和对外报送文件,内部文件流转强制使用 OA,否则不予用印;停止个人垃圾篓的使用:全公司减少了约 300 个垃圾篓,每日减少近 300 个垃圾袋,全年减少约 77000 多个垃圾袋;同时也通过此方式提示员工在日常工作中应尽量减少垃圾的产生,提升环保意识;停止使用一次性餐具:每年约减少 5000 个一次性饭盒及相应餐具。
长城证券有限责任公司	未统计	长城证券积极宣传倡导环保理念,得到广大员工的广泛认可。
安信证券股份有限公司	未统计	2009. 7 安信证券义工队组织了义工人员进行了“东西冲环保大穿越”。
五矿证券经纪有限责任公司	未统计	新办公区采用环保装修材料、节能灯具、电脑节能等措施。
银泰证券有限责任公司	未统计	2009 年,公司一如既往地积极响应“绿色环保”号召,将环保理念渗透至日常工作中的每个细节,组织和发动全体员工节能、减排,如:要求员工离开办公室时随手关灯、关空调,长时间离开座位或下班时关闭电脑;使用节能电器;加强办公区的绿化;推进无纸化办公;在世界“无车日”号召公司员工骑车或搭乘公共交通工具上下班等。

续表

企业名称	公司及员工的环保投入值(万元)	公司及员工在环保方面所采取的行动
华林证券有限责任公司	未统计	公司在日常办公中积极推动绿色环保与节能:实行无纸化办公,所有工作事项均通过 OA 系统处理,并不断优化系统,以提高效率并尽量减少纸张使用;在总部及各营业部场地装修中积极使用环保节能材料,如均采用节能灯;在日常工作细节中倡导环保习惯,如总部办公场所设置了废旧电池回收点,倡导员工纸张正反使用、节约水电,要求办公室内做到人走灯灭、空调温度设置在 26 度以上等,从小的细节中为环保事业尽我们绵薄之力。
宝盈基金管理有限公司	未统计	2009 年4 月启动“蒲公英计划”,提倡使用电子对账单,对取消纸质对账单的持有人,代为捐助1 元给希望小学。
博时基金管理有限公司	未统计	为了提高服务效率,也为了更好地支持环保、节约资源,结合持有人的实际需求,2009 年我司采取了调整季度纸质对账单寄送对象并同时新增月度电子对账单服务项目的措施。自 2009 年 3 月起,在原来已经提供的季度、年度电子对账单服务的基础上,增加了月度电子对账单服务,即每月结束后,我司为所有订阅电子对账单的投资者发送电子账单。为鼓励客户参与环保行动,我司还在博时网站推出了“取消纸质账单、绿色环保 有序理财 ” 的系列抽奖活动,深受广大投资者的欢迎。本年度的环保举措有效地减少了纸质账单的使用数量,电子账单订阅人数剧增,由年初的 15 万份增加到 30 万份。博时认为,作为社会的一个重要分子,企业既要身体力行履行自己的环境保护意识,又要积极引导企业员工从自己做起、从身边的事情做起,尽量节约资源,爱护环境,减少能源消耗:体现在节能方面,公司一直提倡全体员工节约用水、电、纸张等资源;办公室空调温度控制在 26 度,减少氟的排放量,降低能源消耗。资助公益性环保活动,购买树苗,建立了 “博时林”;资助各类环保组织 配合深圳市绿色基金会的活动;倡导员工增强环保意识并参与环保活动,在公司持续、大力提倡“保护环境,从我做起”的观念;减少污染物排放,公司员工在公司内部开会时,自带水杯喝桶装水,不喝瓶装水;内部文件资料复印全部采用双面用纸,废物回收再利用,收集旧电池,送专门部门处理;使用清洁能源;提倡电子化办公,减少能源消耗。
长城基金管理有限公司	未统计	在公司号召全体员工“关注环保,节约用纸”。
长盛基金管理有限公司	未统计	长盛电子对账单自开通以来,便以它安全、便捷、及时、环保的特质,赢得了广大使用者的青睐。为感谢广大使用者的支持,同时唤起更多投资者支持并响应我们的倡议——选择电子账单服务,取消邮寄纸质对账单,用实际行动支持环保,从 2009 年 7 月 15 日开始至 9 月 15 日期间,长盛分两期进行“选择环保账单 赢取精美好礼”有奖活动。

续表

企业名称	公司及员工的环保投入值(万元)	公司及员工在环保方面所采取的行动
民生加银基金管理有限公司	未统计	结合当前低碳热点,在全公司上下倡议午间关闭电脑显示屏,下班切断所有电器电源等活动,从微小之处做起,关心爱护环境。
摩根士丹利华鑫基金管理有限公司	未统计	公司内部的节能环保意识强烈。
招商基金管理有限公司	未统计	公司率先在行业采用电子账单、电子基金刊物等环保形式,倡导环保、低碳和绿色生活。
中国宝安集团股份有限公司	未统计	《宝安宪章》明确提出要“爱护环境,节约资源”。(中国宝安集团股份有限公司以下简称“公司”)坚持环保理念,在力所能及的情况下,积极参与环保事业,贯彻执行国家环保法规政策,努力创建环境友好型和资源节约型企业,以实现公司和社会的可持续发展。 ①海南“宝安·滨海豪庭”、“宝安·椰林湾”项目装修时,将原计划用于门窗的普通铝合金 LOW－E 单层玻璃窗改为造价较高的断热铝合金 LOW－E 中空玻璃窗,除了提高房屋的档次,增加隔音效果外,还能有效隔热,降低空调能耗,满足节能环保要求。 ②海南“宝安·江南城”三期项目(颐园)的外墙、分户墙采用灰砂砖,积极响应政府不使用黏土砖的号召,减少对农田的影响,外墙大面积采用白色仿石涂料,增强对热能的反热,减少墙体的吸热,屋面采用聚苯板隔热层,在不增加结构成本的条件下达到隔热要求以减小空调负荷,节约能耗。 ③海南“宝安·江南城”三期项目(御城)的联排及合院别墅采用了内天井设计,利用内天井形成的气流,降低房间的温度,达到减少空调能耗的目的。 公司控股的马应龙公司引进新设备,提高资源利用效率,降低能源消耗,防治环境污染。 ①引进主导产品痔疮膏全自动高速生产线、引进高效微粉粉碎机,改造油膏旧生产线,开发新型高效药物分级筛,生产效率显著提高。 ②花巨资引进软管灌装包装生产线,运行速度 180 支/分钟,生产效率较此前提高 10%,并且其具有专门为马应龙麝香痔疮膏设计的工业机器人泡罩拾取装置,配置有远程诊断和维护的功能,节约了大量的资源消耗。 ③对软膏车间和工程部的冷冻水泵、冷却水泵进行了节能技术改造,采用更先进的节能水泵。经监测,软膏车间冷冻水泵、冷却水泵每小时节约用电 18 度,固体制剂车间冷冻水泵每小时节约 12 度,节电效果明显。

续表

企业名称	公司及员工的环保投入值(万元)	公司及员工在环保方面所采取的行动
中国宝安集团股份有限公司	未统计	④对锅炉省煤器采取重新保温处理,锅炉省煤器采取重新保温处理后热效能提高 20%,环境温度由 40 摄氏度降低到 28 摄氏度。 ⑤将职工澡堂的废水用于锅炉水膜除尘,澡堂的废水排放降低为 0。 ⑥工程部分表、口服液体制剂车间、制剂大楼水表等均更换了计量准确的新表,严格监控各部门用水的跑、冒、滴、漏情况,查找地点及时维修更换,将以前各表数据总和与总表的误差由 20% 左右降低到 10% 以内。 2009 年,公司及所属企业没有出现重大环保和安全事故,没有被列入环保部门的污染严重企业名单,没有被环保、劳动等部门处罚。
中国南玻集团股份有限公司	未统计	1. 制定环保政策,实施环保战略。公司始终将环境保护与节能减排工作作为企业可持续发展战略的重要内容,制定了整体环境保护措施,指派具体人员负责公司环境保护体系的建立、实施、保持和改进,为环保工作提供了大量的人力、物力以及技术和财力支持。 面对传统能源资源日益短缺以及全球气候日益变暖的严峻形势,公司根据自身的优势,制定了大力发展可再生能源产业以及节能环保产业的发展战略,并迅速实施。目前公司的节能环保产品——低辐射中空玻璃的产能已经达到 1000 多万平方米(另有 240 万平方米低辐射中空玻璃生产线以及 900 万平方米低辐射大板玻璃生产线在建),在东莞、天津、成都、吴江建立了生产基地,并通过各种方式积极宣传节能玻璃的作用,为节能环保玻璃的推广使用打下了坚实的基础。在节能产品的开发方面,公司更是不遗余力,先后开发出双银、三银镀膜产品,使产品的节能效果不断提高。 公司在 2008 年提出了“节能玻璃下乡”战略,积极推进节能玻璃在民用建筑上的应用。公司针对民用建筑研制出一种专用于住宅门窗的“Comfort 住宅节能中空玻璃”,工程玻璃事业部于 2009 年相继在各地举行了南玻住宅 Comfort 系列节能中空玻璃产品发布会。2009 年 12 月,中国国际房地产建筑科技展览会(简称“中国住交会”)在北京开幕。公司董事长、CEO 曾南先生作为中国建筑节能领域的一个拓荒人、中国玻璃发展史上的一位先行者,由主办方联合“房地产报”、“房地产工程采购联盟”、“中国之家低碳发展联盟”共同为其颁发了“推动中国绿色建筑发展影响力人物”的奖项。在人类能源消耗结构当中,建筑能耗是最重要的组成部分,而通过玻璃门窗消耗的能源则占了建筑能耗的 50% 以上!在当今发达国家中,

续表

企业名称	公司及员工的环保投入值(万元)	公司及员工在环保方面所采取的行动
中国南玻集团股份有限公司	未统计	美国、韩国、德国节能玻璃的应用分别高达 83%、90% 和 95%，而根据中国建筑玻璃与工业玻璃协会统计，目前我国 Low－E 节能中空玻璃在建筑中的使用率尚不足 10%。因此，曾南先生在签署的《中国南玻集团低碳行动宣言》中呼吁全社会关注中国住宅建筑高能耗的问题，号召中国低碳行动从使用节能门窗玻璃开始！同时，为表彰公司 25 年来生产研发的各种建筑玻璃对中国房地产业的贡献，组委会也特别授予南玻集团“中国之家 2009 年度战略供应商”以及“中国房地产最佳供应商”两项大奖。 在可再生能源产业方面，1500 吨多晶硅生产项目正在逐渐达到设计产能，产品品质完全达到太阳能级多晶硅的要求；太阳能电池生产线已完全打通，其良品率及电池转换效率均达到行业中较高水平；独立开发、具有完全自主知识产权的太阳能超白压延玻璃，其产品各项性能和指标达到或超过了国外同类产品的先进水平；用于薄膜太阳能电池的 TCO 导电膜玻璃也已经攻克了技术难关，开始小批量生产。公司打造太阳能光伏产业完整产业链的计划已经实现，这标志着公司在新能源领域的发展进入实质性阶段。 同时，公司加大研发力度，积极开发节能新产品。2009 年，公司申报并获正式受理的专利 50 余项，截至目前获专利授权 9 项，其中发明专利 1 项。宜昌南玻硅材料有限公司就多晶硅材料制造工序中的技术申报并获受理多项专利。 2. 采用环保、节能的设备和工艺。公司尽量采用资源利用率高、污染物排放量少的设备和工艺，积极采用经济合理的废弃物综合利用技术和污染物处理技术。 2008 年底，国内最大单条闭环多晶硅生产线——宜昌南玻一期 1500 吨高纯硅材料项目建成投产。该项目在建设初期就将环境保护放在重要位置，在工艺设计上吸收了欧美成熟技术中环保及节能降耗的思路，采用了完全闭环系统设计，旨在实现零排放。其中，回收 SiCl4 的尾气处理系统在 2008 年 10 月就带料试车成功，真正体现了公司在发展过程中，环保先行的理念。2009 年 10 月多晶硅装置全工序闭环循环后，氯化氢回收利用率将达到 100%，极大减轻了氯化氢排放对三废处理工段的压力，减少了中和物质石灰乳的消耗。 在广东地区的浮法玻璃生产线是以重油为燃料的，其燃烧排放的烟气中含有二氧化硫。深圳南玻浮法玻璃有限公司早在 2002 年，就为浮法玻璃生产线配置了烟气脱硫除尘系统，成为全国浮法玻璃行业第一家将烟气治理达标后再排放的企业。为了响应国家的节能减排政策，公司于 2006 年又对该生产线进行了升级改造，提高了熔窑的热效率、大大降低了油耗、减少了烟气排放量，同时对烟气脱硫设施也进行了改进，使其

续表

企业名称	公司及员工的环保投入值(万元)	公司及员工在环保方面所采取的行动
中国南玻集团股份有限公司	未统计	脱硫率达到了95%、除尘率达到90%以上。为了维持脱硫系统的正常运转,该公司日常配备的环保专职人员达数十人之多,每月用电20万度、用水近两万立方米、生石灰220吨,全年总投入达到1200万元。2009年,公司被评为"广东省节能先进单位"。2009年9月,因脱硫系统设备发生故障,在实时监控监测平台发现了一次烟尘排放超标的情况,但窑炉排放的二氧化硫、氟化物、铅浓度以及烟气黑度均达标。公司决定借助深圳浮法玻璃二线技术改造的契机,在2010年投入1000余万元,对现有烟气处理系统设施再次进行优化改造。 2009年,广州南玻浮法生产线也投资2000多万元,采用半干法脱硫除尘工艺对广州南玻玻璃窑炉的系统进行了全面改造,现各项污染治理措施及污染物排放均通过市环境监测中心站的竣工验收监测。2009年10月,国内利用玻璃烟气余热进行发电的最大装机容量项目——成都南玻12兆瓦余热发电项目成功并网发电。项目是国家政策和政府大力支持的节能减排优势项目,预计每年将节约标煤2.77万吨,减少温室气体CO_2排放6.65万吨,将产生可观的社会效益、经济效益和环保效益。在此项目成功的基础上,河北浮法余热发电项目也于2009年12月正式启动。 3. 强化日常监督,保持良好环境:公司采用在线监测仪等系统对排放物浓度进行实时监测,定期对已建成的污染治理设施的运行情况进行督察,并跟踪在建节能减排设施的建设、调试进度,发现问题及时解决处理。例如深圳浮法就安装了先进的烟气在线监测系统,实时向深圳市环保局监测平台传输二氧化硫、烟尘、氮氧化物、烟气流量等参数,随时随刻接受政府部门的监管。 同时,公司将环保理念贯穿到员工的日常工作和生活中,督促和培养员工树立节约使用资源和循环使用资源的意识和行为,一起为保护良好的生态环境做出努力。
华联控股股份有限公司	未统计	节水:回收中水用于小区的浇花等;节电:建筑物采用中空玻璃防止热量散失等。
深圳中航地产股份有限公司	未统计	中航鼎尚华庭项目获《建筑能效等级测评证书》;正章干洗公司的洗衣废水处理率达100%,超过深圳市政府对废水处理、回用标准。正章公司在环保工程公司现有技术水平的基础上,经过两年多的努力,大胆革新,有效利用成功技术资源,不断改善处理水质,创新废水处理、雨水回收处理新方法,在水资源利用上成绩突出,被深圳市政府授予"深圳市节能示范单位"、"深圳市南山区清洁生产企业"。正章干洗废水处理系统成果效益计算过程和结果:2007年公司用自来水50827吨(未进行废水处理后回收利用);2008年公司用自来水26985吨(从7月份开始回收利用);2009年公司用自来水8200吨(全年进行废水处理、回收利用)。

续表

企业名称	公司及员工的环保投入值(万元)	公司及员工在环保方面所采取的行动
深圳市盐田港股份有限公司	未统计	由于公司经营业务的特点,公司不属于重污染行业,但公司对环境保护工作仍然高度重视,在经营管理中注重环境保护,注重节能增效,并科学合理地安排资金用于经营环境的绿化。2009 年全年公司在经营活动中没有环保事故发生。 公司的工程建设均符合国家和地方有关环境保护与可持续发展的规定和要求,建设期按规定组织环境保护评价,取得国家和地方环保部门的批文,工程竣工验收前通过环保验收。公司 2009 年建设的中远物流盐田港国际物流基地项目和盐田港西港区二期工程项目均为境内非污染项目。 公司参股企业盐田国际集装箱码头有限公司(一、二期)制定了公司环保策略,推动港口不断接近“绿色环保港口”目标。该公司对港口主要生产机械龙门吊进行“油转电”能耗改造,使原来由柴油发动的生产机械改为电力发动。这项全国领先的港口设备改造技术使码头生产对空气的污染和能源的消耗大幅减少。盐田国际已有 114 台设备完成“龙门吊油改电”改造并投入使用。完成改造的龙门吊每台每吊次可节约燃油成本 80%,噪音从 110 分贝减少至 60 分贝;减少废气排放 95%。该公司还在盐田港区开展拖车“油改气”项目,推广使用液化天然气,使拖车发动机运行平稳,噪音低,积碳少,提高了发动机寿命,尾气排放几乎为零,目前已开始推进液化天然气拖车批量投入现场作业,计划在未来三年内共更换 300 辆液化天然气拖车。2009 年盐田国际通过一系列专项行动,使码头全年节约水量达到 40 余万吨,取得了良好的节水效果。为取得全面准确的数据和节约用水,码头安装了电子流量计和节水器具;为循环利用再生水,码头在原有污水处理池边兴建一座中水回收站,用以浇花、洗车、洗箱;工程技术人员还使用电子测漏仪对供水管进行检测和改造,并将节水理念不断推广至公司全体员工和承包商。凭借显著的节水效果和不断完善的节能节水管理体系,2010 年 3 月 22 日,盐田国际被广东省建设厅正式授予“节水型企业”荣誉称号,并获得政府 24 万元的奖励。
深圳市天健(集团)股份有限公司	未统计	公司在房地产及施工方面通过了 ISO10004 环境认证,并获得此项认证书。公司及员工在环保方面所采取的行动,包括环保、节能、低碳、报纸回收、无纸化办公等环保行为。

续表

企业名称	公司及员工的环保投入值（万元）	公司及员工在环保方面所采取的行动
华润三九医药股份有限公司	未统计	开展环境保护与可持续发展活动，不仅是华润三九履行社会责任的具体行动，更是公司降低生产成本的重要途径。在“成本效益年”的总体方针指导下，公司从节能减排及低碳经济入手，优化节能减排工艺流程，加强能源降耗管理，在环境保护与成本节约两方面均取得良好效果。 水资源保护方面，为充分利用生产污水，公司新建了中水池及配套供水系统，华润三九工业园绿化用水现已全部采用处理后的生产污水，每年节约用水约4800立方。公司根据实际情况创新清洁模式，提高设备容器清残工艺水平，在清洁用水同时有效降低了生产污水COD排放量。目前华润三九工业园的每月用水量为4500立方，仅为设计用水量的40%。 公司进一步加强员工环保专业培训，使员工的环保意识与专业能力得到明显提高。公司通过分析生产污水水质，完善污水处理站数据管理，有效的减低药剂投放量。2009年华润三九工业园污水处理药剂PAL、PAM实际使用量仅为设计用量的35%。公司在污水处理站新建的COD、BOD、PH、排放量在线自动检测系统，与环保部门联网实时监控，实现了污水排放参数全自动化检测，极大提升了公司污水治理水平，处理后污染物排放的各项指标均优于国家标准。 在使用清洁能源方面，2009年11月，经系统论证并合理规划，公司与深圳燃气集团正式签订燃气管道施工合同，启动锅炉油改气设备改造项目。该项目完成后，华润三九工业园将使用天然气作为锅炉燃料，碳排放量显著降低，硫化物排放为零，燃料费用同比下降约20%，按照历史数据估算，预计每年节省燃料费用27万。 公司加强了能耗管理，利用现有能耗计量仪表及电力监控系统，加强能耗管理，各车间、各公用设施管理班组安排专人统计能耗，根据能耗变化情况及时发现处理设备使用不当或异常情况，消除设备空转、空载，优化设备运行时间，节省了能源消耗，公司全年未发生因线路故障影响生产的情况。 公司在药品生产与检验过程中，会产生大量有毒、有害的污染物。为确保污染物排放不会造成环境污染，公司制定严格的排放管理程序，由专人负责污染物的集中与排放。公司先后与深圳市危险固废站及其下属的深圳市益盛环保公司签订长期处理合同，实现有毒有机溶剂、费药渣等危险固废及严控固废均由环保专业公司进行处理，有效杜绝了污染环境事故发生。

续表

企业名称	公司及员工的环保投入值(万元)	公司及员工在环保方面所采取的行动
深圳赤湾石油基地股份有限公司	未统计	各地的物流中心统一按照 HSE(健康、安全、环保)的理念进行管理;倡导物流园区内车辆 5 分钟内熄火;为深圳地区的仓库更换节能灯;与有关部门签订协议,定期打捞清理港池垃圾;倡议仓库、堆场的客户建立废水废油收集池,由专业单位收集处理;更新淘汰高能耗的旧机械设备。
招商银行股份有限公司	未统计	招行坚持绿色发展,支持低碳经济。虽然银行业属于低排放行业,但作为引导资源配置和资金投向的中枢,银行业在应对气候变化中发挥着至关重要的角色。招行高度关注资源的有效利用和对环境保护的支持,将促进可持续发展和应对气候变化纳入企业的发展战略,通过切实行动,降低自身、客户和整个社会的碳排放量,支持低碳经济的发展。 (一)建设"绿色银行"。招行自身运营的环境影响主要来自办公过程中的用电、用水以及相关物资消耗。2009 年本行积极响应政府关于节能减排的号召,以适度为原则,以规范管理、技术改造为手段,不断推进绿色办公、绿色采购和绿色建筑等一系列绿色计划,努力降低自身对环境的影响,以自身的努力,打造"绿色银行"。 1. 推行绿色办公。为降低因自身业务规模扩大、员工数量增加而产生的环境影响,本行积极推行绿色办公。通过邀请外部专家为员工进行节能降耗专业知识培训,不断提高员工的节能意识和减排技能。同时,大力提倡无纸化办公和减少不必要的差旅,加强推进节能措施与技术改造,以此来实现自身运营过程中的节能减排。 2009 年,本行对总行大厦的空调和照明系统进行节,例如给空调机组的制冷主机和冷却塔增加变频器;对新装修项目的照明灯,改用 T5 节能灯管;安装节水型自动感应水龙头,总体节水率达到 10%。同时在日常工作中,提倡节约和循环使用纸张等办公用品,大力推行少纸化和无纸化办公。利用音频电话会议系统等智能化方式,减少不必要的差旅,收效显著。 2009 年总行机关累计召开音频电话会议 118 次，参会人数达到 8728 人次。按每人 1000 元的差旅费用估算,全年共节约 872.8 万元。 2. 施行绿色采购。2009 年,本行在全行的集中采购工作中采取系列举措,大力倡导和施行"绿色采购"、"绿色消费"理念,严把采购的环保质量关,进一步减少因物资使用而产生的碳足迹:通过印发"节能减排,绿色环保"主题宣传资料及有关知识介绍,向全行采购条线的员工进行节能宣讲,提倡将"节能减排"、"绿色环保"贯彻落实到采购工作的每个环节,如:在购买办公用品及其他物品时,提倡选择环保纸张

续表

<table>
<tr><th>企业名称</th><th>公司及员工的环保投入值(万元)</th><th colspan="2">公司及员工在环保方面所采取的行动</th></tr>
<tr><td rowspan="7">招商银行股份有限公司</td><td rowspan="7">未统计</td><td colspan="2">以及低能耗和低碳环保产品等;将“节能减排,绿色环保”作为全行采购工作中选择供应商的资格条件和评选标准,在同等条件下,优先选择具有环保和社会责任意识的供应商,或在评选时给予适当的考虑。在采购产品时,将“低碳、节能、环保”作为必要条件加入合同条款,如:在集中采购营业网点的装修用材时,向供应商着重提出“低碳、节能、环保”的要求和标准。
3. 打造绿色建筑。将节能环保、以人为本的责任理念融入上海大厦与张江银行卡产业园区信用卡中心项目的建设中。本行在项目方案设计之初便引入了全球最先进的绿色建筑认证评分体系——LEED 国际绿色建筑认证体系,有针对性地制定了 LEED 评分卡,明确了绿色建筑的目标,并且制定了切实可行的设计策略,在楼宇设计中采用了多项国内外先进的绿色技术与绿色产品。
招行在建项目主要绿色技术与绿色产品的应用:</td></tr>
<tr><td>创新节水技术</td><td>收集雨水并经处理后,用于卫生间冲厕及景观植物的灌溉,其中信用卡中心项目雨水收集系统的年收集量约为 4,238 吨。</td></tr>
<tr><td>地源热泵系统</td><td>在上海大厦项目中,设计运用了地源热泵系统,实现热泵的无污染运行,且避免了远距离输送的热传递损失,全年节电量可达到 705186 千瓦时。</td></tr>
<tr><td>冰蓄冷空调系统</td><td>利用夜间低谷负荷电力制冰并储存于蓄冰装置中,白天融冰将所储存冷量释放出来,减少电网高峰时段空调用电负荷及空调系统装机容量。</td></tr>
<tr><td>绿化屋面设计,减少热岛效应</td><td>为减少楼宇对微观气候以及人类和野生生物栖息地环境的负面影响,两项目中均采用了屋面绿化的设计,确保绿色屋顶的面积占总屋面积的百分比不低于 50%,并保证 95% 的停车位位于地下室。</td></tr>
<tr><td>实施高级制冷剂管理,使用替代型冷媒</td><td>在冷水机组以及厨房制冷设备的选型上,使用 R134A 型冷媒,避免使用含有 CFCs 的制冷剂,减少对臭氧层的破坏。</td></tr>
<tr><td>采用先进的低流量卫生洁具产品,种植本地生植物</td><td>采用先进的低流量洁具产品,同时在园林景观设计中使用适合本地气候的本地生植物 ,减少景观灌溉用水,力争总水量减少 40%。</td></tr>
</table>

续表

<table>
<tr><th>企业名称</th><th>公司及员工的环保投入值(万元)</th><th colspan="2">公司及员工在环保方面所采取的行动</th></tr>
<tr><td rowspan="3">招商银行股份有限公司</td><td rowspan="3">未统计</td><td>从源头抓起,保证室内空气质量</td><td>使用健康环保的绿色材料,让员工在健康舒适的环境中办公。例如:对黏合剂、密封剂、油漆涂料、地毯等均有 VOC 含量的限定。</td></tr>
<tr><td>提供舒适的热环境,提高员工的健康指数、工作效率及舒适度</td><td>为提高员工办公舒适度,在暖通专业设计上采取多项措施,例如 VAV 变风量空调系统 、内外分区、四管制风机盘管、空气加湿措施、纳米光子除菌技术等,以达到 ASHRAE55 – 2004 人体热舒适条件。此外,在楼宇自控系统中集成上述功能,根据人体需要智能调节建筑内部温度、湿度、空气质量、灯光照度及相关设备的运行,满足人们对环境舒适性的要求,并且自动存储个人习惯参数曲线,实现自动调节、分区调节,确保员工感到环境舒适。</td></tr>
<tr><td colspan="2">本行编制了施工过程绿色策略指导方案，严格现场施工管理，通过综合性手段，严防因施工造成的水土流失和当地水体、空气质量污染的发生。同时本行还加强对施工废弃物的管理，以实现废弃物的合理处置，减少因工程实施对周围环境产生的影响。
2010 年，本行将根据两个在建项目的实际情况，继续跟踪落实 LEED 得分点在施工过程中的执行，并加强对现场施工的协调管理，保障现场施工的环保节能，同时重点关注 LEED 对设备与材料采购的相关要求。
（二）推广网上银行：充分发挥网络便捷、低碳的优势，大力拓展网上银行及相关服务，在降低自身运营成本和间接环境影响的同时，极大地减少了客户因办理业务而造成的环境足迹。
1. 拓展网上银行服务。2009 年进一步通过媒体广告、网上银行专业版使用手册、短信邮件等方式广泛开展网上银行专业版的宣传工作，鼓励广大用户使用网上银行办理业务，并对网上“企业银行”客户实施价格优惠，发挥价格的导向作用，吸引客户将支付结算交易转移到网上进行。
通过网上银行的大范围使用，传统业务办理过程中的填写凭证、复印资料等环节均被取消，客户只需在网络客户端提交指令，后续的业务办理就都通过电子渠道完成，一方面降低了银行服务成本和软、硬件的开发维护费用，另一方面有效降低了客户成本，更重要的是通过对传统柜面办理业务方式的替代，提高了整个社会的效率，减少了资源浪费。</td></tr>
</table>

续表

企业名称	公司及员工的环保投入值(万元)	公司及员工在环保方面所采取的行动
招商银行股份有限公司	未统计	2. 推行电子账单服务:自 2006 年提出“电子账单”的概念以来,截至 2009 年底,本行信用卡仅使用电子账单的客户较 2008 年底增长 93.84%(学生卡除外),全年减少账单用纸 8827 万张,节约运营成本达 4527 万元。2009 年 4 月 28 日,本行率先在业内推出了信用卡彩信账单服务,成为业界首个通过彩信向客户发送账单的企业,截至 2009 年底,累计 300 万客户使用该服务。 (三)倡导绿色金融:本行将绿色金融作为自身重点发展领域,将绿色金融的理念贯穿到信贷政策及金融产品开发的各个环节,利用金融工具,促进全社会的节能减排和低碳经济发展。 作为联合国环境规划署金融行动机构(UNEP FI)的会员单位,本行于 2009 年 10 月派团参加了该组织的年度大会与“投资于变革,变革投资(Financing change,Changing finance)”的圆桌峰会,期间本行在发展绿色金融方面所采取的措施和取得的成绩获得了国际同行的广泛认可和高度评价,并为发展绿色金融积累了宝贵经验。 (一)推进绿色信贷发展:本行通过不断完善自身绿色信贷政策,严格控制对“双高”和“产能过剩”行业的信贷,积极支持国家确定的重点节能工程和再生能源项目。 2009 年初颁布了《绿色金融信贷政策》与《可再生能源行业营销指引》,从信贷政策与资产营销方面对绿色金融给予了充分的指导和支持。 一方面,本行高度重视对高耗能、高污染行业的信贷准入管理,强化预警退出机制建设,有效地控制了相关行准入管理,强化预警退出机制建设,有效地控制了相关行业的贷款规模增长。3 月,本行出台《2009 年信贷政策》,强调实施素质工程,坚持有保有压,对高耗能或高污染行业设置了严格的准入标准。在信贷政策的制定过程中,明确环保优先的原则,将国家产业结构调整目录中的相关要求融入信贷政策的准入及退出标准中。 2009 年,本行主动调控“两高”行业的贷款规模和增速,并高度重视资产质量的管控。截至 2009 年末,本行对“两高”行业的贷款余额为 962.45 亿元,占境内公司贷款的 14.88%,比年初下降 1.95 个百分点,不良率为 0.62%。

续表

<table>
<tr><th>企业名称</th><th>公司及员工的环保投入值(万元)</th><th>公司及员工在环保方面所采取的行动</th></tr>
<tr><td>招商银行股份有限公司</td><td>未统计</td><td>
2009 年末招行对“两高”行业贷款情况
单位：折人民币亿元,%
<table>
<tr><th>两高涉及行　业</th><th>余额</th><th>余额在公司贷款中占比</th><th>占比比年初变动（百分点）</th><th>不良额</th><th>不良率</th><th>不良率比年初变动（百分点）</th></tr>
<tr><td>石油加工、炼焦及核燃料加工业</td><td>52.74</td><td>0.82</td><td>-0.26</td><td>0.02</td><td>0.04</td><td>0.00</td></tr>
<tr><td>非金属矿物制品业</td><td>97.24</td><td>1.50</td><td>0.11</td><td>0.32</td><td>0.33</td><td>-0.38</td></tr>
<tr><td>黑色金属冶炼及压延加工业</td><td>152.59</td><td>2.36</td><td>-1.10</td><td>0.34</td><td>0.22</td><td>-0.16</td></tr>
<tr><td>有色金属冶炼及压延加工业</td><td>172.72</td><td>2.67</td><td>0.61</td><td>1.19</td><td>0.69</td><td>-0.44</td></tr>
<tr><td>火力发电</td><td>310.94</td><td>4.81</td><td>-1.44</td><td>2.96</td><td>0.95</td><td>-0.12</td></tr>
<tr><td>合　　计</td><td>786.23</td><td>14.88</td><td>-1.95</td><td>5.92</td><td>0.62</td><td>-0.18</td></tr>
</table>
2009 年，北京分行积极促进环保产业发展。截至 2009 年 10 月，共审批通过了 9 家节能环保类企业的贷款申请，涉及风力发电、高频变压器制造、污水处理、垃圾焚烧等项目，审批金额合计 12.1 亿元。其中，高安屯垃圾焚烧为本行参与的首笔垃圾焚烧项目银团贷款。另一方面，招行积极开展针对环境友好型产业的信贷业务，促进经济的可持续发展与生态的协调发展。“绿色金融工作小组”自 2008 年 10 月成立来，积极开展全行绿色金融业务标准、业务系统的建设及相关产品的开发。目前，本本行正在抓紧建设绿色金融业务系统，通过系统标识来完善对绿色金融业务的统计监测，并实现分析和考核等功能。2009 年，招行累计向绿色信贷领域投放贷款 398.20 亿元，同比增长 59.71%。其中：可再生能源 134.32 亿元，清洁能源 37.01 亿元，环境保护领域 226.87 亿元。
</td></tr>
</table>

续表

企业名称	公司及员工的环保投入值(万元)	公司及员工在环保方面所采取的行动
招商银行股份有限公司	未统计	(二)探索绿色金融创新:在推进自身"绿色信贷"发展的同时,还利用 UNEP FI 会员的优势,积极探索"绿色产品"的开发,不断丰富"绿色信贷"的内涵。2009 年,与国际金融公司(IFC)合作,开展风险分担产品的研发工作,同时致力于开展清洁发展机制(CDM)咨询服务、法国开发署能效及可再生能源低息贷款项目,以及绿色私募基金等新业务。本行于 2008 年启动了与中国财政部、法国政府合作的中法绿色中间信贷项目。2009 年底,该项目一期圆满结束。本行在三家转贷银行中率先完成全部 2000 万欧元长期低息转贷资金的提款,转贷项目涉及风电、生物质能发电、工业节能、建筑节能等领域,有力地促进了所在地绿色经济的发展;合肥分行结合某水泥公司纯低温余热发电技术项目的需求,设计了"法国开发署低息贷款 + CDM 收益"的绿色服务模式,一方面为客户申请法国开发署的绿色低息贷款,另一方面积极为客户寻求碳买家。目前,该客户已经成功得到法国开发署的低息贷款,并与相关碳买家签署了碳减排购买协议。该项目建成投产后,平均发电功率可达 9.0 兆瓦,年发电量为 6,695 ×104 千瓦时;每年可节省标准煤约 2.15 万吨,减少碳排放约 4.73 万吨。
金地(集团)股份有限公司	未统计	在深圳金地梅陇镇项目上,将专业节能咨询机构引入设计环节,借助专业机构的计算机模拟软件 PKPM,对梅陇镇建筑单体节能进行系统分析。得出小区整体热辐射分析结果。以此为依据,我们对建筑开窗率、门窗型材、保温构造、遮阳措施等事关节能的关键环节进行修改,最大程度降低了建筑能耗;在上海格林世界项目中,我们首次采用先进的地源热泵技术,通过与地下土壤、水体进行热交换,充分利用自然能源,为住宅建筑制冷与采暖提供能源,大大降低了业主居住过程中的能量消耗;金地荔湖城项目围绕在一座水质良好的水库周围,拥有非常良好的水资源景观。但是作为以场地雨水为主要补充水源的水库,随着社区的建成,人口增加,流经社区广场、路面、屋顶等建筑设施的雨水极易破坏水库水体质量。为此,我们在荔湖城项目中采用了先进的生态砾石床污水处理技术。即在污水流入水库的通道内,设置专门的净水槽,槽体内按照适当比例添加生态砾石作为接触氧化填料,在生态砾石层上覆盖通透性土壤,并种植生态草坪。应用这一技术后,污水流入水库前分别经过植被的物理过滤、生态砾石层的化学、生物过滤,有效保证流入水库的水质量达标。从社区入住后的水库水体采样检测可以看出,水库的水质没有受到任何影响;以调整规划与建筑设计为代价,沈阳长青湾项目中的 321 棵原生树木,一棵不少地被保留下来。为了在运输过程中不相互挤压,有些树木甚至有一车一树的专车待遇。这些树木与项目所处的浑河岸边景观一脉相承,生机焕发,成为长青湾园林中最动人的风景。

续表

企业名称	公司及员工的环保投入值(万元)	公司及员工在环保方面所采取的行动
深圳香江控股股份有限公司	未统计	以公共交通方式出行。
深圳顺络电子股份有限公司	未统计	公司投入一定的财务和人力建设环保设施;办公室空调温度不得设定低于 25 度;宣传节约用水;纸张双面利用,尽量无纸化办公;环境美化、绿化;对员工进行环保宣传。
深圳劲嘉彩印集团股份有限公司	未统计	研制并使用赛鲁迪凹印机,生产环保产品;研发并生产中式软包烟标,节约资源;参加国家烟草局组织的卷烟包装有机化合物限量标准等多项行业标准制定工作的同时,强化企业内部控制标准,对原辅材料来料、产品制程过程中,如对普通纸张、特殊纸张、UV 油墨刮样、溶剂油墨、醇溶性油墨、水性油墨、转移胶水制定了控制标准,并严格执行,确保产品质量;改造厂区热水系统,节约能源和减少环境污染;更换车间 T5 系列照明灯管和楼阁声控开关,降低照明能耗;投资改造用水管道,制定阶梯水价,鼓励节约用水;2009 年 6 月获得深圳市宝安区环保示范单位。
深圳市美盈森环保科技股份有限公司	未统计	改进生产印刷工艺;锅炉生物能源改造工程;空压机节能改造工程;宿舍区绿色照明改造工程;调墨房整改工程;油库防泄漏工程改造;进出公司的内部车辆节油管理;定额管理用水用电。
深圳市洪涛装饰股份有限公司	未统计	在 2008 年参与国家环保总局制定《环境标志产品技术要求 建筑装饰装修工程》此标准的情形下,2009 年公司装饰设计及施工均以该要求来管理公司的各个项目,并取得一定成果:2009 年 1 月获得装饰协会颁发的《中国建筑装饰绿色环保设计百强企业》;承建的苏州金鸡湖大酒店国宾区(1、3 号国宾楼)室内精装修工程获得中国环境标志产品认证证书。
腾讯控股有限公司	未统计	2009 年 5 月,腾讯在已捐建的 31 所学校内开展“美丽的地球美丽的家”环境大赛;2009 年 7 月,腾讯基金会联合腾讯网启动了“绿手帕飞起来”手帕大赛,以倡导环保;另外,腾讯捐赠 100 万元建设的卧龙大熊猫保护区的大熊猫馆舍已落成启用。
深圳迈瑞生物医疗电子股份有限公司	未统计	迈瑞公司长期致力于社会经济与环境的可持续发展,遵守高标准的环保规范,追求绿色文化,将环保贯彻到规划、设计、研发和制造中。 迈瑞公司根据产生的各类废物、废气,分别按照相关法规要求进行分类处理,使之符合国家相关标准。同时以减量化、再利用、资源化为原则,在技术和经济许可的范围内,最大限度降低资源消耗、减少废弃物的产生,实现资源高效利用和循环利用。目前公司通过选用技术先进、质量可靠的生产设备,提高产品质量并降低设备能耗和排放,生产工艺流程也依据环境保护的需求进行不断的优化和调整,积极开发节能新技术、新工艺,推动可持续能源的使用,避免造成环境污染和生态破坏。此外,公司内部通过空调节能控制系统改造、照明设备调整、5S 管理等手段大力推行节能减排,逐年降低人均资源消耗和排放量。

表2－11　2010年度深圳证券营业部环保贡献

机构名称	公司及员工的环保投入值(元)	公司及员工在环保方面所采取的行动
中国国际金融有限公司深圳福华一路证券营业部	50000.00	中金公司在北京奥林匹克公园认养绿地一块，为绿地义务除草，为首都绿化建设作出杰出贡献。
恒泰证券有限责任公司深圳梅林路证券营业部	20000.00	在环保方面，我营业部坚持一贯的“增收节支”的理念，无论是在用纸、用电或者用水方面，都制定了相关的制度，并且营业部内员工都自觉地遵守制度。
上海证券有限责任公司深圳深南中路证券营业部	11000.00	节水、节电、节约纸张，少用一次性餐具。
国泰君安证券股份有限公司深圳华发路证券营业部	10000.00	提供办公无纸化；鼓励水电等节能控制。
河北财达证券经纪有限责任公司深圳滨河路证券营业部	3000.00	印制环保袋。
国泰君安证券股份有限公司深圳上步中路证券营业部	830.00	普及营业部员工节约纸张习惯，将使用过的单面纸张尽量反面再利用，教育营业部员工上下班尽量使用公共交通工具，节约营业部水电，下班后必须关闭使用的电脑等设备。
国泰君安证券股份有限公司深圳深南中路证券营业部	300.00	参与3.28地球一小时熄灯活动；倡导环保，并向每位员工发放环保购物袋，尽量不使用胶带；鼓励员工出行乘坐交通工具。
国泰君安证券股份有限公司深圳福华三路证券营业部	200.00	倡导环保，并向每位员工发放环保购物袋，尽量不使用胶带；发放保温杯和便携式环保筷子，减少营业部一次性杯子和筷子的使用；鼓励员工出行乘坐交通工具，因公出外统一安排公车。
红塔证券股份有限公司深圳益田路证券营业部	未统计	营业部要求员工节约用纸、用水等，从我做起，把环保切实落实到日常生活工作中。
山西证券股份有限公司深圳蛇口工业七路证券营业部	未统计	营业场所全部更换成节能灯，严格控制日常用电及空调用电。
山西证券股份有限公司深圳华富路证券营业部	未统计	营业部全部更换为节能灯，严格控制照明用电、空调用电。

续表

机构名称	公司及员工的环保投入值(元)	公司及员工在环保方面所采取的行动
航空证券有限责任公司深圳龙华证券营业部	未统计	营业部开展了节能减排活动,采取了一系列措施,取得良好的效果。倡议员工低碳生活。
长江证券股份有限公司深圳后海海岸城证券营业部	未统计	多次会议提倡全体员工拒绝使用一次性方便筷及方便碗,爱护森林,拒绝白色污染;组织全体员工进行“爱健康爱环境”的登山捡垃圾活动,培养员工保护环境,从我、从小做起的良好意识;营业部在办公桌及打印设备上张贴“节约用纸保护森林”的温馨提示,设置废纸回收箱,提倡全体员工节约用纸的好习惯。
中国民族证券有限责任公司深圳深南中路证券营业部	未统计	参加“地球一小时”活动。
财富证券有限责任公司深圳深南大道证券营业部	未统计	2009 年 11 月营业部与管理处联合举办环保活动,动员员工生活中养成良好的环保习惯。
国泰君安证券股份有限公司深圳蔡屋围金华街证券营业部	未统计	午餐建议员工自备筷子等用具,减少一次性用具的使用。打印文件如无特殊要求均采取双面打印。
国泰君安证券股份有限公司深圳华强北路证券营业部	未统计	我部员工在环保方面主要采取如下行动:纸张双面利用;随手关灯、下班时及时关电脑、电源;洗手水冲厕所等。
新时代证券有限责任公司深圳福华一路证券营业部	未统计	尽量减少一次性物品的消耗,加强电子化办公进程,减少纸张的消耗,复印、打印尽量做到双面使用。
信达证券股份有限公司深圳深南东路证券营业部	未统计	员工在环保工作方面采取乘地铁、公交车、步行上下班。
中国银河证券股份有限公司深圳宝安路证券营业部	未统计	提倡员工节约用水、用纸、用电;提倡员工少开车,出行尽量乘用公共交通工具;办公室收齐旧电池,集中到指定的电池回收点处理。
中国银河证券股份有限公司深圳罗湖证券营业部	未统计	我部员工李琳 2009 年被深圳环保局评为:“优秀环保义务监督员”。
中信建投证券有限责任公司深圳市宝安前进一路证券营业部	未统计	对员工加强环保教育,要求员工从工作与生活两方面进行自律。

需要强调的是，环保行动绝非仅仅与环保行业的企业有关，随手关灯、少用塑料袋、闹市开车不鸣喇叭、住环保型房子、少贷款给重污染企业、发行或购买环保型基金、改用电子对账单等行为，都是伟大的环保行动。此外，在2010年度的环保数据中，协会只采集了“社会贡献类数据”，而对各公司造成的环境污染状况了解不够，这也是未来工作中，本报告需要改进的地方。

另外，目前的环境问题是全球化问题，各国都在讲求“低碳”，为此还建立了范围越来越大的“碳交易”市场。中国企业需要思考的是，为什么欧美国家会把制造业放在中国？除了前面讲的“最便宜的世界劳工”因素，制造业会破坏环境、消耗资源也是重要原因。所以，海外发达国家化倾向于把除制造环节以外的其他产业链环节全部控制在手上，除了可控制原材料和销售的定价权而赚取更多利润，将本应该由西方产生的“碳排量”也转移到了中国。因此，世界容易形成“中国越制造，环境越肮脏，西方越干净”的情境。

只有改变利益格局才能从根本上改变利益关系。利益格局即财富创造主体之间财富创造的状态与创富环境（自然环境与社会环境）所形成的利益结构和利益关系。改变利益格局就是改变利益结构，就是从根本上改变利益关系。因此，我们的企业，必须在商业模式创新上多加探索，改变这种从利润到环保的十分被动的利益格局。

第三章
企业社会责任实践案例

第一节　招商银行，因社会而变

日本企业家稻盛和夫说：“公司并不是经营者个人追求梦想的地方，公司应该在追求全体员工物质与精神幸福的同时，为社会进步作出贡献。”招商银行对这一理念非常认同，认为企业是社会权力结构的一部分，应积极融入社会，这不仅会推动企业自身的可持续发展，也会带来社会进步。该行表示，银行业是引导社会资源配置和资金投向的中枢，因此，招商银行除了对股东、客户负责，还会对员工、环境、社区负责，同时关注诚信守法、慈善捐款、扶贫救助等企业社会责任的履行。

1987 年，招行作为中国第一家由企业创办的商业银行，以及中国政府推动金融改革的试点银行，在深圳成立。该行在业界率先打造了“一卡通”多功能借记卡、“一网通”网上银行、双币信用卡、点金公司金融、“金葵花”贵宾客户服务体系等产品和服务品牌。截至 2009 年底，“一卡通”累计发卡 5337 万张，卡均存款为 8791 元人民币；信用卡累计发卡量突破 3000 万张，居于中国业界领先地位，并入选哈佛大学 MBA 教学案例。“一网通”网上银行的技术性能和柜面替代率，一直在同行业中保持领先。“金葵花”服务体系在高收入人群中受到广泛欢迎，至 2009 年底，拥有金葵花客户达 55.3 万户。招行在中国的商业银行中率先调整业务结构，逐渐形成了低资本消耗、低风险、高效益的业务发展模式。

至 2009 年末，招行资产总额为 1.98 万亿元，比年初增长 31.78%；税后利润为 176.51 亿元，每股净收益 0.92 元；机构网点发展到 700 余家，员工 4 万余人，成为中国第六大商业银行，跻身全球前 100 家大银行之列。作为中国最早市场化的银行，招行高度重视风险防范，因此在全球金融危机蔓延的形势下，资产质量依然良好。截至 2009 年底，不良贷款率为 0.83%，准备金覆盖率达 253.25%。面对全球经济运行复杂的新形势，该行适时调整了信贷投放节奏和力度，优化信贷结构，扎实推进经营战略调整与管理变革，践行“银企相拥、共度严冬”的承诺，为中小企业发展提供了有力的金融支持。

招行的企业社会责任战略建立在利益相关方分析的基础上。招行认为，企业履行社会责任的目标是谋求更广泛的利益相关方的合作共赢，实现企业的可持续发展。招行借鉴了国际组织 AccountAbility 的 AA1000SES 利益相关方参与标准，依据责任、影响力、接近度、依赖性、代表性、政策或战略意图等几个方面对关键利益相关方予以界定，包括股东、客户、员工、社会和环境。对每个利益相关方，招行都制定了相应的沟通重点。经过几年的探索，招行已初步建立了以利益相关方为出发点、以社会责任战略为核心的社会责任管理体系，定期审议企业社会责任战略及重大社会责任举措，组织协调各职能部门和分支机构积极履行企业社会责任，计划从 2010 ~ 2012 年，循序渐进地实施社会责任战略，实现社会责任工作的常态化。

持续地、多维度地进行金融产品创新，对客户“因你而变，先你所想”。2009 年，招行持续创新各类金融产品和业务管理平台，针对个人客户、企业客户和同业银行的实际需求，结合招行优势，提供多维度和分层次的产品服务。

创新之一：启用“6S 资产托管综合业务平台”和“开放式平台”。历时 3 年，招行建立起国内首个集托管业务处理和客户服务为一体的资产托管 IT 平台、业务平台、服务平台和管理平台，以缓解国内托管行业中托管银行与资产管理人使用同一套业务系统的集中性系统风险；“开放式产品平台”则通过系统整合跨品牌、跨行业的资源，甄选多样化的优质金融产品，并将之集合在统一的产品平台上，可让客户得到全面的投资资讯和更多的另类产品的投资机会，做到全方位的财富管理。客户进行产品配置后，还可以通过统一的后续产品服务和综合账单，全面了解资产配置和组合收益情况，以前瞻理念，有效保证客户财富保值增值。这是国内涵盖产品类型最广泛、功能最开放的产品服务平台。

创新之二：拓宽理财渠道。2009 年，招行不断地丰富理财产品，将主动管理型和信托理财作为主要创新领域。推出“日日金”系列、“岁月流金”系列和“信托理财”系列等产品，2009 年累计开发理财产品 1772 只，累计发行理财产品 12290 亿元。

随着金融全球化的日益加深，在利率市场化、金融创新层出、混业趋势明显、客户服务需求更加强烈的新形势下，银行同业关系也逐渐转变为合作性竞争关系。2009 年，招行为响应这一变化，推出了“银和理财”业务，接受同业客户的委托，向同业机构及其客户（包括公司客户和个人客户）提供理财方案或产品的业务活动，从而满足金融同业自身及其终端客户的双重理财需求。该产品荣获了深圳市政府颁发的“2009 年深圳市金融创新”一等奖。

2009 年，招行抓住黄金牛市机遇，推出涵括易金、汇金、融金、储金和聚金五大系列的“一金通”黄金业务。至 2009 年底，黄金代理交易机构客户 302 户，代理交易个人客户逾 32 万户，位居上海黄金交易所会员代理开户数首位。该产品的适时推出，增加了客户的理财工具，满足了客户多样化的资产配置需求。

创新之三：为企业开发针对性的服务。针对金融危机中企业普遍面临的信用风险和流动性短缺等问题，2009 年，招行为外向型企业量身订造避险融资、信保融资、账款融资、信用证保兑和外汇汇款等点金贸易金融“同舟共济”五大系列方案，这一专业的金融服务项目，加速了企业资金的流转，提升了企业的抗风险能力，有效协助了外向型企业共渡难关；招行在加大对中小企业信贷力度的同时，还根据满足中小型企业现金管理需求，完成并上线了重点产品“超级网银”，提供标准化的账户管理、交易管理、资金归集等跨银行现金管理的服务，该服务能够完成网上透支支付、网上电子回单、网上银关通交易、额度查询等功能。同时招行还致力于研究指纹验证数字证书的开发、创新完成物流付费通产品，开拓了面向具体行业的专业电子商务领域。

优化信贷资源，给力中小企业。2008 年下半年爆发的金融危机冲击了全球金融体系，招行加大了对实体经济的信贷支持力度，不仅帮助客户平稳度过金融危机，还帮助部分客户抓住了危中之机，开拓了新市场。

至 2009 年底，招行自营贷款余额达 1.13 万亿元，比年初增加了 2960 亿元，同比多增 1356 亿元；年增幅 35.51%，同比提高 11.69 个百分点；同时，加大信贷政策对经济社会薄弱环节、就业、战略性新兴产业、产业转移等方面的支持。

2009 年，招行信贷主要投向制造业、批发和零售业、水利/环境和公共设施管理业、房地产业、租赁和商务服务业、交通运输/仓储和邮政业等六大行业。上述六行业年信贷增量约占总增量的 89.75%。

中国中小企业经济总量已占国民经济总量的70%以上，但融资难也正成为中小企业发展的瓶颈。2009年，招行积极推进中小企业金融战略，助力中小企业发展。

在体制层面上，一是加快准法人的小企业信贷中心的发展，在苏州、上海、杭州、南京、宁波、北京和东莞等城市建立了20家分中心；二是正式启动分行中小企业专业化经营改革，在7家试点分行成立首批中小企业金融部，专门负责分行中小企业业务的营销、管理和授信审查。

在营销层面，打造多渠道的营销体系。针对小企业的融资特点，小企业信贷中心着重加强了营销渠道的建设，重点打造了五大服务平台，即政府部门，工商联、行业协会和商会，担保和风投公司，专业市场以及网络运营商等平台。目前已经在长三角地区的五大区域全面启动了小企业“伙伴工程”，分别与江苏省中小企业局、上海市工商联、宁波市民营企业协会、苏州工业园区政府和南通市工商联签署了长期合作协议，建立了持续的小企业营销渠道。在产品开发层面，招行改变业务品种、产品类型，通过增强过程控制、创新产品组合和引入外部信用等方式主动为企业进行信用增级。根据中小企业特点推出了符合其需求的业务品种和系列业务支持系统，为其提供了重要的支持和优质服务。其中，小企业信贷中心开发并推出了“易速贷”、“贸易融资贷”、“特色贷”等5大系列30多种产品，构建起中小企业的“金融产品超市”。2008年，招行成立了国内首家小企业信贷中心，2009年进一步加大对中小企业的信贷投放力度。至2009年末，其中小企业客户数达到12620户，占全部公司客户的82%，中小企业贷款余额为3083.70亿元，比年初增加878.33亿元，占境内企业贷款的47.68%，比年初提高了4.6%。

2010年是招行实施二次转型的第一年，该行把二次转型的战略思想融入企业社会责任建设中，希望实现二者的有机结合，关注社会整体利益，例如，杜绝向只顾经济利益、不顾社会道德和责任的企业及不符合国家环保和产业政策的授信；稳步推进零售业务发展，构建零售银行全方位的产品和服务体系，提升对居民个人金融服务能力；进一步提升对中小企业的金融服务能力，在加大信贷投放力度的同时，为中小企业提供量身定做的个性化金融服务；推进综合化、国际化进程，为企业和居民个人提供“一站式”境内外金融服务；加大员工培训力度，助力员工职业发展。

第二节　“走正道”的万科

2009年，万科所坚持的价值观未曾改变，但对其企业社会责任报告的定位有进一步调整：检视自身社会责任履行情况，与利益相关者共同探讨得失，并寻求各方对万科的社会责任目标的理解与支持。

汶川大地震及万科所完成的震后无偿捐建，令万科审慎思考企业在灾害发生时履行社会责任的程序与实质，以及企业在其中所能发挥最大作用的方式；哥本哈根《联合国气候变化框架公约》缔约方第15次会议，让万科意识到，环境保护和可持续发展，已成为优胜劣汰的现实商业竞争门槛，而不仅仅是一小部分理想主义者的道德探索；新启用的总部大楼万科中心，重新定义了企业与公众之间的空间关系。万科的研发重心已投入到如何兼顾性能与成本，让更多社区应用已经在万科中心、万科城四期中所检验过的理念和技术。一幢在建商品房的倒塌、一年超出大多数人预期的房价高涨、一部电视连续剧（《蜗居》）的流行，进一步凸显了万科长期以来所关注并为之努力的核心社会责任：质量安全、行业秩序和公信力、关注普通人。

万科认为，社会责任从来不是可有可无的装点，而是决定一个企业存亡、一个行业兴衰的核心价值所在。如果房地产业失去了公众对产品的质量信任、如果房地产业脱离了大多数人需求和实际承受能力，行业中规模最大的万科，将何以为继？企业社会责任的实质，是企业必须正视与各种利益相关者的关系，在差异甚至冲突的利益相关者诉求中平衡、协调、妥协，并继续其经营和发展。

经商中抓住最核心的社会责任

在万科，有7个常设机构、2个跨部门协作机构、1个临时性机构与2个其他机构，来负责与利益相关者的沟通、企业社会责任的落实。

万科最核心的社会责任，是为更多的人提供住房、改善居住环境，并通过推动社区成熟发展，来参与城市发展。在此问题上，万科面临的挑战是：如何为更多普通人提供商品住房？如何带动社区发展提高社区成熟度？如何在大起大落的土地市场中保持审慎的投资态度？如何减少客户与开发商之间的信息不对称，以帮助购房者理性购房？如何在规模增长的同时保障产品质量？

万科在战略上的应对包括以下几个。

•较高的普通住宅配比，满足首次置业和首次改善性置业的社会需要。到2009年12月底，万科历史累计售出237671套住宅，其中首次置业、首次改善性置业类的产品套数已达当年总套数的67%，1房和2房户型占当年销售面积的51%。

•带动社区发展。2009年，万科通过商业活动而开展的基础配套设施包括：幼儿园35个，小学7个，医务室7个，会所43个，各种商业配套545960平方米。这些设施的交付使用，提高了社区的成熟度。

•审慎投资与稳健运营。2007、2008、2009年市场剧烈波动，万科坚持不拿地王，并进一步提高周转率。2009年末净负债率为19.7%，总资产周转率为0.38，在业内处于较高水平，土地储备保持在3年动态开发的规模。

•持续贯彻不利因素公示、公开投诉渠道。2009年3月，万科设立集中电话回访中心，对签约、交付、维修、投诉等业务开展客户回访，加快产品和服务改进的速度；公司门户网站设论坛“投诉万科”，供客户发表意见和建议，并承诺在一个工作日内回应。已持续运行9年；万科是最早实施、至今也是唯一一家在所有在售项目中贯彻红线内不利因素公示和项目红线外一公里不利因素公示的开发商。

做万科员工的好处

至2009年底，万科有在册员工17616人，较上年增长6.67%，员工的平均年龄28岁。

为让员工胜任自己的工作，并满足其自我成长的需求，2009年万科集团地产系统全年共举办课堂培训约2000堂次，培训涉及约45000人次，培训总时间约4200小时；其电子培训平台V-learning在线网络学习达37140人次，学习总时间2008467分钟，人均54分钟。

除了专业和管理类培训，万科还为全体职员提供诸如宏观经济、兴趣爱好、投资理财等各方面的培训。周四是万科的“学习日”，该培训系列围绕“建筑魔法院”、“阳光关爱”、“设计实战堂”、“营销商学院”、“媒体大讲堂”、“大师开讲”等主题开讲，全员均可参加。万科在线学习系统V-learning平台，有超过200门网络课程，覆盖了房地产开发流程的各个环节以及有效沟通、辅导下属、激励、授权等通用管理方面，全员可随时随地登录学习。

“阳光照亮的体制”是万科倡导的核心价值观之一。万科员工有12条沟通渠道可以维护、主张和申诉自己的权益，这些沟通渠道分别是：（上级经理）门户开放、吹风会、“我与总经理有个约会”、高管“面对面”、员工关系专员、职委会、工作面谈、工作讨论和会议、Email 给任何人、网上论坛、职员申诉通道、员工满意度调查以及公司的信息发布渠道。2009 年，集团总裁与总部全体员工有 2 次面对面，人数约 450 人次；与新员工有 9 次面谈，人数约 400 人次，与各一线公司员工有 60 次面谈，人数约 1200 人次；四大区域负责人在各区域内共进行面对面 20 次，人数约 1000 人次。

万科拥有劳资谈判机制：全员民主选举成立、以员工为代表的万科工会委员会，是代表全体万科职员的利益并为之服务的机构，发挥着参与、沟通、监督的三大职能。

集团各级工会依法代表员工与公司就劳动报酬、工作时间、休息休假、劳动安全卫生、职业培训、保险福利等事宜进行集体协商。各公司坚持和完善以工会委员会为基本形式的职工民主管理制度，加强企业民主管理，维护员工合法权益。2008 ~2009 年度集团工会委员会共参与涉及员工权益的规章制度的协商讨论共计 13 次 15 项，其中包括万科《职员手册》、绩效考核方案、加班管理办法、休假制度、保洁绿化外包方案、不定时工作制、员工内部购房制度、员工关爱计划、集团统一福利制度、绩效调薪方案、职员职务行为准则等的制订与修订，职委会共向集团有关部门提出意见建议 48 条，获得采纳23 条。

集团工会委员会 2009 年向公司提出的提案，全部得到了反馈，大部分得到了解决。例如司机超额加班和加班费的问题得到了较好解决。针对怀孕女职工在新装修的办公楼上班的顾虑，公司批准怀孕女职工可以短期在家办公，也可以申请提前休产假和 2010 年带薪年休假。

万科工会委员会《章程》第十条规定“委员在工会委员会议上的发言不受追究，除经主席批准之外，会议内容和记录不得公开；委员在任职期间，未获得工会委员会同意，公司不得辞退”。制度上保护委员反映员工的诉求，履行自己的职责，也能保证工会委员会的意见不受管理层的左右。2009 年，经员工自荐报名和 10643 名员工无记名投票选举，选举出新一届万科工会委员会委员 110 名。

公司设有内部流动机制员工提供了企业内的成长空间和职业选择自由，员工可以选择最愿意工作的城市，最愿意合作的团队和最愿意从事的岗位。这一方式有效地减少了人才流失。2009 年全年，万科集团地产系统共有 464 人次变更了自己的岗位或者工作所在地，内部流动率 13.6%，其中有 363 人次在公司、部门内流动，131 人次在跨地域公司间流动。

每年万科都会聘请专业的管理咨询公司作为第三方（2006 年和盖洛普合作；2007 年和华信惠悦合作；2008、2009 年和翰威特合作），开展全员满意度调查，针对员工不满意或有抱怨的问题，找出管理上的根源问题，制订行动计划并采取有效措施，提高员工对公司的满意度和信任度。

2009 年调查显示，万科的全员满意度一直稳居于高绩效雇主地带，高于地产行业平均水平。在职业发展、重视员工、成就感、工作资源、绩效评估、工作流程、高层领导等方面，员工都给予了较高的评价；尤其是对于公司声誉、企业文化和战略导向，更是员工肯定公司、热爱公司的核心因素。

万科每年初都会召开专题的员工满意度研讨会，推广在员工满意度方面提升快、做得好的公司经验和有效措施，让其他分公司借鉴；同时让各分公司在解读满意度调查结果的基础上，结合公司战略目标和实际情况，制定年度员工满意度提升计划；在年中时集团通过实地走访、抽查访谈等方式对各公司的提升计划的实施情况加以了解，以修正计划。

2009 年万科无员工因公死亡事故。2009 年万科地产员工无工伤，物业员工工伤 72 例，原因主要包括：交通事故、制止抢劫盗窃、被业主狗咬伤、工作期间摔伤扭伤等。万科物业在新员工入职时都会对员工进行《职业安全》和《避险与急救》等安全培训。公司员工都购买了社会保险和意外商业保险，为员工购买补充商业保险提供资助，并鼓励员工加入旨在增强万科员工抵御生活中灾难性事件能力的“共济会”。

为帮助员工及其家属应对重大意外与严重疾病而安排的教育、培训、辅导、预防和控制风险之工作计划，万科集团和下属公司都有专职的员工关系专员，负责员工健康管理工作，每年安排全面且有针对性的年度体检，并邀医院医师或健康管理专家给公司员工进行健康知识的普及或专题讲座。万科集团所有在 2009 年底以前入职的员工均接受过健康体检一次，公司还设立了员工共济会和员工关爱计划。自万科员工共济会设立以来，已有 34 位遭遇重大灾难性事件的会员获得了共济会的援助，总计援助金额 187.5 万元，其中 2009 年 1 月 ~2010 年 1 月已获援助会员 10 名，援助额 53 万元。万科员工关爱计划，是在员工及其家庭遭遇灾害、疾病等意外情况时，公司能够施以援手，使其得以缓冲，不致坠入生活困顿而影响家庭成员的基本生存或基础教育。2009 年员工关爱计划援助 30 名员工，援助金额 11.01 万元。

2009 年，万科集团及各分支机构向社会开放了超过 100 个实习岗位，接收了超过 20 所海内外大学的实习生，向实习生所提供的实习时间长度在 1～6 个月。实习生除获得工作指导和积累实践经验以外，还将获得独立开展项目的机会，并与公司管理层进行交流。万科的相关专业机构，也向非营利性教育机构提供无偿的培训支持，包括提供讲师、开设课程、参观讲解和课题合作。

对客户“透明”

2009 年，万科将“客户关怀工作执行情况”作为一线公司第一负责人工作绩效的关键指标，且考核成绩与年终奖金挂钩。2009 年设置了“客户关怀特别奖”、“客户满意工程奖”和“物业管理客户服务满意奖”，鼓励客户满意度提升。

万科坚持透明销售，销售案场 100% 设置“阳光宣言”展板，向客户详尽介绍项目红线内外不利因素、租售信息、万科客服热线等情况，并在所有销售人员的名片、公司销售资料上印制监督电话；同时，万科客户关系部门通过定期的神秘访客与例行“6＋2”步法检查、实施奖惩制度等措施，确保所有销售案场均按集团要求展示所有相关信息。在产品已售未交过程中，万科向客户提供装修房两次工地开放，毛坯房一次工地开放服务，并定期制作《万科家书》发至所有准业主及通过网络展示，以供购房者了解所购房屋的工程进度及社区周边变化；在客户入住之后三个月、一年等时间节点，万科会对客户的居住情况进行回访，并提供房屋保养与质量检查服务。

从 2002 年开始，万科每年都聘请独立第三方机构“盖洛普”跟踪监测万科在客户忠诚度、满意度等指标上的状态及变化趋势，识别万科在产品、服务、客户关系等方面的优势与不足。2009 年万科集团客户满意度调查显示，万科集团客户满意度继续处于行业领先水平，销售服务满意度有所提升，房屋设计满意度与 2008 年基本持平，物业服务满意度略有下降。根据满意度调查结果，集团总裁牵头对满意度落后公司进行重点帮扶，客户关系部门对满意度提升计划的长期跟踪，集团范围内服务精益流程的大力推广，不断缩小各城市公司、各项目之间的服务差异，提升整个集团的客户满意度水平。

为了持续提升产品质量，控制项目安全生产风险，鼓励一线员工勇于承担质量管理责任，万科2009年实施了《质量管理“拉闸”制度实施办法》。对于出现可能造成质量系统性缺陷的风险、现场管理失控、存在重大安全隐患、发生安全事故或因工程计划工期压缩过多对产品质量构成威胁时，对项目或公司实施“拉闸”整改。项目或公司被“拉闸”后，相关主体须在整改结果经评估合格后恢复正常运作。

2009年，万科是国内首家通过系统的实测实量数据体系、开展住宅产品质量控制的企业。此举减少了土建施工材料和后期装修材料的浪费，降低了建筑施工损耗和建筑垃圾排放，提升了上下游企业工厂加工的集中度和生产效率，将住宅产品的建造精度推进到毫米时代。2009年，万科新开工住宅中装修房比例达到79.5%。相对毛坯房，装修房大约增加50道工序，36项停歇点验收，供应商数量增加1/3。通过实测实量、模拟验收、部品集中采购以及推行装修房现场集中加工，万科已实现连续三年集中交付缺陷率下降，从2007年2.6条/户，2008年1.35条/户，下降为2009年1.22条/户，在装修房满意度第三方同行对比调查中处于行业领先水平。

万科从每年营销费用中拨出一定比例投入客户忠诚基金，用于已入住社区的配套设施完善，解决客户居住生活中的新增需求，尤其关注儿童和老年人相关的公共设施添置、维护和改造。2009年，万科投入3706万元用于客户忠诚基金。近3年的累计投入已超过1亿元。

主动披露重大投诉事件和质量问题

2009年1月，上海万科金色雅筑项目交付后，出现较为普遍的房屋渗漏问题。经分析检测，原因在于项目建造局部采用新工艺，工程参与各方对新工艺把握不够成熟。万科对该项目所有质量瑕疵进行了全面修复，并依据合同给予业主经济补偿。

房地产企业纳税最多

万科多次进入“中国企业集团纳税五百强排行榜”，并位列中国企业集团房地产行业纳税十强排行榜榜首，2007年、2008年、2009年公司分别实现纳税额53.1亿元、82.5亿元、74.9亿元。除集团获得纳税冠军外，按独立企业纳税额排名，万科旗下的深圳市万科房地产有限公司、佛山市万科房地产有限公司、上海万科房地产集团有限公司、东莞市松山居置业有限公司、北京中粮万科假日风景房地产开发有限公司、苏州南都建屋有限公司、佛山市万科置业有限公司等子公司，也曾多次进入“中国独立企业房地产行业纳税百强排行榜”，使万科成为子公司入选数量最多的房地产集团。

向社会输出“能力”

万科认为“能力越大，责任也就越大，”他们感到自身面临如下社会议题的挑战：如何为改善更广范围内的劳工状况做出努力？如何划分企业社会责任与企业公益慈善行为？如何将专业能力和资源结合到社会公益事业中去？万科做出的行动回应包括以下几种。

①与供应商、承包商在劳工状况方面的自律与协作。至2009年底，万科集团共有总包单位76家，100%的战略总包和97%的非战略总包通过了ISO9000质量管理标准和ISO14000环保标准以及涉及控制组织职业安全卫生风险，改进组织职业安全卫生绩效的OHSAS18000认证标准。

②完成汶川地震灾后无偿捐建，并推广防震减灾技术应用。至2009年12月底，万科所参与的汶川大地震应急救援与无偿捐建工作全面完成并交付使用，总投入为124621577.88元。通过系统整合应用多种技术措施，万科所有捐建项目均实现了建筑主体九度设防。设有抗震技术展示厅的遵道学校，从建设到交付，已有逾百批次、数以千计的参观者和考察团队来访。万科还通过支持或参与“映秀镇灾后恢复重建国际研讨会”（四川省建设厅主办）、“抗震建筑人才培养项目”（由中国建筑设计研究院与日本国际协力机构JICA具体实施）等研讨和交流来推动行业对防震减灾的认识和应用。

③以万科公益基金会为主开展公益慈善，在2009年开展8个公益慈善项目，计划投入887.6万元。45%投入孤贫儿童大病救治等扶贫助残项目，46%投入四川地震灾区的重建和社区发展，剩余9%投入救援救助及其他项目。

④鼓励员工参与社会志愿服务，支持社区中的社团发展和公益活动。万科将能力输出和社区参与作为企业参与、推动社会公益事业的重要方式。2009年，万科志愿者数量超过400人，志愿服务时间超过2000小时。此外，还有20多位万科员工承担了近60个不领取薪酬的社会职务。在万科的支持下，14个非政府组织和非营利性组织在万科社区开展了活动，参与业主数量超过十万人。

2009年度，万科新增申请的专利数量为5项，在“商品住房标准化”和“工业化建造技术”累计取得71项专利证书。万科参与9部专业标准的起草和编制，涉及建筑结构和建筑性能等方面，其中一部已经通过了政府部门和专家的评审。这些标准的编制，将为产业化住宅的推广提供行业法规依据。2009 年万科接待了超过 6900 名访问者，就防震减灾、住宅产业化、建筑节能与环境保护等议题进行了大量的交流传播活动。其中，超过 100 批次、约 1000 人次，到访位于四川绵竹的遵道学校，参观万科在其中综合应用的防震减灾技术；有 187 批次、约 2600 人次，到访位于东莞的万科建筑研究中心基地，参观并交流住宅产业化技术。有 269 批次、约 3300 人次，到访深圳市盐田区的万科中心，参观并交流建筑节能与环保技术系统应用。

第三节　腾讯最大的愿景是“受人尊敬”

在深圳资本圈企业中，腾讯凭其 2009 年度第一名的捐赠额（人民币 8200 万元）和一系列善举，坐上了 2010 年度深圳资本圈企业“首善”的椅子。该公司最大的愿景是成为“最受尊敬的互联网企业”。目前，其一骑绝尘的赚钱能力已让人敬佩，而该公司正在做其他努力，争取在更多方面赢得尊敬。

2008 年 11 月 11 日，该公司首次发布《腾讯企业公民暨社会责任报告》，这份报告系统地阐述了腾讯这家中国最大的互联网企业渴望追求“企业公民”身份的实践和思考。作为中国互联网界为数不多的企业社会责任报告，该报告的发布，显示中国互联网业正步入积极践行社会责任的时期。

2009 年度，腾讯开创了互联网公益的 2.0 模式，影响到数亿网友的公益习惯。该公司利用 WEB2.0 时代网友关系链威力，探索与腾讯产品和服务结合，开发和推出各种公益性产品，向更多人推广和传递公益和爱心理念。2009 年，腾讯扶贫救灾捐赠金额超过 2300 万元。该公司在自身捐赠和建立自己的重大灾难紧急救援平台的同时，更整合其网络资讯和在线平台，建立了民间扶贫救灾的网络模式，号召和发动网民参与联动救助，以在孤儿救助、青少年心脏病救治、重大灾难救助等方面发挥作用。此外，腾讯还就乡村教育扶贫发展、公益新闻环境等方面，展开了企业社会责任实践。例如联合企业公民委员会，推动企业公民和企业社会责任意识和理念在中国的普及，第三次启动“优秀企业公民论坛和表彰”活动；联合《公益时报》，探索中国公益新闻环境的发展途径，启动第二届公益新闻评选表彰活动。

自2004年以来，腾讯公司内部员工为响应公司做“最受尊敬的互联网企业”的号召，自发组织了“腾讯志愿者协会”。目前，腾讯有一支上千人的员工志愿者队伍，其中包括以马化腾为首的公司中高层领导和各部门核心骨干，利用业余时间具体负责腾讯公益慈善基金会，包括教育发展，高校人才发展在内的各个项目的组织实施。例如腾讯5年来一直坚持开展植树造林活动，兴建“腾讯绿色林”，腾讯员工志愿者累计种植树木1000余棵；助孤助老等日常义工活动；青少年安全上网绿色培训；衣物募捐给灾区等活动，均由腾讯志愿者自发组织。2009年，该公司700余人次的志愿者累计为社区和公益组织贡献了服务。

2009年1月，腾讯秉承对灾区人民的持续关注，利用覆盖成都、西安、重庆、武汉四地的网络触角，联合四地铁道部门，发起“送灾区人民回家过年”的公益活动倡议。最终2143位灾区同胞领取到了爱心车票，成为爱心专列的快乐乘客；春节前夕，腾讯启动“手牵手回家过年”公益活动，为在外打工的川籍民众免费提供火车票，让他们与家人一同过年。

2月20日，中国羽毛球队总教练李永波带领川籍教练钟波、陈兴东和男队队长蔡赟一行，与腾讯公司总裁助理高级副总裁刘春宁、越海物流有限公司董事长张泉一同来到四川省地震重灾区广元市元坝区。为通过汤姆斯杯奖牌拍卖和全队球衣球拍拍卖筹得约170万元所建的“羽球越海春蕾小学”进行更名揭牌仪式和运动场奠基。

3月，由腾讯公益慈善基金会主办，QQ宠物项目产品部协办的“美丽的地球，美丽的家——腾讯公益杯环保美术大赛”面向腾讯公益慈善基金会2007～2008年在全国12个省援建的30所中小学学生举行；腾讯还启动了灾后教师的心理重建项目，为都江堰、北川的教师开办了多次心理重建工作坊。

6月，“腾讯月捐计划”启动，探索在常态下运用网络让民众参与日常性的捐赠行为。已有爱德基金会、扶贫基金会、中国绿化基金会、中国儿童少年基金会等加入到该“月捐计划”，网友可通过腾讯公益网平台每月向指定的上述公益组织捐赠10元，已有30多万网友开通了“月捐计划”，累计为公益组织募集善款超过1000万元。

6月3日，腾讯公益慈善基金会宣布投入5000万元，在贵州、云南两地启动一项名为“腾讯新乡村行动”的公益计划，并签署了框架协议，宣布了近期该行动的一揽子计划。未来5年，腾讯将在当地开展以教育发展帮扶为主，兼顾环境保护和少数民族非物质文化遗产保护与传承在内的一系列公益项目，为云贵地区的教育、文化和经济发展作出贡献。

6月，腾讯基金会联合重庆市委宣传部启动了“灯塔行动”，计划在3年的时间内，捐赠300万元，在重庆边远地区建设30~40所梦想空间。

6月22日，腾讯首届公益高校论坛在中山大学隆重举行，这也是全国首家由企业基金会组织、面向高校大学生的公益性论坛。在论坛，各界名人将走进全国高校，通过公益讲座及对话的形式，将公益理念深入高校大学生，传播公益文化，把公益实践融入日常生活中。

至2009年7月，腾讯在全国各地共捐建了31所学校。自2007年5月以来，腾讯公益慈善基金会捐赠近千万元，进行校舍、宿舍等设施建设，以改善贫困地区的办学条件，提高当地教育质量。

8月，台湾地区水灾后，腾讯更是第一时间捐出200万元，并发起网络募捐，为壹基金募集资金40万元。腾讯捐赠1100万元给儿童少年基金会，用于先天性心脏病儿童的救治工作，并成立腾讯网友爱心基金，启动网救童心项目，发动网友参与先天性心脏病救治的网救至今已经为儿童少年基金会募集资金超过200万元。同时，腾讯捐赠1000万元给壹基金，用于以灾难救助为主的各个公益项目。

9月，腾讯推出“QQ公益图标”，通过腾讯公益网平台给公益组织捐款的网友，可获爱心积分，并在QQ客户端资料卡首位显示公益标识（被网友称为“QQ首席图标”），在关系链的广泛互动中鼓励了向善、献爱心的人际氛围。

10月，为推广“腾讯月捐”计划，腾讯结合QQ农场，推出“爱心果”公益产品。凡通过腾讯公益网参加“月捐”计划的网友，均得到“爱心果”大礼包，包括“爱心种子和爱心化肥”等专门礼品，在自己的农场种出爱心果。

11月，腾讯QQ秀产品推出“公益月捐徽章”。参加“月捐计划”3个月及以上网友就可领取银质公益月捐徽章，参加月捐6个月及以上可领取金质公益月捐徽章。网友领取后的徽章将展示在QQ对话框头像上，让其他好友看到。腾讯基金会还和SOSO、QQ邮箱开发了各种应用性公益产品。

在乡村教育扶贫发展项目上，腾讯在云贵两县一州启动“腾讯新乡村行动”，计划在未来5年内，捐赠超过5000万元开展一系列以教育为核心，兼顾当地民族文化传承的公益项目，其中包括捐建100个以上的“腾讯梦想空间”，通过网络缩小城乡教育差距。该公司还在贵州开展了400余人次的西部乡村教师培训，建设了6所梦想空间和6所阳光操场；在迪庆捐建的尼西完小也已经正式动工。2009年，腾讯基金会共在6所高校增设了腾讯科技卓越奖学金，同时开展了全国性的腾讯创新大赛，鼓励大学生的创新精神，并资助川大、西南政法、社科院等高校院所开展互联网知识产权和新媒体发展等公益科研研究。腾讯基金会在中山大学、华中科技大学共举办两届腾讯公益高校论坛，让学者、名人和大学生对话公益，在大学校园里引发了巨大反响。同时，资助了北航和人大学生社团的两次公益活动。

鉴于目前中国公益事业与社会发展的需求相比，制度设计较为滞后，民间公益基金的运作、规范和管理更在起步阶段，因而腾讯公司旗下的“腾讯公益慈善基金会”被寄予了“探路”厚望。一位署名“轻舟击水”的作者在媒体撰文说，看到该基金会的网站内容非常丰富，覆盖了公益慈善的资讯、项目、捐款计划、论坛博客等多方面内容，但尚无善款具体使用情况的公示。当然，按照中国《基金会管理条例》，非公募基金会没有向社会公布其资金使用详情的义务，但对于腾讯基金会这样一个规模上亿的公益慈善组织来说，仅达到“不违法”的底线，是不能完全满足社会期待的。如果它能采取合适的方式，对腾讯基金会运作情况及善款运用的决策过程和具体去向进行公示，则具有很多法律规范之外的意义，必将推动民间公益事业的发展，扩大其影响力。这位作者进一步指出，何况据腾讯基金会网站，除腾讯公司捐款1.22亿元外，腾讯公益网网民捐款也达到了5334万元（为规避法律，网友善款不是捐给腾讯公司或腾讯基金会，而是直接捐到网民自选的捐赠项目的公益组织）。如今，网民捐款计划已成为腾讯基金会的一项重要工作内容，因此，若腾讯基金会能够主动多一些承担公募基金会的义务，为民间公募基金今后的发展多做些运作与监管的探索和示范，也将是腾讯及其基金会在具体公益慈善项目之外的功德了。

第四节　中兴通讯：全球供应链上的社会责任

中兴通讯凭借有线产品、无线产品、业务产品、终端产品四大产品领域的实力，成为中国电信市场最主要的设备提供商之一，并为全球140多个国家的500多家运营商，包括全球众多顶级跨国运营商，提供受欢迎的产品与服务。

现代社会，企业逐渐成为社会经济的主体。该公司认为，企业除了获取经济利益，还应该为员工和国家带来福祉，促进社会和环境保护的可持续发展，以及在海外对社区作出贡献，承担社会责任。2009 年 2 月，中兴通讯正式成为联合国全球契约组织成员，希望将全球契约及十项原则融入其经营和文化中，不仅在中国，在全球各地所涉及的社区，都要对当地经济、科技、社会作出贡献，包括培训人才、员工本地化率，促进当地就业等。该公司将企业社会责任提升到企业战略高度，认为企业社会责任与公司业务发展是紧密结合、互相推动的，其愿景之一，是成为全球企业社会责任的领导者。

至 2009 年底，中兴通讯在全球提供 7 万多个就业岗位，这些岗位不论种族、年龄、性别、宗教、信仰等因素，其中女性员工占员工总数近 30%，雇用残障人员 100 多人、少数民族员工 1700 多人。为除中国以外的 100 多个国家的当地居民提供就业岗位，海外本地化率达到 65%。

2009 年 7 月 26 日，埃塞俄比亚总统吉尔马・沃尔德・乔治斯吉尔马出席一个儿童福利院慈善捐款仪式时说，中兴通讯公司在建设埃塞俄比亚全国电信网项目过程中，积极融入当地社会，做了许多回馈当地社会、惠及普通民众的事，在当地树立了良好口碑，已成为当地最受欢迎的外国企业之一。中兴通讯公司自进入埃塞俄比亚市场以来，在帮助埃塞俄比亚建设全国电信网项目的同时，亦积极参与当地社会公益活动，包括向儿童福利院捐款、捐赠设备修建培训中心、参与志愿者活动、义务教授汉语等。

近年来，中兴通讯一直致力于与其全球供应商紧密合作，持续评估，测量和改进双方的企业社会责任水平，推动供应链整体受益和提升。

为建立更加融洽的合作关系，中兴通讯始终以成为供应商最佳客户为目标，鼓励供应商成为有社会责任感的企业，与供应商一起分享技术，市场和管理经验，帮助供应商成长。

2008 年，中兴通讯首先对部分终端类主要供应商进行了企业社会责任方面的现场审计。

2008 年 8 月开始，制定了全公司供应链整体企业社会责任推动执行方案，包括现场审核，问题点跟踪，供应商的经验交流等方面。中兴通讯与供应商在社会责任、环境管理等领域开展深度合作，共同打造中兴通讯绿色产业链，主要体现在：

积极有效的供应链CSR培训：2009年，中兴通讯供应链相关部门按照培训计划进行了大规模的全员培训，培训内容不仅覆盖了ROHS，ISO14001，OHSAS18001，SA8000，QC080000等标准和基础，更重点学习并贯彻了企业社会责任（CSR）的要求与实施方法。目前，已有51人通过了内部的培训测试，20人通过了外部的培训认证。

严格公正的供应商引入机制：为了使供应商更清晰地了解中兴通讯在供应链企业社会责任方面的要求，公司在电子商务网站的注册模块加入企业社会责任要求的调查，对每一个新供应商进行调查，与国际专业组织接轨；颁发了“供应商基本行为准则”，中兴通讯的供应商必须遵循中兴通讯“供应商基本行为准则”和当地的法律、法规。此外，中兴通讯在引入供应商的全部流程中倡导供应链的多元化，鼓励不同文化、民族，不同发展特征的供方公正平等地参与供应链的所有合作，同时也辅导供方发展各自的多元化供应链。

2009年，中兴共引入新供方638家，其中对406家供方进行了现场的实地审核，并识别出共105项CSR方面的不符合项目，通过对不符合项目的统计分析制定出针对性和重点性的辅导提升计划。

现有供方企业社会责任水平持续提升：2005年起，中兴通讯一直坚持定期对现有供方进行“供方管理培训”的活动。旨在帮助供应商了解中兴通讯对供应商工作条件的期望和要求，以确保供应商的员工得到尊重，并遵守所有适用的法律法规。这将便于供应商更好地检查工作，改进不足。至今已经有100多名供应商的商务质量经理参加了这项培训。

2008年，中兴供应链重点对100多家手机产品的供应商进行了企业社会责任评估，识别出34家企业社会责任高风险供方，并对其中的28家进行了企业社会责任专项现场审核，共发现92项企业社会责任不符合项目，96%的不符合项目前已经关闭。

2009年中兴通讯供应链重点对系统产品的供应商完成500次以上的监督审核，识别出53家企业社会责任高风险供方，并针对每家供方制定了持续改进提升方案。

优质的全球客户服务：其全球客户支持中心为客户提供7×24小时的技术支持和快速反应的现场排障服务；拥有9个产品子中心、多个先进的实验室和一支训练有素的技术支持工程师团队；拥有完善的技术问题解决方案库和先进的模拟实验室环境，全球范围内快速有效地调度和使用技术资源，有力保障了中兴通讯全球客户方便快捷地享受技术支持服务。该公司在全球陆续建设了8个区域客户支持中心（RCSC）、37个本地客户支持中心（LCSC），搭建了由本地、区域、总部组成的三级技术支持服务体系和稳定的本地化现场支持队伍，通过在线支持、远程诊断、现场排障等多种服务方式，保障客户在网设备的安全稳定运行。

客户满意度调查：中兴通讯聘请国际知名咨询公司（尼尔森 Nielsen）每年进行客户满意度调研，并对历年数据进行比较和分析，作为下年度品牌、产品、服务实施改进的最重要依据。2009年中兴通讯向欧美高端运营商市场拓展时，也遇到了欧美高端运营商客户服务需求的挑战，该公司通过客户服务流程的创新和改进，赢得了欧美高端运营商客户的信赖。

今后的挑战与规划：表3－1列出了中兴通讯供应链企业社会责任实施面临的挑战和规划。

表3－1　中兴通讯供应链企业社会责任实施面临的挑战和规划

挑　战	规　划
CSR 评估系统不完善	向 CSR 标杆企业学习借鉴
CSR 现场审核目前尚未覆盖境外生产企业	增加海外工作人员 加大海外审核员培训，对海外供方逐步试点 CSR 现场审核
对 CSR 高风险供方的审核频率和覆盖范围不足够	对更多的现有供应商进行再评估 监督和辅导现有供方的 CSR 管理水平
CSR 审核员和培训师不充足	加大培训和人员招聘力度 CSR 成功案例收集

第五节　中国平安：公司治理领先就处处领先

22年前，中国平安保险（集团）创立于深圳蛇口，是中国首家股份制保险企业，至今已成为融保险、银行、投资于一体的全能型金融服务集团，在香港交易所主板及上海证券交易所上市。至2009年12月底，其总资产为9357亿元，权益总额为917亿元，总营收为1528亿元，净利润145亿元。该公司多次入围

《福布斯》“全球上市公司2000强”及《金融时报》“世界500强”。“公司很多灵感来自境外，平安善于捕捉新理念，并能够迅速开展从模仿、创新到超越的行动。”该公司副董事长兼副CEO孙建一说。

中国平安之所以能做到这一点，根源皆在于其治理结构“与众不同”。2010年6月，该公司获颁亚洲公司治理杂志《Corporate Governance Asia》2010年度“亚洲公司治理杰出表现奖”，这是其连续四年获得该奖。实际上，中国平安的公司治理屡获国际肯定，该公司获得过的其他公司治理领域国际奖项包括：蝉联《欧洲货币》“亚洲最佳保险公司”，以及《亚洲金融》评选的最佳管理公司、最佳投资者关系、最佳企业社会责任及最致力维持优厚派息政策等奖项。

《Corporate Governance Asia》评委会说，中国平安一直在提升其公司治理水平，以改善公司的营运和管理，其尽责、专业及具问责性的董事会及国际认可的高级管理层，有效实现了其高水准的公司治理。“亚洲公司治理杰出表现奖”的评选十分严格，入围条件包括长期且公开透明的公司治理记录、过去一年在提升公司治理方面的实践和改革成果、股东权益的维护、投资者关系实践、企业社会责任等。

20世纪末至本世纪初，中国平安较早实施了股权结构调整，形成外资、国有、民营企业、员工共同持股的结构模式，构建了一个由股东大会、负责任的董事会、监事会以及资深高级管理层相互制衡的公司治理系统，其“集团控股，分业经营，分业监管，整体上市”的治理模式，使得法人治理结构清晰稳健，经营透明度高。多年来，中国平安从海外大规模引进专才，建立了国际化、专业化的管理团队。股东大会、董事会、监事会和高级管理层依法规范运作，各司其职，形成了权力机构、决策机构、监督机构和管理层之间分工配合、相互协调、相互制衡的内部控制运行机制。同时，中国平安注意就战略规划、财务业绩、发展前景等与投资者保持定期联络，并提供多个渠道予投资者及分析员进行互动。

目前中国上市公司整体的公司治理水平呈现两极分化特征。较之其他行业，金融类企业公司治理水平较为领先，而中国平安一直是中国企业公司治理排名榜首的常客。例如在《2008年中国上市公司100强公司治理评价》中，它就居于榜首。该报告由中国社会科学院世界经济与政治研究所公司治理中心、国家行政学院领导人员考试测评研究中心及甫瀚公司联合发布。对在A股市场和海外资本市场上市的所有中国上市公司按市值（截至2007年6月30日）排名的前100

家样本公司进行调查和分析，该专项研究覆盖了制造、金融、交通、能源等11个行业。

研究表明，在上述评价体系各指标中，上市公司在“平等对待股东”方面做得较好，平均得分为68.53，然后依次是“股东权利”（56.88）、“信息披露和透明度”（54.35）、“董事会的责任”（50.83）、“监事会的责任”（39.83），“利益相关者的作用”得分最低，平均得分仅为27.31。连续3年的研究结果表明，相对于“平等对待股东”方面的一贯良好表现，“利益相关者的作用”仍然是公司治理的最薄弱环节。同时值得关注的是，“股东权利”的得分连续两年显著上升，是一个积极的变化。而在这次入选的100家中国企业中，中国平安的公司治理指标非常突出。

第六节　招商地产：“最早的绿”与“更深的绿”

招商地产声称，“招商地产是从不将‘社会责任感’挂在嘴边的企业。招商地产骨子里映射着招商局百多年来每个历史关键时刻必定出现的身影。招商地产以与社会和谐互动和可持续发展为目的，以企业公民身份，对企业利益相关者自觉承担的应有责任。”

招商地产理解的“企业利益相关者”，包含企业内部和外部的利益相关者，以及与企业发展直接或间接相关的其他社会成员。企业债权人、员工、客户、供应商、政府部门、当地社区、居民、媒体、环境组织、资源拥有者等，都是与企业相关并受到影响的客体。一个负责任的企业，在享受社会赋予的条件和机遇时，不满足于只做“经济人”，还要以符合社会伦理和道德的行为关注民生，做一个有信念、有责任感的“社会人”，承担社会法定责任和道德责任。

在环保方面，招商地产认为自己是“国内最早倡导绿色地产的房地产企业之一”，将绿色地产的实践视为履行社会责任最直接的载体。绿色地产的核心理念是尽可能地保护环境，尊重自然，节约资源。招商地产注重保护环境生态，降低资源消耗，降低污染排放，倡导低碳生活，将绿色生态开发的理念与实践贯穿于每个项目，其6年前首倡的绿色地产理念，与2009年12月联合国哥本哈根气候峰会所达成的“低碳发展”共识“历史性地”相一致。

在各种“低碳”、“绿色”、“生态”概念繁多的今天，招商地产2010年首次提出采用数据法评判低碳、生态、绿色的实践检验方法。

建于2003年的深圳蛇口泰格公寓是招商地产第一个绿色建筑，2005年，泰格公寓成为中国内地第一个通过美国绿色建筑（LEED）认证的建筑，而荣获了该委员会颁发的“卓越贡献奖”。2009年底招商地产完成了对泰格公寓长达3年的能耗与环境质量监测，泰格公寓总建筑面积3.39万平方米，在入住率相对稳定的情况下，全年平均总用电量为308万千瓦时，其中空调系统年总用电量为116万千瓦时，折合单位建筑面积年耗电量90千瓦时，其中，单位建筑面积年空调耗电量34千瓦时，如按空调面积计算，则单位空调面积年耗电量为46千瓦时，与本市节能优异的同类建筑相比，单位建筑面积的年耗电量和空调耗电量均降低了三成以上，每年可节约电耗近100万千瓦时，折合电力当量标煤123吨，减排二氧化碳近400吨。

2009年底，招商地产完成了对蛇口南海意库三号楼为期14个月的能耗监测统计，该楼总建筑面积2.5万平方米，年用电量为164.8万千瓦时，其中空调系统年总用电量79万千瓦时，折合单位建筑面积年耗电量66千瓦时，其中，单位建筑面积空调年耗电量31.6千瓦时，如按照空调面积计算，则单位空调面积年耗电量为48.6千瓦时，与本市同类节能优异的写字楼相比，其空调能耗降低25%以上。仅空调一项，每年可以节约电耗30万千瓦时，折合电力当量标煤37吨，减排二氧化碳122吨。

南海意库三号楼则利用人工湿地处理生活污水并将其回用于室内冲厕、绿化浇灌以及室外环境卫生冲洗，2009年全年市政给水量1.5万吨，全年经人工湿地处理后的回用水量0.8万吨，再生水利用率超过50%，仅再生水利用一项全年可以节约市政水耗电量4500度，全年减少生活污水中的总有机碳排放量500吨。该项目同时还是一个旧有建筑不施行拆除重建的典型案例，与拆除后重建的双重资源消耗相比，本项目包括基础和上部结构在内共节约混凝土近5万立方，钢筋近5000吨，直接减排二氧化碳等温室气体排放近2万吨。

该公司多个项目成为循环经济示范项目，例如：

• 广州金山谷住宅项目是广东省循环经济示范项目，节能率达到65%。2009年7月7日，在印度首都新德里举行的联合国人居与环境大会上，金山谷项目获得联合国人居署颁发的联合国“人居最佳范例奖”，本届大会上全球仅有5个项目获此殊荣，金山谷项目是我国唯一当选的获奖项目。

•2009年，招商地产开发的深圳观园和澜园住宅项目已成为深圳市宝安区的循环经济示范项目，其开发的广州金山谷住宅项目、深圳海月花园第五期住宅项目和深圳招商花园城五期住宅项目成为国内第一批建筑能效标识示范项目。

•2009年公司完成了对所属招商供电、招商供水和招商局物业的所有在管物业项目的持续改造，将各类用电器材更换成感应式开关、节能灯。其中，仅深圳兰溪谷地下停车场照明、花园城商业中心照明、新时代广场照明、海月三期小区照明及生活水泵控制柜的改造，每年节电量可达400万度，节约电力当量标煤近500吨，减少二氧化碳排放量1650吨。多年的绿色实践，公司矢志不渝，虽然成本有所增加但由此取得了较好的运营经济效益和良好的环境效益。

招商地产在行业内提出绿色地产技术应用的“适宜”理念，反对照搬照抄、不顾实际情况、不顾成本地将新技术堆砌，更反对单纯为获得奖项、称号、认证而进行的“伪绿色”行为。为此，2009年初该公司专门设立了绿色研发中心，配备专业人员3名，专业从事绿色技术研发与应用、编制公司绿色技术工作指引、检查落实项目绿色技术应用并参与行业技术交流。

2009年公司按照不同项目使用功能和所在地区差异完成了对于不同气候带地区的绿色技术标准，以指导公司全国的绿色公建和居住建筑在项目前期至施工图设计阶段的项目定位、设计、技术产品选型，并通过这些内部标准在项目中确定经济适宜的绿色建筑增量成本和投资配比。目前已经实施的有：《绿色技术研发及应用工作指引》、《深圳地区项目建筑节能设计及竣工验收指南》、《绿色建筑技术设计指引》、《绿色建筑技术方案任务书编制指引》、《招商地产绿色技术条目》。

2009年该公司制定相关规定，要求每个房地产项目都必须结合当地实际情况采用若干绿色建筑技术以提高建筑与自然环境的融洽度，不遗余力保护环境、节约资源。在过去的一年中，其在绿色地产开发模式下，较典型的项目和措施有：

在北京“公园1872”项目中，利用地源热泵系统提取地下浅层低值热源，为近一万平方米的附属公共建筑提供冬季采暖和夏季空调制冷需求，并为一个室内标准恒温泳池提供水体加热及保温，仅此一项每年就可以减少电耗720万千瓦时，折合减少电力当量标准煤885吨，减少二氧化碳等温室气体排放近2920吨。该项目已于2009年采暖期开始启用，运行正常；招商地产对国内首个按绿色园区标准兴建、公司参股投资兴建的深圳市光明新区科技孵化基地建设项目进行了绿色规划，从总体布局、场地微气候、环境保护、节能减排、资源循环使用、可再生能源利用、雨污水处理回用以及绿色施工等方面都做了系统的整体规划设计。该项目的实施将促成国内首部《绿色园区认证标准》的诞生。2009 年，该项目中总建筑面积近十万平方米的一期工程基本竣工。

绿色地产需要社会认同，需要行业共进，需要产业配合，更需要政府支持。在这方面，招商地产不仅积极参与，还主动发起。2009 年以主动的姿态，力争为绿色地产铺平道路，该年内发起和参与的重大事件有：

2009 年 10 月 21 日，招商地产参加了由《中国房地产报》、中国住交会组委会主办的“中国之家低碳发展联盟”在北京举行的启动仪式，并在“低碳宣言”上签字，与其他单位共同发起了“中国之家低碳发展联盟”。这是中国房地产行业的第一支“低碳发展”绿色力量，它标志着绿色地产的旗帜下有了广泛的呼应和同行者。

2009 年 11 月 28 日，公司连续第六次承办了“第六届中外绿色地产论坛”。2009 年的主题是“绿色新城低碳发展”，论坛在广州番禺清华科技园广州创新基地召开。论坛开创了国内绿色论坛的先河，做到“绿会就在绿建中”。逾 500 名中外专家学者、政府相关领导、业内人士以及媒体嘉宾出席，论坛就“低碳策略和城市可持续发展”以及“低碳技术运用和绿色开发”两个议题进行了深入的探讨。

与清华大学建筑学院共同成立项目专家委员会，围绕“中国住房与城市发展研究”为主题开展，注重学科交叉和清华大学不同专业、系所的参与，并在每年召开一次全国或者国际性的住房研究学术会议或论坛。该活动旨在对我国住房与城市发展问题展开全方位、多层次的前瞻性研究，第一期项目时间为五年。

绿色理念的贯彻必须落实在日常经营和生活的每一项行动中，多年来，招商地产不仅加强对绿色技术的研究和实施，还在采购、员工行为等方面积极倡导，主要的措施和效果如下。

- 将节能无机房电梯列入集团采购名单之中，在多个项目中得到应用，按每年采购一百台电梯统计；全年可节省电费约 30 万元。

- 将节能灯具列入集团采购名单，按年均开发 300 万平方米，其中 100 万平方米采用精装修交楼标准测算，仅通过照明灯具节能一项，每年可节约照明电费约40万元。

• 通过与国际知名的楼宇自动化控制系统集成商合作，拟在几年内将公司所有出租公共建筑楼宇智能控制改造完善，使其在节能环保中承担关键作用，通过测算仅此一项每年可减少公建电耗约10%，由此带来的节能效益每年约50万元。

• 号召全体员工节约资源、杜绝浪费并具体规定：尽量使用双面打印及复印；打印及复印一般文件时，尽量使用环保纸（单面打印的废纸）。将单面打印过的废纸及时放入打印机旁的环保纸筐内，以再次利用；文件尽量以发邮件为主，推行无纸化办公。

• 坚持资源节约、节能减排的设计理念；提倡保护环境、减少污染；营造健康舒适、以人为本的生活空间；构建与自然和睦相处的开发模式。

作为绿色地产概念的倡导者，招商地产将绿色建筑设计贯穿于地产项目策划及设计的各阶段；倡导绿色生活方式，努力树立绿色节能减排行为规范，为绿色技术向绿色人文的扩展而不懈努力。

附录

华为技术有限公司 2009 年度社会责任报告

关于本报告

《华为技术有限公司 2009 年度社会责任报告》是华为技术有限公司（以下简称为“华为”、“本公司”、“公司”）第二次发布的年度企业社会责任报告。本报告主要介绍本公司在环境保护、消除数字鸿沟、供应链、员工和社会公益等社会责任各方面工作的信息，旨在加强各利益相关方与公司之间的理解和联系。

本报告的编写参考了全球报告倡议组织（GRI）第三代指南（G3），分析了业务运营中存在的关键——可持续发展问题，识别了主要的利益相关方。未来华为将继续关注这些问题，不断改进公司的社会责任业绩。对 GRI 指标披露情况请参见附录 II－GRI 索引。

除非有特殊说明，本报告主要描述 2009 年 1 月 1 日至 2009 年 12 月 31 日期间华为总部和所有分支机构在经济、环境和社会等方面的活动。如无特别指出，本报告的财务数据以人民币为单位。

华为同时在网站上发布了企业社会责任专题（www. huawei. com/cn/企业社会责任 2009），提供在线版本供您下载、浏览。

受各种客观条件的限制，本次报告的编制可能未尽如人意，公司将在未来持续改进和完善报告的披露内容和形式，并每年发布一次企业社会责任报告。

公司经营管理团队致辞

过去的二十多年，伴随着信息与通信技术的飞速发展，全球社会经济不断进行着深刻而广泛的融合，“地球村”的概念被赋予了更真实的含义。人们自由地进行沟通和分享，享受信息技术带来的便利，生活因此变得更加美好。

另一方面，全球社会经济的持续发展仍面临诸多的问题和挑战，这包括自然环境恶化、气候变暖加速和社会经济发展的不平衡等。可持续发展成为华为共同关注的主题。

作为联合国全球盟约（UN Global Compact）成员，华为将全球盟约倡导的基本原则融入公司文化与商业活动之中。在2009年复杂的经济形势下，华为持续履行企业社会责任，与电信业同仁一道，为实现社会经济的可持续发展积极贡献力量。

绿色环保

节能减排、构筑低碳经济是实现可持续发展的关键。在这其中，电信业的发展发挥着举足轻重的作用。通过创新的电信解决方案和技术，和客户一起努力改善人们的沟通方式、提高社会运作效率，从而减少全社会的能耗和二氧化碳排放量。

与此同时，为降低电信业自身的碳排放，华为在产品与解决方案的规划、设计、研发、制造、交付和服务各个环节中持续贯彻节能减排的理念。2009年，华为主要产品资源消耗比例同比都下降了20%以上。华为积极推动绿色能源在电信网络中的应用，目前已在全球部署了3000多个新能源站点。此外，华为进一步规范、阐明了产品的绿色指标和要求，推动供应商进行节能环保方面的创新，并在公司内部大力推行节能减排，逐年提升公司运营效率。

华为的努力已得到一些国际组织的认可，例如，GSM协会（GSMA）在2009年授予华为和运营商Telenor“绿色移动奖”，以表彰两家公司在构建绿色网络，减少碳排放方面的密切合作，为业界树立了新的标杆。

2009年，华为主要产品资源消耗比例同比都下降了20%以上。

消除数字鸿沟

沟通是人类的基本需求，满足人们沟通需求、推动社会可持续发展是整个电信行业的使命所在。华为以“丰富人们的沟通和生活”为愿景，运用通信领域的专业经验，努力促进通信覆盖和电信知识的普及，帮助不同地区的人们平等、自由地接入到信息社会，消除数字鸿沟，创造最佳的社会、经济和环境效益。2009年，华为在南非成立软件研发中心，并启动土耳其研发中心的建设，为当地引进先进的电信科研技术，培养本地人才并推动 ICT 行业的长期发展。

满足人们沟通需求、推动社会可持续发展是整个电信行业的使命所在。

促进产业链健康发展

在自身积极履行社会责任的同时，华为一直重视其全球供应商及合作伙伴的社会责任。作为华为战略的重要组成部分，华为持续实施道德采购、进行供应链社会责任管理，用流程制度保证产品采购符合社会责任的要求。同时，通过充分的沟通交流，华为努力提高供应链的社会责任意识和能力，实现行业的和谐和可持续发展。从 2003 年开始，华为将企业社会责任纳入供应商认证、选择与管理的流程中。2009 年，华为运用“企业社会责任风险评估工具”对全球 675 家关键供应商进行了企业社会责任风险评估，并根据其风险等级对供应商企业社会责任进行分层管理。

稳健成长的企业公民

企业自身的可持续发展是更好履行社会责任的前提。自华为成立以来，华为坚持稳健经营的理念。2009 年，公司保持了持续增长，在市场规模不断扩展的同时，华为的盈利能力也得到了持续提升，这意味着华为将能对推动行业的长期可持续发展发挥更大的作用。另外，经过全体员工讨论，华为确定了“成就客户、艰苦奋斗、自我批判、开放进取、至诚守信、团队合作”为公司的核心价值观。

华为深刻理解全力以赴、积极进取的员工是华为最宝贵的财富。2009 年，华为进一步完善了员工保障与职业健康计划，并启动“干部后备队”项目和“女性管理者成长计划”，拓展员工的职业成长通道。

本报告将详细介绍华为 2009 年全球开展的企业社会责任活动，特别是在绿色环保、消除数字鸿沟等领域所做的努力。华为诚邀您了解这些进展，并对华为未来的改进方向提出宝贵意见。

展望未来，华为期待着和您一起，为推动社会、经济和环境的可持续发展作出更大的贡献，不断丰富人们的沟通和生活！

华为技术有限公司 EMT（公司经营管理团队）

公司概况

华为技术有限公司的全资股东是深圳市华为投资控股有限公司（下称“华为控股”）。华为控股是100%由员工持股的私营企业，没有任何第三方（包括政府）持有华为控股的股份。

华为是全球领先的电信解决方案供应商。目前，华为的产品和解决方案已经应用于全球100多个国家，服务全球运营商50强中的45家及全球1/3的人口。

华为基于客户需求持续创新，建立了包括电信基础网络、业务与软件、专业服务和终端等在内的端到端优势，不断为客户创造新的价值。

电信基础网络：全IP融合网络

经过多年积累，华为在固定网络、移动网络、数据通信IP技术等核心领域建立了综合优势，是融合时代运营商的最佳伙伴，将为客户带来独特的价值。

业务与软件：帮助客户增加收入、提升效率

在业务与软件领域，华为致力于向全球电信运营商提供开放的应用环境、智慧的运营平台和快速的专业服务，以帮助运营商增加运营收入、提高运营效率并最终获得商业成功。

专业服务：协同、快速、专业

在专业服务方面，华为持续优化服务解决方案并提升运作效率，帮助客户进一步提高总拥有价值（TVO）。

终端：伙伴、定制、价值

华为聚焦运营商转售市场，帮助客户满足用户对多样化终端的需求，通过提供种类丰富的网络终端，为消费者带来丰富便捷的通信体验。

华为实施全球化经营的战略。目前，华为在海外设立了22个地区部，100多个分支机构，并大力推行员工的本地化。这使华为可以更加贴近客户，倾听客户需求并快速响应。目前，华为在美国、德国、瑞典、俄罗斯、印度及中国等地设立了17个研究所，聚集全球的技术、经验和人才来进行产品研究开发，使华为的产品一上市，技术就与全球同步。另外，华为在全球还设立了36个培训中心，为当地培养技术人才。全球范围内的本地化经营，不仅加深了华为对当地市场的了解，也为所在国家和地区的社会经济发展作出了贡献（见附表1）。

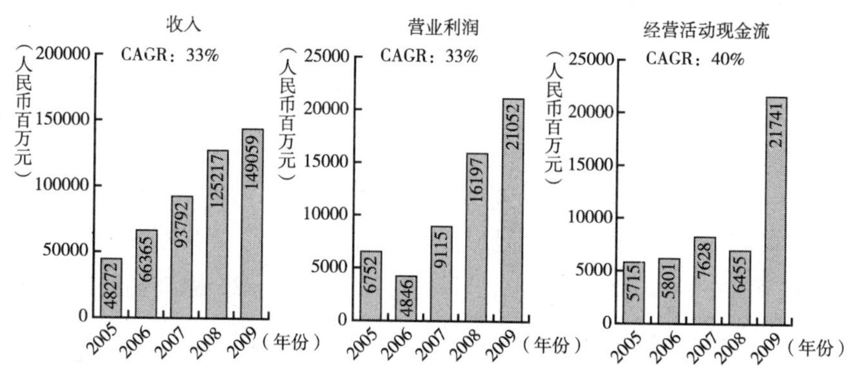

附表 1　2005～2009 年财务概要*

*2009 年 12 月 31 日美元兑人民币汇率 USD1.00 = CNY6.8255。

国际社会评价

获 IEEE 标准组织颁发的 2009 年度“杰出公司贡献奖”

因在技术领域的突出贡献，华为获得 IEEE 颁发的“杰出公司贡献奖”，这体现出华为在行业已具备领导力。2002～2008 年，获得该奖的企业分别为 IBM、朗讯、索尼、惠普、摩托罗拉、英特尔及明导国际。

获光接入国际标准组织 FSAN“金牌会员”称号

国际标准组织 FSAN（全业务接入网）授予华为“金牌会员”的称号。该称号为 FSAN 组织对其会员的最高评级，体现了业界对华为在该领域做出杰出贡献的高度认可。

与运营商 Telenor 一起获得 GSM 协会授予的“绿色移动奖”

GSM 协会（GSMA）在 2009 年的 GSMA 亚洲移动大会上授予两家公司“绿色移动奖”，以表彰两家公司在构建绿色网络，减少碳排放方面的密切合作，为业界树立了新的标杆。

获 Frost&Sullivan 颁发的三项年度大奖

由于公司整体的卓越表现，华为获得了 Frost&Sullivan 所颁发的“2009 年亚太无线基础设施供应商”、“年度宽带设备供应商”以及“年度供应商”三项大奖。这也使华为成为在此次评选中唯一一家囊括三项大奖的企业。从2004年至今，华为已在该评奖活动中获得15个奖项，位居榜首。

获得英国《金融时报》颁发的“业务新锐奖”

英国《金融时报》向华为颁发“业务新锐奖”（FT Boldness in Business award），以表彰其在电信新兴市场所取得的成绩和作出的贡献。在该奖项的评选中获得提名的另外两家企业分别是汇丰银行和渣打银行。“业务新锐奖”是《金融时报》于2009年新设立的奖项，旨在鼓励那些在全球金融动荡的时刻，能够抓住机遇，大胆对传统的业务模式进行改变和创新的企业。

获《全球通信商业》颁发的双项创新大奖

国际电信行业媒体《全球通信商业》（*Global Telecoms Business*）授予了华为“全球通信商业创新”（GTB Innovation Awards）双项大奖。华为采用领先的PON和xDSL解决方案为英国部署的网络获得了“当地光网络创新奖”（Local optical network innovation award），为新加坡运营商StarHub部署的femtocell项目获得了“室内覆盖服务创新奖”（Indoor residential services innovation award）。

获美国科技杂志《研究与发展》颁发的“R&D100 Award”

华为创新的SAN传送解决方案荣获美国科技杂志《研究与发展》颁发的2009年度“R&D100 Award”。华为SAN传送解决方案率先通过了200公里的应用测试，将容灾备份的范围扩大了一倍，更有效、更大范围地保证了用户核心数据的安全性。“R&D100 Award”由该杂志于1963年创设，被誉为科技界的“创新奥斯卡奖”。

2009年企业社会责任活动聚焦

绿色产品认证计划

该计划旨在牵引公司内部持续改善产品的环保性能，促进产品减少资源消耗、提高能效、降低生产和运行成本，减少产品整个生命周期对环境的影响。

iTools计划推动内部节能

华为在全球机构推广和实施一系列提高沟通与协作的工具与解决方案，如统一通讯工具、视频会议系统等。这些工具的使用，极大降低了差旅造成的能源消

耗和二氧化碳排放。

部署新能源供电站点

华为积极推动绿色能源在电信网络中的应用，目前已在全球部署了3000多个新能源供电站点，帮助运营商为一些基础设施缺乏的地区提供部署和运营成本相对较低的网络。

拓展通信覆盖

华为帮助运营商在新兴市场快速部署网络和发展业务，不断取得新的成绩。如EasyGSM BTS解决方案帮助Vodacom大大降低在偏远地区基站的安装难度和成本。目前，华为的产品与解决方案已服务全球1/3的人口。

推动通信知识技能传播

华为努力促进所在国家、地区通信技术水平的提升。2009年，华为在南非新建了研发中心，启动土耳其研发中心的建设，并与沙特KACST和Intel建立WiMAX联合实验室。

“企业社会责任风险评估工具”应用

华为运用“企业社会责任风险评估工具”对全球675家关键供应商进行了企业社会责任风险评估，并根据其风险等级对供应商企业社会责任进行分层管理。

召开供应商企业社会责任培训大会

为进一步提升供应商的企业社会责任意识和能力，华为召开了供应商企业社会责任培训大会。来自华为173家关键供应商和合作伙伴的高级管理者参加了大会。出席大会的还有沃达丰、德国电信和英国电信等全球领先运营商的高层代表和企业社会责任专家。

参加Switch-Asia计划

作为GeSI组织成员，华为和德国电信一道参与了欧盟2009年发起的Switch-Asia项目，致力于提升中国电气电子行业的中小型企业企业社会责任意识，帮助其改善环境和安全相关的问题。

员工职业健康与安全建设

华为的员工保障体系进一步完善。2009年各种福利保障支出达到16.8亿元。

女性管理者成长计划

2009 年，公司中央平台研发部率先成立了“铿锵玫瑰俱乐部”，为女性管理者及技术专家建立了一个良好的沟通及学习成长的平台。

捐助减灾，回报社区

华为坚持回报社会，以实际行动为当地社区的公益、教育和赈灾救助事业等作出贡献。2009 年，华为各种捐助近 2000 万元。

依法纳税实践企业公民责任

2009 年，华为向国家缴纳各项税款（包括增值税、所得税等）160 亿元。截至 2009 年底，华为共向国家缴纳各项税款累计达到 685 亿元。

利益相关方沟通与回应

利益相关方的支持始终是企业生存和发展的基础，建立稳定、通畅的沟通渠道是确保企业企业社会责任活动符合利益相关方需求的前提。公司识别主要利益相关方，确定其关注的关键——可持续发展问题，并在业务运营中持续关注这些问题，以不断改进公司的社会责任业绩。

附表 2　华为如何处理与主要利益相关方的关系

主要利益相关方	主要关注点	沟通方式	公司回应
客　户	• 产品质量保证 • 降低设备能耗和碳排放 • 促进其他行业节能减排 • 有效控制风险（员工 OHS 和供应链管理） • 拓展网络覆盖，缩小数字鸿沟 • 品牌保护	• 合同 • 会议、会晤 • 行业展会、论坛 • 认证 • 客户联合创新中心 • 定制开发 • 新闻简报	• 质量保证体系 • 增加绿色领域投入 • 开发绿色产品解决方案，启动绿色品认证计划 • 启动绿色供应链认证计划（在线信息），加强供应链管理和培训 • 增强员工保障
员　工	• 工作环境和职业健康 • 员工职业发展 • 公司长期稳健发展，持续盈利 • 气候变化，环境保护	• 劳动合同 • 培训及绩效沟通 • 组织气氛调查 • 总裁信箱，公司内刊等内部沟通渠道 • 公司心声社区	• 改善工作环境及关注职业健康 • 关注员工成长、规划员工职业发展通道 • 启动 iTools 计划，节能减排

续表

主要利益相关方	主要关注点	沟通方式	公司回应
供应商	• 长期合作、互助共赢	• 供应商企业社会责任评估、认证 • 供应商大会 • 采购合同	• 积极拓展合作领域 • 供应商企业社会责任能力提升
政府	• 通过电信服务促进经济发展 • 消除数字鸿沟 • 改善气候变化和环境问题	• 工作会议 • 工作汇报	• 支持 Switch - Asia 项目促进产业链和谐发展 • 拓展通信覆盖，培养本地人才等 • 参与绿色主题行业论坛和研究（“Smart 2020 Deutschland”联合研究等） • 推动行业节能标准制定和执行，持续进行绿色网络解决方案的研发
行业分析师	• 创新解决方案增加 ARPU、降低运营商 TCO • 产品能耗、碳排放	• 年度全球分析师大会 • 分析师访谈 • 公司网站新兴市场专题 • 新闻简报	• 持续创新、开发低 ARPU 解决方案 • 增加绿色领域投入 • 开发绿色产品、解决方案 • 启动绿色产品和绿色供应链认证计划（在线信息）
同业者	• 行业合作 • 气候变化，环境保护 • 消除数字鸿沟	• 行业标准组织 • 行业论坛 • “绿色华为”专题网站	• 积极参与行业标准组织（在线信息） • 增加绿色领域投入 • 开发绿色产品解决方案，启动绿色产品认证计划 • 创新解决方案拓展通信覆盖
终端用户	• 价格合理、便利的电信服务 • 改善气候变化和环境问题 • 消除数字鸿沟 • 电磁辐射对健康的影响	• 消费者调研（消费者与企业研究室等） • 公司终端网站	• 持续创新、开发低 ARPU 解决方案 • 加大绿色解决方案领域的研发 • 增强端到端绿色运营管理 • 继续努力消除数字鸿沟，拓展通信覆盖 • 通过公司网站等途径公开透明披露电磁辐射研究结果（在线信息）

企业社会责任战略及管理

愿景

丰富人们的沟通和生活。

使命

聚焦客户关注的挑战和压力，提供有竞争力的通信解决方案和服务，持续为客户创造最大价值。

核心价值观

成就客户

为客户服务是华为存在的唯一理由，客户需求是华为发展的原动力。华为坚持以客户为中心，快速响应客户需求，持续为客户创造长期价值进而成就客户。为客户提供有效服务，是华为工作的方向和价值评价的标尺，成就客户就是成就华为自己。

艰苦奋斗

华为没有任何稀缺的资源可以依赖，唯有艰苦奋斗才能赢得客户的尊重与信赖。奋斗体现在为客户创造价值的任何微小活动中，以及在劳动的准备过程中为充实提高自己而做的努力。华为坚持以奋斗者为本，使奋斗者得到合理的回报。

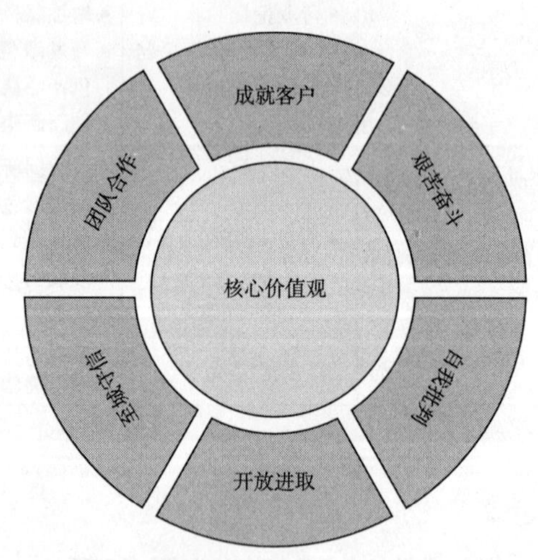

附图1　华为公司的核心价值观包括六个方面

自我批判

自我批判的目的是不断进步，不断改进，而不是自我否定。只有坚持自我批

判，才能倾听、扬弃和持续超越，才能更容易尊重他人和与他人合作，实现客户、公司、团队和个人的共同发展。

开放进取

为了更好地满足客户需求，华为积极进取、勇于开拓，坚持开放与创新。任何先进的技术、产品、解决方案和业务管理，只有转化为商业成功才能产生价值。华为坚持客户需求导向，并围绕客户需求持续创新。

至诚守信

华为只有内心坦荡诚恳，才能言出必行，信守承诺。诚信是华为最重要的无形资产，华为坚持以诚信赢得客户。

团队合作

胜则举杯相庆，败则拼死相救。团队合作不仅是跨文化的群体协作精神，也是打破部门墙、提升流程效率的有力保障。

企业社会责任战略

华为致力于人人享有基本通信和信息业务的权利，在进行商业活动的同时，华为也非常关注社会与环境的可持续发展，努力消除数字鸿沟，通过通信为人们提供更多更好的工作、生活和教育等机会，不断丰富人们的沟通和生活。华为积极履行企业社会责任，重要举措包括以下几个。

- 与全球领先运营商积极沟通节能环保理念，与产业链上下游企业紧密协作，一道构建绿色节能的通信网络，走在通信产业绿色化时代的前列，推动行业可持续发展，积极实践“绿色通信、绿色华为、绿色世界”的战略。
- 利用在电信领域的专业技术和经验，华为致力于消除数字鸿沟——通过提供客户化解决方案，使更多的人便捷地接入信息社会；通过帮助欠发达地区发展通信教育事业和培养通信人才，促进通信技术与知识的普及。
- 华为始终坚持回报社会的理念，努力为所在国家和社区的公益、教育和赈灾救助事业作出贡献。
- 华为一直坚持“以奋斗者为本”的企业文化，高度重视员工职业成长与健康福利保障，使奋斗者得到及时、合理的回报，在企业持续成长的同时，实现员工的个人价值。

华为努力完善企业社会责任治理结构。公司董事会及所属审计委员会、财经委员会和人力资源委员会，对公司的相关社会责任战略等工作进行决策和管理。公司经营管理团队及下设的各管理机构，负责落实公司董事会的决策，并领导公司社会责任的日常工作。公司设有 EHS（环境、健康与安全）委员会、节能减排管理部、采购认证管理部和员工关系部等专门的常设机构，并在相关部门配备了节能环保、供应链、职业健康与安全、员工发展等管理岗位和人员，具体履行和落实社会责任工作。

企业社会责任管理制度与流程

自成立以来，华为始终重视内部控制制度的建立和完善，不断完善控制流程，力求提高运营效率、降低运营风险，保证公司业务活动按照适当的授权有序进行。

华为初步建立了行之有效的企业社会责任管理制度和工作流程，涵盖客户关系管理、节能减排、供应链管理、EHS 管理和人力资源管理等方面，使企业社会责任管理与公司运作进一步紧密融合。

企业社会责任管理架构

华为建立了完善的治理架构，包括董事会、董事会下属专门委员会、公司经营管理团队及各体系等，各机构均有清晰的授权与明确的问责。在组织架构方面，华为对各职能单位明确了其权责和职责分离，以互相监控和制衡。同时，公司设立了业务控制部门协助各业务流程优化内控管理，并由内部审计部门就公司所有经营活动进行独立的监督评价。

节 能 环 保

自然环境恶化、气候变暖加速，已经成为影响人类未来生存的世界性问题。在此趋势下，绿色环保不仅是企业履行社会责任的要求，同时也是降低企业经营风险、增强竞争力并实现可持续发展的有效途径。

在产品开发和商业活动中，华为充分考虑环境保护的要求，严格遵循全球各类环保法规，并通过创新的解决方案，创造最佳的社会、经济和环境效益。

绿色通信、绿色华为、绿色世界

电信业务能够有效提高全社会的运作效率，减少全社会的能源消耗和二氧化碳排放。根据GeSI（全球电子可持续发展倡议组织）发布的Smart 2020报告，到2020年，ICT将为全球减少相当于78亿吨的二氧化碳排放，是其行业自身碳足迹的5倍。2009年12月，由德国电信、华为等联合开展的一项研究（Smart 2020 Deutschland）也表明，通过智能的ICT解决方案，德国全行业可以降低25%的碳排放。

与此同时，电信行业自身的节能环保问题也不容忽视。据统计，目前全球ICT设备每年的二氧化碳排放量占到了全球总排放量的2%。而且随着通信行业的进一步发展，未来这一比例仍会上升。节能减排也成为整个电信行业自身义不容辞的责任。

作为全球领先的电信解决方案供应商，华为在帮助其他行业节能和推动ICT行业自身节能两方面，都发挥着积极的作用。事实上，华为一直严格遵循全球各种环境保护法律法规，并已在主要的行业标准组织中（如IEC、ISO、ITU、JRC、GeSI和ETSI等）积极发挥自己的作用，如华为在ETSI组织的第一次会议主题，就是关于节能减排。华为参加了GeSI的能效标准组，参加EEIOCG全球能效标准地图建设和会议等。

通过分析自身商业活动对环境的影响，并对电信产品的生命周期能耗和排放进行评估，华为确定了华为所需要采取的重点措施并在全球范围内积极实践。同时，华为在公司内部大力推行节能减排，逐年降低人均资源消耗和排放量。华为希望通过持续努力，在自身节能减排的同时，促进整个社会的节能环保，实现“绿色通信、绿色华为、绿色世界”。

华为提供端到端的绿色通信解决方案，帮助运营商优化能源使用效率，实现社会责任，降低TCO和提升市场竞争力。2009年，华为主要产品资源消耗同比都下降了20%以上。华为积极推动绿色能源在电信网络中的应用，目前已在全球部署了3000多个新能源供电站点，成功帮助运营商为一些基础设施缺乏的地区提供部署和运营成本相对较低的网络。华为的行动已得到一些组织的认可，例如，GSM协会（GSMA）授予华为和运营商Telenor两家公司“绿色移动奖”，以表彰两家公司在构建绿色网络，减少碳排放方面的密切合作，为业界树立了新的标杆。

全生命周期节能减排

为准确了解产品在整个生命周期各阶段对环境造成的影响，华为采用产品生命周期评估方法（LCA）对产品进行评估，包括对原材料的获取、零部件制造、产品加工、产品运输、使用、产品废弃及循环利用等。以此可明确识别出对环境影响大的产品及生命周期阶段，识别出关键影响因素并制定切实可行的指标，从而开展各种活动来减轻对环境的影响。

LCA 分析可评估出产品在气候变化、致癌性、持久性有机物、持久性无机物、放射性、臭氧层消耗、生态毒性、酸化、土地占用和矿物消耗等方面对环境的影响，其中气候变化的影响最受关注，该指标的评估结果为该产品生命周期所有阶段的碳排放数量。

截至 2009 年，华为完成了主要产品品种的生命周期评估。未来，华为还将通过产品的生命周期评估，量化产品在各阶段对环境的影响。根据 LCA 分析已得到的结论，华为针对重点产品进行了全面的能耗和排放指标优化，努力减少产品生命周期整体的环境影响。通过对多种设备的生命周期评估，华为发现通信产品碳排放最大的阶段在于运营阶段，该阶段碳排放约占整体生命周期碳排放的 70% 左右（见附图 2）。

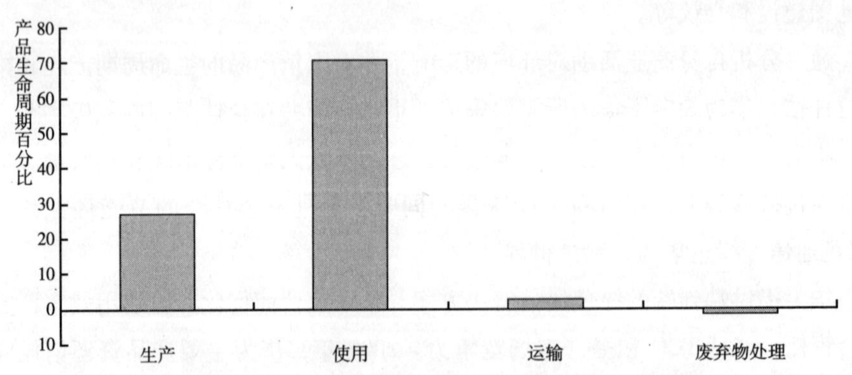

附图 2　产品生命周期各阶段碳排放所占比例

附：华为“绿色认证”计划

在产品设计与生产过程中，华为始终将“降低产品对环境的影响”作为评

价产品质量最重要的指标之一。降低产品对环境的影响也是华为在节能环保方面的社会责任与承诺。

为了对该指标的达成情况进行评价，2009 年底，华为启动了“绿色认证”计划。华为完成了“绿色产品”认证标准的制定，涵盖了能效、再生能源使用、重量、包装、有害物质、回收、噪声和电磁辐射安全等节能减排绿色环保领域的所有法规、指令、标准与要求，从原材料、生产、运输、使用和废弃等产品生命周期的各个阶段对产品的环境性能进行评价。该计划已开始实施，其标准已导入到公司的产品研究流程（IPD，集成产品开发流程）之中，华为所有新产品在大批量生产之前，都需要通过该项绿色认证。该计划牵引公司内部持续改善产品的环境性能，促进产品减少资源消耗、提高能效、降低生产和运行成本，减少产品整个生命周期对环境的影响。

绿色生产运营

在产品的制造环节，需要消耗大量的材料、自然资源与能源。华为在设计与生产过程中始终致力于减少对资源的消耗。

金属和塑料等各种原材料的生产均需要消耗大量的自然资源，同时还会对环境产生较大的影响。为了减少对各种原材料的消耗，华为通过各种减重设计措施，平均减重 10% 以上，每年可节约钢材约 1.5 万吨，减少二氧化碳排放量 4.8 万吨。喷涂作为金属材料防腐蚀措施在业界得到了广泛的应用。喷涂工艺需要消耗大量的喷涂材料及能源，喷涂工艺的改进对节能减排的作用非常明显，华为通过各种优化和减免喷涂的措施，大大减少了喷涂材料和能源的消耗。另外，为了检验产品的防水性能，需要进行喷水试验，该试验需消耗大量的水资源。华为通过设计改进以达到减免试水的目的，减少了对水资源的消耗，每年可节水约 9 万吨。

华为在公司内部大力推行环保措施，节能环保已经融入公司运作与员工行为的点点滴滴之中。在企业日常运作中，华为也采取了各种行之有效的节能减排措施，如空调耗电在华为深圳总部用电量中约占 40%。在夏季，华为将室内空调温度普遍提高到 26℃ 以上，这样在一年共省电近 400 万千瓦时。又如，华为采用新型高效 T5 节能灯替代普通日光灯，取得了 40% 以上的节电效果。而对建筑物靠近室外光照的光源及室外路灯采用光控的方式等，华为每年节约电力超过

130 万千瓦时。另外，中国区所有员工餐厅全面推广循环使用餐筷，每年节省的一次性餐筷相当于减少砍伐 16800 棵大树，并相当于减排二氧化碳 1800 吨。

2009 年下半年，华为启动了 iTools 计划，在华为全球机构推广和实施一系列提高沟通与协作的工具与解决方案。例如统一通讯工具、视频会议系统等工具的使用，在提升工作效率、降低运营成本的同时，将极大降低差旅造成的能源消耗和二氧化碳排放。

2009 年，华为深圳坂田总部基地用水 1700 万吨水，计划 2010 年每单位产值水消耗降低 7%。2009 年，华为深圳坂田总部基地用电 25.67 亿度，计划 2010 年每单位产值用电降低 11%。

绿色产品节能设计与应用

从能源消耗的角度，华为根据多个客户的现网数据进行了能耗重点分析，发现运营商消耗能源的主要形式为电能。而电的消耗主体是在接入网部分，包括无线站点和宽/窄带接入站点，多家移动运营商的无线站点能源消耗为 70% 以上，固定运营商在接入部分的能耗相比移动稍低，但普遍也在 40% 以上。

根据 LCA 的分析结果，华为重点针对接入网，同时兼顾端到端网络产品进行了全面的产品能耗和排放指标优化。目前，华为的全部产品，相比业界传统的方案，要节省 30% 以上的能源消耗。

华为在节能设计上投入了大量的精力，开发和应用了各种各样的节能措施，取得了良好的效果。无线接入设备和宽带接入设备的能效每年都在持续改进。

无线接入网节能

华为绿色智能的基站设备，大幅降低设备能耗和温室气体排放，基站设备能源使用效率提升 20% 以上，每个基站每年可以节省 5700 千瓦时的电能，约合减少燃烧 1.7 吨煤的二氧化碳气体排放量。

同时，华为还通过整合创新的 Single RAN 解决方案、绿色站点解决方案、先进的网规网优经验、智能运维工具和高效的覆盖提升技术，因地制宜地构建可持续发展的绿色网络，优化网络结构、最大化降低网络复杂度和减少站点数量，同时轻松满足向未来技术和网络平滑演进的需求，最大程度保护投资，促进产业健康发展。

固定接入站点节能

基于“低热、散热、耐热”三重绿色设计，百万节点级绿色宽带网络每年省电2亿多度，约相当于25万个中国家庭一年的用电量。未来3年，华为接入网平均用户端口能耗将降低30%，等同于未来3年新增设备节电7亿度，约合减少二氧化碳排放量590万吨。

高效转换电源

目前的通信站点，设备的工作电压主要为直流电压，供电方案必须考虑如何高效将各种电压转换为设备可用的直流电压，另外还需关注储能设备的功能符合通信站点要求的同时，如何延长寿命，降低客户的投资。

高效电源系统采用新型集成设计，提高了功率密度和负载输出能力，极大缩小了系统体积。电源模块采用新型软开关技术，模块休眠功能，提升了系统的效率和可靠性。

新能源解决方案

包括太阳能、风能和生物能源等在内的新能源的引入，是减少碳排放最直接的方法。选择无排放能源、低排放能源是企业减少碳排放的最有效途径。

随着主设备功率逐年下降，使用新能源供电成为可能。华为积极推动新能源在电信网络中的应用，推出了太阳能、风光互补、光油互补等能源解决方案，这些方案聚焦节能减排需求，将全方位的绿色环保理念和持续降低运营成本的要求融入站点产品的设计之中，并可根据客户的个性化需求及当地的自然条件进行量身订制。

华为已经在中国和中东地区的基站建设中广泛应用新能源解决方案。2009年，华为已在全球部署了3000多个新能源站点，是绿色站点解决方案的领先者。

太阳能供电解决方案：完全利用太阳光能转化成的电能，使用过程中几乎没有任何污染物排放，也几乎不需要维护，故障率低，可靠性高，能有效降低站点运营费用。

风光互补供电解决方案：根据站点的实际环境，利用当地太阳能、风能在白天和夜晚、晴天和阴雨天的互补性，为站点提供可靠的能源供应，对环境影响也极小。该方案具有绿色无污染、可靠性高、资源互补和维护方便等特点。

光油互补供电解决方案：在太阳能资源丰富，但连续阴雨天数较长，各月太阳能峰值日照波动较大的区域，可利用一台油机作为太阳能方案的备份，解决少数时间太阳能供应不足的问题，大部分时间由太阳能供电，二氧化碳排放量极少，系统可靠性也得到了提高。该方案作为太阳能解决方案的补充，除具有对环境影响极小，维护率低等特点外，还具有更高可靠性和可定制等优点。

案例：新能源再绿肯尼亚

东非和中非领先运营商 Safaricom 的通信网络覆盖了肯尼亚 80% 的人口。肯尼亚一些地区由于电网覆盖率非常低，全国有 25% 的基站甚至完全需要依靠油机来发电。华为向 Safaricom 提供了风能、太阳能和油机组合的站点能源解决方案。新方案充分利用了当地的风能和太阳能等自然资源，大大降低了运营成本，同时还提高了移动网络的环保性。测试数据表明：油机平均每天运行 1.32 个小时，油耗较原来降低了 95% 以上，燃料运输和定期维护等运营支出也随之降低了 90% 以上。

绿色包装与物流

华为在绿色包装和物流上推行“6R”策略，即：合理设计（Right），减少耗材（Reduce），可回收（Returnable），可重用（Reuse），可复原（Recovery），可再生（Recycle）。

华为坚持执行 RoHS、WEEE、EuP，实施 SA8000 社会责任认证标准，从而达到有效节能和减排的目的。

华为和中国移动合作开发了周转架可视化绿色包装产品，共同打造移动通信的绿色产业链。“金属周转架 + 透明内包装”是一种典型的可重复循环使用的包装运输方案，该解决方案采用可循环再生利用的代木材料，应用可视化包装技术，推行拼装化、标准化和适度设计，结合通用的物流平台建设，减少了包装物流对森林等自然资源的消耗，推动资源节约型和环境友好型的包装物流产业的可持续发展。2008 年和 2009 年“金属周转架 + 透明内包装”在全国 12 个省推广实施，并在 GSM 网络项目和 TD 项目中进一步推广实施了金属周转托盘，成为绿色包装与物流的有益补充。

实践证明，该解决方案与现有通信设备的木箱包装、纸箱包装解决方案相比，实现木材使用量节约90%以上，减少包装重量22%，提高操作效率达82%。随着该解决方案的推广应用，及关键技术的持续改进，据华为发货统计，2009年绿色包装（周转架+托盘）发货总量2.98万个，平均周转2.2次，二氧化碳总减排量达到7674吨。

绿色包装为节能减排和推动资源节约型产业链作出了巨大贡献，并于2009年荣获中国“包装之星”银奖。华为将进一步在更多的领域和地区实施绿色包装与物流，为打造公司绿色产业品牌、建立环境友好型的绿色产业链而不懈努力！

回收与循环利用

回收废旧产品并将其重新作为资源来加以利用，对环境保护具有十分重要的意义。作为制造商，华为充分认识到自身在处理废旧产品方面应承担的社会责任，严格遵守各国的废弃电子设备管理法规，积极推动废旧产品的回收及循环利用。

WEEE 指令要求生产者建立废旧电气电子设备的回收利用体系，并承担相应的处理费用。华为已建立了相应体制，履行生产者的延伸责任。此外，按照 WEEE 指令的要求，华为已在2005年8月13日之前，对在欧盟上市的产品，在铭牌上添加了 WEEE 指令规定的回收标志。同时，许多国家已制定了法律、法规，规定生产者在废旧包装材料及废旧电池的回收循环利用方面应尽的义务，尤其是废旧包装材料的回收与循环利用等方面。通过积极参与各国的废旧包装材料及废旧电池循环利用计划，华为正在严格履行自身义务。

华为和全球领先环保服务商并肩合作，共同创建了全球报废品处理平台，对全球范围内的华为或者客户委托的电信设备报废品进行一站式的拆解和再回收处理，使电子废弃物能够得到环保地处理和资源循环再生利用。华为在深圳设置报废品处理控制中心，与拉美、欧洲、非洲、亚太和中国区的废品服务商合作建立全球区域性的报废品处理平台，对废品的处理过程进行跟踪直至回收处理完成，确保不浪费一切可以利用的资源和实现废弃物的环保处理。

辐射安全

无线通信技术的发明及发展为人类生活提供了极大的便利，世界各地的亿万民众得以享受沟通带来的乐趣。随着无线通信产品的普及应用，以及环保、健康和安全等生活理念的深入人心，社会和公众对基站和手机等无线设备的电磁辐射安全问题给予越来越多的关注。一些国家和国际权威机构，例如世界卫生组织（WHO）、国际非电离辐射防护委员会（ICNIRP）和国际电气及电子工程师学会（IEEE）等一直在该领域进行着不懈的研究。

华为非常重视电磁辐射可能导致的健康问题。华为建立了严格的产品设计、测试和安装等内控机制，确保华为所有无线通信产品都满足相关国际和国内电磁辐射法规所规定的安全要求。在目前的电磁辐射安全标准体系下，科学家们掌握的证据还无法证实手机和基站的电磁辐射会对人体健康产生危害。

华为积极协同运营商，在基站站点建设过程中严格遵照各个国家和地区的相关电磁辐射标准和环境影响评价规范，努力营造绿色、环保、健康的移动通信网络。华为也一直在积极配合华为的客户向社会公众传递绿色与健康的通信生活理念，践行华为作为企业公民的责任。

华为积极关注电磁辐射，以设备商的角色配合和推动电磁辐射在全球的研究。华为参与国内电磁辐射相关的标准制定，积极跟踪国际相关标准的发展和研究。目前，华为已加入和参与研究的相关组织有 CCSA、ITU 和 IEEE 等。

化学品管理

作为有责任感的全球企业公民，华为遵守所有相关绿色环保法律法规的要求。考虑到部分化学物质可能对环境造成长期影响和危及人体健康，华为正不遗余力地探求替代物质，并持续不断地为减少有害化学物质的使用而积极努力。

电信设备大都使用大量零部件，这些零部件中含有各种各样的化学物质。这些化学物质中，有部分如果在废弃处理时未得到妥善处理，就可能对周围环境造成危害。为此，欧盟于 2003 年推出了针对有毒有害物质管理的 RoHS 指令，限制铅、镉、汞、六价铬、多溴联苯和多溴二苯醚等 6 类化学物质的使用。该指令于 2006 年 7 月 1 日正式生效，其后全球多个国家纷纷推出了相应的管理法规。

早在 2005 年，华为就开始在所有零部件中全面禁止使用欧盟 RoHS 指令中禁止使用的 6 类有毒有害物质，并在早于 RoHS 指令生效的 2006 年 3 月推出了完全满足欧盟 RoHS 指令要求的产品。2006 年，华为进一步制定了管控化学物质清单（HUAWEI substance list），包含了13类禁止使用的有毒有害物质。2008年华为又对华为管控化学物质清单HUAWEI substance list做了及时的更新。目前该清单已包括25类禁用物质和27类申报物质，很好地满足了欧盟法规（包括已生效的REACH）的要求和环境保护的需要。

消除数字鸿沟

随着电信行业的飞速发展，电信服务对全球经济发展的推动作用越来越突出。然而，不同地区和不同群体间的数字鸿沟也在日益加剧。电信行业积极探索、持续创新，为消除数字鸿沟贡献力量。例如，在偏远地区，"移动银行"、"乡村电话"和"医疗热线"这些创新业务极大地提高社会效率，并对经济的发展和提高国民生活质量起到越来越重要的作用。再如，孟加拉运营商Grameenphone创立的"乡村电话"凭借其可持续的业务发展和盈利模式，在菲律宾、柬埔寨、印度尼西亚、乌干达、卢旺达和海地等多个发展中国家得到广泛推广，使上亿贫困人民获得基本的通信服务。

利用在电信领域的专业技术和经验，华为帮助不同地区的人们平等、自由地接入到信息社会，消除数字鸿沟。一方面，华为基于客户需求持续创新，为客户提供领先高效的解决方案，使更多的人有机会通过通信连接便捷地接入信息社会。另一方面，华为广泛地支持世界各国的教育事业和积极培养通信人才，推动通信知识普及。

拓展通信覆盖

华为持续不断地投入资源进行科研，提供创新和灵活的业务解决方案，帮助运营商在拓展偏远地区覆盖的同时，在低ARPU值的经营环境里仍然能获得商业机遇，从而使这些地区的人们有机会平等地接入信息社会，提升生活质量。

EasyGSM BTS解决方案

作为一家成立于新兴市场（中国）的企业，华为深刻理解新兴市场对通信网络方面的需求。凭借领先的技术、创新的解决方案及全球成功经验，华为帮助运营商在新兴市场快速部署网络和发展业务，不断取得新的成绩。2009年5月，华为与沃达丰联合开发的业界首款基于全 IP 的简约型基站——EasyGSM BTS 解决方案在南非 Vodacom 成功应用。与传统基站相比，这种基站在保证同等覆盖质量的同时，能够大幅降低能耗并依赖风光互补能源稳定运作。此外，该基站体积小（12 升）、重量轻（12 公斤），可以灵活地安装于铁塔上甚至是电杆和墙上，从而大大降低了在偏远地区的安装难度和成本。

“沃达丰很荣幸能参与开发这样一个创新的解决方案，助力将无线网络覆盖扩展到新兴市场的偏远地区。” Easy GSMBTS 解决方案获得沃达丰的高度评价，“除环境效益外，EasyGSM BTS 通过为偏远社区提供通信连接，将产生巨大的社会效益。”

消除宽带鸿沟

宽带网络是国家竞争力的支撑。很多发达国家纷纷制定“国家宽带战略”，推动宽带的发展。但高昂的部署成本，使国家宽带对很多经济欠发达国家而言遥不可及。华为深刻理解高速宽带对经济发展的重要性，积极探索低成本的端到端国家宽带解决方案，与亚洲、非洲和南美洲多个国家合作实施“国家宽带战略”，提供支持各种方式综合接入的网络和灵活丰富的业务，大大降低发展中国家的宽带部署成本，使他们同样可以通过宽带网络构建信息化时代的国家竞争力。

助力澳大利亚弥合宽带鸿沟

数字鸿沟不仅存在于发达国家与发展中国家之间，也存在于同一个国家内部。例如，在面积广袤的澳大利亚，电信移动网络覆盖极不均衡。铺设全国性的高速宽带网络，覆盖人口稀少的边远区域，让经济欠发达地区的人们也能享受到无线宽带生活，成为澳大利亚重要的国家发展战略。

2007 年 12 月，澳大利亚领先运营商 Optus 选择华为作为独家供应商，在乡村地区部署 UMTS900 网络。华为创新地将 Refarming 和 UMTS900 网络技术相结合，在保证网络性能的同时，使单个基站所覆盖的面积明显增大，非常适合像南澳州这样地广人稀的区域。同时，华为 UMTS900 网络可以充分利用现有资源，大大降低部署成本，最终给用户带来更加便宜的服务。目前，Optus 携手华为，已成功实现将 3G 网络覆盖率由全国人口的 60% 提高到 98%。

推动通信知识技能传播

华为对促进通信技术水平的提升不遗余力。华为在全球设立了36个培训中心和17个研发中心，为当地培养了大批优秀通信人才。2009年，华为在土耳其和南非又新建了两个研发中心，并与沙特KACST、Intel建设WiMAX联合实验室。此外，通过各种助学基金、奖学金项目和教育网络及设备捐赠项目，华为帮助亚洲、非洲和拉美等国家的青少年获得更多的接受电信知识技能的机会，并能够通过互联网了解外面的世界。

提升当地电信科研水平

土耳其研发中心

华为于2002年开始在土耳其建立分支机构，目前拥有员工500多人。2009年，华为在土耳其启动建设华为海外第二大研究所。该研究所主要致力于软件产品和业务、无线技术（2G/3G）、全IP融合技术等的研发，以及产品规划、优化等相关流程的分析和研究。华为计划在3年内新聘用500名本地工程师，其中300名将投入到该研发中心。未来，华为将继续加大投资力度，为土耳其引进先进的电信科研技术，培养本地人才和推动土耳其ICT行业的长期发展。

中东地区建设WiMAX实验室

2009年7月，华为与沙特科研组织King Abdulaziz City for Science and Technology（KACST）和Intel建设WiMAX联合实验室。该中心主要用于WiMAX技术展示、互通性测试以及网络性能提升方面的研究，将为中东地区的电信业发展作出突出贡献。

在项目签字仪式上，沙特王子Dr. Turki bin Saud bin Mohammed Al Saud高度评价该实验室的长期价值："……电信企业、科研机构和大学很快都将受益于这个联合实验室。"

"播种通信行业的未来"计划

2009年，华为继续实施"播种通信行业的未来"计划，为亚洲、非洲、中东和拉美等多个国家的学生，提供更多学习了解通信知识、技术的机会。

支持马来西亚教育实习项目

2009年，马来西亚科技与创新部设立了ICT教育实习项目，旨在培养一批专业的科学家、学者和工程师，为马来西亚ICT产业转型和长期发展打下坚实的人才基础。作为在马来西亚本地运营的领先电信企业，华为积极支持该项目，通过本地研发中心提供关键实习设施和场地，并且参与培训课程和认证项目开发并提供专家培训。

为阿曼学校捐赠数据通信设备

在中东阿曼，与 ITA 共同组织赠送阿曼教育部下属 100 所学校无线数据通信设备。

为巴西利亚大学捐赠传输设备

继圣保罗大学之后，华为 2009 年为巴西利亚大学捐赠传输设备，帮助其建立通信实验室，以促进大学的学术研究发展。

智利圣地亚哥大学通讯设备捐赠

2009 年 12 月 27 日，华为为圣地亚哥大学捐赠价值 15 万美元的通讯设备。该大学非常赞赏，希望能和华为有更多的互动，使该校学生有更多交流的机会。

在越南设立华为—信传部通讯奖学金

2008 年，华为与越南信息传媒部合作成立华为—信传部通讯奖学金（15 万美元），2009 年为 109 个学生颁发了该项奖学金。

阿联酋大学生到深圳参加培训交流

阿联酋高等技术学院（HCT）第三批 19 名优秀大学生到深圳参加华为大学培训交流。

在菲律宾开展 IT－STAR 实习生培训计划

在菲律宾，华为与本地大学 MAPUA 合作开展第 3 期 IT－STAR 实习生培训计划。

与泰国四所著名高等学府合作

华为“播种通信行业的未来”计划已覆盖泰国四所著名高等学府合作朱拉隆功大学、皇家玛希隆大学、农业大学和法政大学，华为与这些大学合作，开展电信产品技术领域的教育培训。

供 应 链

在自身积极履行社会责任的同时，华为一直重视全球供应商及合作伙伴的社会责任。作为华为战略的重要组成部分，华为持续实施道德采购、绿色采购、强

化供应链企业社会责任管理，以实现两个战略目标：

• 提升华为及其供应链社会责任的认知和能力，推动产业链可持续发展；

• 与供应商紧密合作，共同加强供应链社会责任的持续改善和管理，确保用符合社会责任的方式生产产品，在全球客户中树立华为供应链社会责任品牌和信心。

供应链企业社会责任管理系统

华为建立了完善的供应链企业社会责任管理系统，包括供应链企业社会责任政策、组织、流程与规范、企业社会责任认证人员专业技能提升、企业社会责任风险评估及持续改善体系。

1）优化社会责任采购指南（Sourcing with SocialAccountability Guide）

华为根据客户和业界发展要求，基于社会责任标准体系 SA8000、ISO14001 环境管理体系、OHSAS18001 职业安全健康管理体系、商业道德以及 EICC 和 GeSI 等国际标准和社会责任理念，制定并向全球供应商发布了“华为社会责任采购指南”，要求和推动供应商达到社会责任体系的要求。在规定期限内没有达到华为社会责任采购指南要求的供应商，华为将终止与其的合作关系。

2）新供应商企业社会责任认证：华为在新供应商认证时，除了供应商质量、技术、交付、商务和响应外，环境和社会责任是必须认证项，企业社会责任认证不通过不能成为供应商。华为建立了完善的《新供应商 CSR 认证流程》、《新供应商 CSR 认证操作指导书》、《新供应商 CSR 认证标准》、《新供应商 CSR 自检表》、《新供应商 CSR 认证报告模版》、《供应商 CSR 认证管理规定》以及新供应商 CSR 认证的首次会议、末次会议模版，新供应商企业社会责任问题改善跟踪系统等。

3）供应商企业社会责任风险管理：对所有供应商，华为每年都要进行一次企业社会责任风险评估。华为与沃达丰联合开发了一套《供应商 CSR 风险评估工具》V3.0，并根据此工具对所有关键供应商进行了企业社会责任风险评估。华为将供应商的企业社会责任状况分为高风险、中风险、低风险，并进行分层管理：高风险供应商重点整改、中风险供应商实施抽查、低风险供应商按华为要求实施自检。

具体管理方式如附表 3。

附表3　华为技术有限公司企业社会责任管理方式

供应商企业社会责任风险等级	华为企业社会责任分层管理措施	输　出
高风险	企业社会责任专家组实施现场稽查 供应商月度反馈改善进展 企业社会责任专家组季度复核 供应商年度企业社会责任自检	企业社会责任稽查报告 SCAR 表 企业社会责任复核报告
中风险	CEG 季度例行企业社会责任跟踪回访 供应商季度反馈企业社会责任报告 供应商年度企业社会责任自检	企业社会责任跟踪回访记录表 供应商季度企业社会责任总结 供应商企业社会责任年度自检报告
低风险	供应商进行企业社会责任年度自检 供应商年度反馈企业社会责任报告	供应商企业社会责任年度自检报告 供应商企业社会责任年报

4）在公司 EHS 体系框架下，制定并发布了适用于工程及区域的供应商 EHS 管理程序，内容涉及供应商的 EHS 体系认证、EHS 协议签署、施工过程中的 EHS 检查、EHS 问题处理、EHS 绩效评估以及 EHS 稽查。

2009 年供应商企业社会责任管理亮点

1）供应商企业社会责任认证和管理：2009 年华为运用“企业社会责任风险评估工具”对全球 675 家关键供应商进行了企业社会责任风险评估，其中 1.9% 为高风险，12.3% 为中风险，85.8% 为低风险。并根据其风险等级对供应商企业社会责任进行分层管理。

2）召开 2009 年供应商企业社会责任培训大会

为了进一步提升供应商企业社会责任意识和能力，2009 年 6 月 5 日，华为在公司深圳总部召开供应商企业社会责任培训大会，173 家关键供应商和合作伙伴的总经理、副总经理、企业社会责任经理 228 人参加了培训大会。

出席本次企业社会责任大会的还有沃达丰、德国电信和英国电信等全球知名运营商高层代表和企业社会责任专家。

华为公司高级副总裁采购认证管理部总裁姚福海致开幕词，强调“华为十分重视全球供应商及合作伙伴的社会责任形象，坚定不移推行社会责任采购，并持续推动供应商提升社会责任意识和能力，促进产业链可持续发展”。

2009 年华为重点对 135 家供应商进行了审核和改善跟踪，其中 47 家供应商

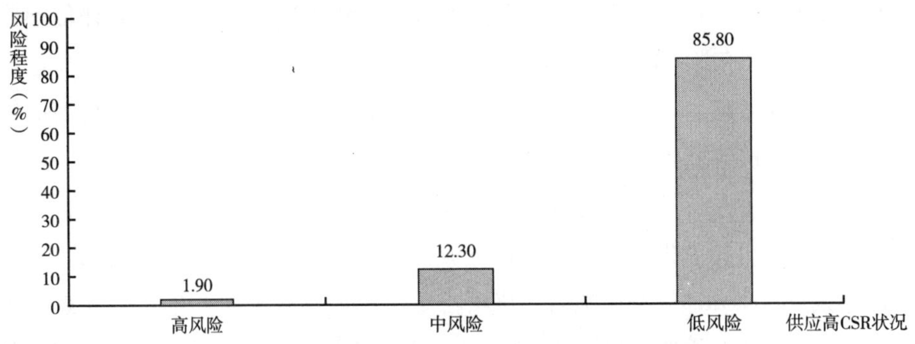

附图3　2009年供应商企业社会责任风险评估

企业社会责任稽查、24家为新供应商企业社会责任认证，65家供应商企业社会责任跟踪回访。在华为的影响和推动下，通过SCAR（Supplier Correct Action Request）跟踪管理系统，2009年累计有71家供应商的企业社会责任问题得到改善，企业社会责任风险明显降低。2009年推动230家供应商完成了企业社会责任年报。

附表4　2009年供应商企业社会责任认证得分情况

2009年供应商企业社会责任审核得分情况	供应商企业社会责任认证、稽查数
91～100	11
81～90	24
71～80	27
61～70	9
51～60	0
50及以下	0
合　计	71

3）企业社会责任审核人员专业和技能提升：2009年华为在邀请第三方进行SA8000知识培训外，自行开发了《企业社会责任基础知识》初级版和《供应商企业社会责任审核方法和技巧》中级版教材，对采购CEG及主管140人进行了培训和考试。结合前几年组织的培训，目前华为已经有140名工程师获得企业社会责任内审员资格，其中获得OHSAS18001内审员证书的109人，获得ISO14001内审员证书的有110人，获得SA8000内审员证书的有104人。获得内部认证通过的企业社会责任高级审核员资格16人。

4）2009 年，华为制定并发布了包括 EHS 在内的工程供应商绩效评估操作指导书。开发了包括 EHS 在内的工程供应商体系认证培训材料，区域 CEG 进行了网上自学和考试。2009 年，实施和完成了 1608 个包括 EHS 在内的供应商的体系审核，主流供应商体系认证率达 92.5%。

5）Switch－Asia 项目支持者在全球资源和环境问题日益严峻的今天，企业的生产方式向可持续发展的模式转换已成为必须。为满足企业这一需求，欧盟 2009 年发起了 Switch－Asia 项目。该项目专注于可持续消费和生产，并最终致力于可持续增长和消除贫困。作为 GeSI 组织的成员，华为和德国电信一道，参与 Switch－Asia 项目，对该项目给予了积极支持。同时，华为要求一些供应商参与此项目，期望供应商通过参与此项目更快地提升企业社会责任意识和能力。

在该项目 2009 年 12 月深圳会议上，华为分享了自己在电子领域环境与安全方面的成功经验以及供应链企业社会责任管理的成功做法，尤其是“企业必须从战略高度重视企业社会责任才能将企业社会责任做好”的观点，受到与会者的普遍认可。

2010 年企业社会责任工作展望

华为已经制定了“2010 年供应链企业社会责任年度规划”，根据企业社会责任风险工具对全球供应商进行 2010 年度企业社会责任风险评估，并根据企业社会责任风险状况进行分层次管理，推动供应商持续改善企业社会责任能力，降低企业社会责任风险。

2010 年，华为将再次召开“供应商企业社会责任年度培训大会”。华为热诚欢迎客户参加会议并作企业社会责任主题演讲，持续提升供应商企业社会责任意识和能力，促进产业链可持续发展。

员　工

全力以赴、积极进取的员工是华为最宝贵的财富。公司在成长机会、薪酬待遇等方面向这些员工倾斜，使奋斗者们得到及时、合理的回报。同时，华为高度重视员工的身心健康和内部组织氛围的和谐，通过提供完善的员工保障、丰富的

业余生活和开放的沟通平台，使员工获得认同感和归属感，在企业获得持续成长的同时，实现员工的个人价值。

员工概况

继2008年发布《华为员工商业行为准则》之后，华为2009年发布了实施细则，并组织全体员工学习，使员工充分理解该准则并在处理华为业务活动与业务关系时诚实守信、恪尽职守。

截至2009年底，华为共拥有来自140多个国家的95000多名专注敬业的员工，其中，研发员工约占总员工数量的46%，销售和服务人员占31%。海外员工本地化比例为65%。华为向所有员工开放管理岗位，使公司在全球形成一个多元化的管理团队，组织各种活动推行跨文化沟通和交流，提高团队凝聚力。

华为控股通过工会实行员工持股计划。员工持股计划参与人数截至目前为61457人，全部由公司员工构成。全体在职持股员工选举产生持股员工代表，并通过持股员工代表行使有关权利。员工持股计划将公司的长远发展和员工的个人努力有机地结合在一起，形成了长远的共同奋斗、分享机制。

无歧视：华为的机会平等政策反映在华为的招聘工作中。华为规定招聘员工不应有种族、性别、地区、国籍、年龄、怀孕或残疾方面的歧视。同时，华为还建立反歧视政策，并遵守当地相关法律要求。

助残：华为为身体不便的员工提供必要的便利设施，如专门的过道和洗手间等。

童工：公司遵守国家相关法律法规的规定，明确禁止使用童工，在企业用工、招聘等重要环节上拥有完备的程序，始终按照管理规定实施员工雇用，从具体实施中杜绝了使用童工的现象。

员工职业健康与安全

在员工职业健康与安全方面，华为通过了国际标准的环境、健康和安全（EHS）管理体系的认证，以及OHSAS18001：2007的认证。2009年2月，华为深圳总部完成EHS体系内审。国内四家研究所（北京、上海、西安和南京）完成EHS体系建设并顺利通过法国国际检验局（BV）的第三方现场审核，获得有效的ISO14001和OHSAS18001证书。2009年7～12月份，EHS委员会工作组开始支持欧洲地区部 EHS 体系认证。

2010 年，华为将加强海外 EHS 建设力度，提高海外 EHS 管理水平，并逐步完善 EHS 体系资料库，提高资源共享度。

员工安全健康关注

公司各部门持续关注 EHS 教育培训工作，2009 年共举办了 10 期内容丰富的健康安全专题宣传，涉及辐射、个人防护和急救等各方面，并组织全员参加“消防安全知识”学习和培训，提高了员工的消防知识与应变能力。华为发布了《员工保障管理规定》、《员工医疗保障管理规定》等系列文件，并建立了预防体系，包括年度体检以及 24 小时的心理医生指导等。2009 年，华为完成全员的普通体检及 1600 多名员工的职业体检安排工作，未出现有职业病的员工。华为对公司员工食堂的原材料采购及制作加工持续严格监管，内部服务部开展了食物中毒应急演习，提高应急处理能力。

员工保障体系

华为建立了完善的员工保障体系，除当地法律规定的各类保险外，公司还为员工购买了包括人身意外伤害险、商业重大疾病险在内的商业保险，并设置特殊情况下的公司救助计划。2009 年，公司员工保障共投入 16.8 亿元。2009 年启动了新一轮海外员工福利保障回顾项目，以进一步完善公司的全球员工保障体系。项目预计将持续 3 年，至 2012 年完成。此外，公司启动 2009 年员工家属保险认购计划，为增强员工家属保障搭建平台。

员工成长与发展

华为采用任职资格双向晋升通道，与岗位需求相结合，使有管理能力和管理潜质的员工顺利成长为管理者，同时也使潜心钻研专业技术、有专业技术特长的员工通过自己的努力能够成长为某个业务领域的专家，为员工的职业成长提供了广阔的空间。在管理者的任职上，华为采用绩效、品德、领导能力等均衡的选拔原则，严禁存在宗教信仰、性别和文化等方面的歧视。

学习与培训

为了把华为打造成一个学习型组织，华为进行了各方面的努力，为员工提供丰富的学习机会和良好的知识共享氛围。华为于 2005 年建立了 3MS 内部共享平台，包含丰富的业务资料信息、案例、社区栏目和 WIKI 知识共享栏目等，为公司员工提供了便捷的在线知识共享和合作平台。通过华为全球培训中心，公司为员工及合作伙伴提供众多培训课程，包括新员工文化培训、上岗培训和针对客户的培训等。华为还拥有完善的在职培训计划，包括管理和技术两方面，为不同的职业资格、级别及类别的员工制定不同培训计划，为每个员工的事业发展提供有力的帮助。2009年，华为总部培训中心对71848人次的员工进行了培训，总培训时间达到104915.6天（1天以7小时计）。

新员工培养

为了帮助新员工快速融入华为组织大家庭，公司为新员工量身订制了入职引导培训，对员工进行企业文化、组织流程等方面的培训。

同时，华为坚持实行新员工导师制。新员工入职后，导师一对一地为新员工成长引路，在工作生活各方面答疑解惑。

新员工座谈会让新员工快速融入组织，让新员工更好地体会到被公司接纳。在座谈会上，主管及有经验的优秀员工，与新员工在一种比较轻松的气氛下交流经验、沟通问题、答疑解惑。新员工可以了解工作重点与发展前景，从他人身上获取成长的经验。

老专家沟通与访谈

华为成立时间相对较短，华为员工的年龄也普遍较低。为使广大员工以更好的心态面对工作和生活，自1999年起，华为从中国知名高等学府和研究院聘用一批德高望重的退休专家和教授来华为工作。他们拥有丰富的人生经验和科学的研究方法，通过思想和情绪疏导方面的交流，他们能够有效帮助员工树立正确的观念、掌握科学的方法，在个人成长方面少走一些弯路。他们已成为管理者和员工的良师益友。2009年，这些专家教授累计访谈员工1万余人次，另外开展开放日、座谈会近千场。

女性管理者成长计划

华为重视女性管理者的培养，积极促进女性管理者的成长。2009年，公司中央平台研发部率先成立了“铿锵玫瑰俱乐部”，成员由女性管理者及技术专家组成。“铿锵玫瑰俱乐部”为女性管理者及技术专家们建立了一个良好的沟通及学习成长的平台，深受她们的好评。

后备干部总队计划

公司于2009年启动后备干部总队项目，其主要职责包括：

为建立管理者任职资格认证管理平台，以管理者任职资格标准牵引其任职能力提升；为各部门在组织和流程变革中的输出人员提供岗位转换平台；围绕公司和各部门关键业务策略或能力短板，孵化新的业务或能力；识别绩效和能力突出、有激情和干劲、持续艰苦奋斗的干部和人才，推荐到合适的关键岗位，促进优秀管理者和人才脱颖而出。

后备干部总队成立以来，传承公司奋斗的核心价值观，通过成功的业务实践、锻炼和考察，选拔愿意持续艰苦奋斗的管理者和员工。2009 年，后备干部总队累计完成委托认证 200 多人、外派认证 800 多人、组织精减人员再上岗 400 多人，满足了 1400 多个专业和管理岗位需求。2010 年，后备干部总队计划完成管理者员工认证超过一万人，管理者推荐与人才调配 250～400 人。

通畅的内部沟通渠道

经过多年的实践与总结，公司建立了多种多样的沟通渠道，使员工更好地理解公司，让公司更好地了解员工。

总裁信箱

公司设立总裁信箱。员工可以通过邮件形式与公司总裁直接进行沟通，使公司最高管理者能够及时倾听到员工的心声，同时方便员工准确解读公司文化政策等。

“心声社区”论坛

“心声社区”论坛（http：//app. huawei. com/forum/）是员工和公司的互动沟通平台。公司鼓励员工在该论坛进行沟通与互动。在这里，员工可以获取对公司政策的解读，可以匿名发表对公司管理改进的意见和建议，可以就各种问题进行咨询与求助，可以分享公司内部及外部符合公司价值观念与管理理念的“人”和“事”（特别是公司内部的事宜），还可以展示丰富多彩的业余文化生活等。

论坛帮助员工更好地理解公司的价值观念，同时树立积极向上的人生态度与价值观念；帮助员工理性地看待问题、释放压力、舒缓情绪，实现员工的自我教育；牵引员工培养健康向上的生活方式。

公司内部刊物

公司例行刊发《华为人》和《管理优化》等刊物。《华为人》报通过宣传优秀人物和事迹，提升员工职业化水平和道德修养，教育员工、引导员工，营造

“以客户为中心，以奋斗者为本”的企业文化。《管理优化》持续揭露公司管理方面问题，暴露工作短板，以促进管理改进，提升公司整体管理经营水平。杂志*HuaweiPeople*是华为与外籍客户、本地员工的文化沟通交流平台。

除在公司网站上提供电子版本外，2009年，《华为人》报和《管理优化》报印刷版本的发行量达到11.8万份。

开放日

高级主管向所有员工敞开大门，员工可以直接向高级主管反映问题，寻求问题的解决。

民主生活会

一个部门的员工每年1~2次，一起讨论各类与部门发展和业务相关的问题；员工可以对公司或部门政策的执行及日常管理等方面提出建议；员工个人工作和生活的困惑，也可以通过这个渠道得到很好的沟通和表达。

工作外露会

由一个外部专家负责引导，将部门和团队在工作中存在的问题显形化，并一起寻找解决方案。通过这种方式，员工可以更好地参与到公司和部门的管理改进中。

家庭日

家庭日是公司和员工家属沟通交流的渠道，能够让家属了解公司，也让公司倾听家属的心声和期望。从2003年开始至今，该活动已持续多年，并已经延伸到海外研究机构和办事处。

丰富的业余活动

华为拨付专门款项用于员工开展丰富多彩的业余文体活动，也鼓励和引导员工自助开展各类有益身心的活动。公司目前有摄影协会、乒乓协会、篮球协会、网球协会、羽毛球协会、书画协会和合唱团等数十个员工文体协会，定期开展员工业余活动，鼓励和倡导员工在工作之余健康生活、快乐生活。

投诉渠道

华为建立了分层分级的员工投诉受理渠道及统一的投诉处理机制，及时响应并处理员工关于人力资源、职业操守、干部作风等方面的投诉。处理结果与员工充分沟通，消除员工的思想困惑或不满，强调最短路径解决问题。

除此之外，还有绩效辅导与沟通、离职访谈、奋斗贡献大会和不定期部门活动等沟通形式和渠道。

社 会 公 益

华为始终坚持回报社会的理念。无论在经济欠发达的地区还是在欧洲、北美，作为当地社区家庭的一员，华为都以高度的企业责任感和社会爱心，热心于社会公益事业，以实际行动为当地社区的公益、教育、赈灾救助、环保等作出贡献。2009年，华为向当地社会捐助共计1975.5万元，这其中包括为教育基金提供资助，对学校进行捐赠等。

附表5　华为2007～2009年的国际赈灾情况

2007年	2008年	2009年
2007年，华为为越南中部遭受洪水灾害的地区赠送价值10万美元的通信设备	2008年5月，为帮助中国四川地震灾区人民重建家园，华为公司及员工捐赠现金2630万元和价值5800万元的应急通信设备。 2008年5月，华为向缅甸因“纳尔吉斯”台风受灾地区捐赠了300万美元的通信设备，协助缅甸政府和人民渡过自然灾害难关。	2009年10月，作为菲律宾Ondoy风灾发生后第一个向菲律宾捐赠的企业，华为捐赠了3万美元以帮助当地进行减灾和重建。

融入当地社区

哥伦比亚资助贫困儿童

从2008年初开始，华为员工就自发组织养老院与孤儿院的慰问活动。2009年开始，华为有组织地资助当地一所小学的贫困学生，帮助他们生活和完成学业。公司员工还集体组织过万圣节、圣诞节和儿童节慰问活动，为孩子们带来糖果、衣物、日常用品、玩具和文具等礼物。2009年6月，员工与250名儿童一起庆祝儿童节。

支持加拿大乳腺癌基金会

2009年，华为赞助了Richie Mann高尔夫邀请赛。该邀请赛是加拿大最大的慈善活动之一，所得善款捐赠给加拿大乳腺癌基金会，致力于乳腺癌治疗领域的研究。

赞助肯尼亚 Safaricom 马拉松比赛

2006~2009年，在肯尼亚连续四年赞助 Safaricom 马拉松比赛，所赞助的款项被用于保护野生动物和资助偏远地区孩子教育。

印度 Bharti 基金会

2009年11月，华为参与印度电信运营商 Bharti Airtel 发起的“慈善马拉松义跑”活动，并向 Bharti 基金会捐献了29万卢比。

绿色环保活动

作为当地社区家庭的一员，华为积极为当地的环保事业贡献力量。华为与智利海关以及环保组织 ICARE 开展了长期的废料回收的绿色环保活动。为此，华为在2008年和2009年连续获得 RECYCLR 颁发的环保组织奖。

继续同印度 Deepalaya 一起资助残疾儿童

2008年，华为在印度的企业社会责任基金启动第一个项目，赞助支持印度知名非政府组织 Deepalaya 以帮助残疾儿童的持续发展。此项目旨在引发人们对于残疾产生原因及其预防的认识，并通过为残疾儿童提供职业培训与个性生活技能培训，帮助他们发挥潜能与创造力，实现人生价值。

2008年至今，华为此项目已帮助了18名残疾儿童完成了技能培训并开始了自力更生的生活。

支持澳大利亚慈善事业（Nelune 基金会和 IT Fund for Kids 基金）

华为在澳大利亚赞助了两场“Gold table”比赛，所得善款用于成立“IT Fund for Kids”基金。该基金每年由“Starlight”儿童基金会组织，通过提供现场精神辅导、成立活动室等，帮助生病和住院的孩子们顺利度过在医院治疗的时光。此外，从2007年开始，华为与运营商 Optus 一起赞助 Nelune 基金会，持续帮助与癌症斗争的人们。

爱心协会

公司鼓励员工积极参与社区奉献活动，成立了专门的组织“爱心协会”，协助员工参与社区服务和进行慈善捐助。

2009年，华为为江西和四川贫困地区的两所幼儿园进行捐助，帮助改善孩子们的学习和生活环境。

地厚天高——权作后记

稍有理性和稍有阅历的人们，在这个嘈杂拥挤的时代，都知道“地球只有一个”和“天外有天”，但在金钱这个摧枯拉朽的力量面前，就往往陷入自我中心的深潭而“顾不得许多了”。因而，除了成全自己，还知道地厚天高，尊重自然法则、社会公序、公平交易、他人利益和天地良心的“利己利他利社会”行为，也即肯在谋利的时候同时承担社会责任的行为，成了“稀世珍品”。

既是“稀世珍品”，它便为人所看重，所渴求——有些人真想得到，有些人想要让世人看见或认为他“已经得到”。

而“得到”的前提是“付出”，因而它又为人们所远离、所质疑。

深圳资本圈企业受惠于来自公众社会的“资本”（不然大家也就不忙着上市或围绕上市公司谋利了），编者将其社会责任承担状况编成指数，又连续两年出了这个报告，即在展示其中的“付出”，以及他们的“得到”。编者此举绝非试图证明其经济、法律和道德形象的伟岸，更不希望将之架上高高的商业伦理祭坛，只希望让其自己的行动为自己说话，如果还能因此推动社会的些许进步（例如土壤变得没那么有毒，天下的商业交易透明一些，一套房子的价格不至于老少三代的经济能力都难以承受），那就更加令人大喜过望了。

在此项活动开展的过程中，像上年一样，编者仍用平凡的两个字，捧起内心深重而恳切的真挚：感谢！感谢这项工作在开展过程中，协会会员们的大力支持。这里再次强调，这份报告的作者，是深圳市证券业协会和深圳上市公司协会的全体会员——是他们用自己的业绩和行动进行了这次集体创作，而协会，只是搭建了一个框架，记录、归纳其一年来的劳动成果及其对股东、员工、社会和环境的贡献。会员们每项指标所代表的成就，像一颗颗珠子，协会的工作是将之串起来，形成一条完整的“项链”。在此，特别要感谢深圳上市公司协会马蔚华会长和深圳市证券业协会何如会长，在两位会长的指导下，这项工作得以如期开展。

我们同样感谢本书的各位顾问：中国社会科学院前常务副院长王洛林先生，他指导和鼓励我们完成此书的编写；深圳市人民政府陈应春副市长，他所在的深圳市委市政府为深圳上市公司、证券公司、基金管理公司的发展，提供了良好的制度和政策环境，履行了服务型政府的职责，扮演了“好保姆”的角色；中国证监会深圳证监局张云东局长，他一贯倡导深圳资本圈企业对社会的贡献，呼吁企业“绿色发展”，并为本书中各项数据的采集创造了良好的氛围。正是由于张云东局长和中国证监会的坚定支持与全程关注，协会才有了开展这项工作的勇气与条件；中国证监会上市公司部杨华主任，他一向关注上市公司的经营质量，鼓励其与利益相关者和谐共荣；中国证券业协会黄湘平会长，他对中国资本市场的治理结构有着深刻的理解，积极支持和呼吁企业承担社会责任；上海证券交易所张育军总经理和深圳证券交易所宋丽萍总经理——作为中国资本圈企业社会责任的倡导者和实践者，他们在理念上、操作中的指导和鼓励，皆对我们深有启发；摩根大通中国 CEO 方方先生，他与我们就书稿的形成参加了讨论，提出了有益的建议。

本报告是在中国证监会深圳证监局、深圳证券交易所、上海证券交易所、中国证券业协会指导下完成的。报告的编著，得到了深圳证监局熊国森、万钧、霍达和朱文斌副局长，以及平安保险集团董事长马明哲、万科企业董事长王石、中兴通讯董事长侯为贵、中集集团总经理麦伯良、华侨城控股董事长刘平春、深圳发展银行董事长肖遂宁、深圳机场董事长黄传奇、深高速董事长杨海、比亚迪董事长王传福、腾讯董事长马化腾、中信证券董事长王东明、招商证券董事长宫少林、平安证券董事长杨宇祥、中投证券总经理杨明辉、安信证券总经理王彦国、第一创业证券总经理钱龙海、博时基金总经理肖风、南方基金总经理高良玉、招商基金总经理成宝良、景顺长城基金董事长赵如冰、大成基金总经理王颢、鹏华基金总经理邓召明等人士的鼎力支持与参与，在此深表感谢。

与此同时，本报告的形成，得到了中国社会科学院、深圳市政府等机构多方面、多层次的鼓励与指点，并得到《上海证券报》、《中国证券报》、《证券时报》、《深圳特区报》、《深圳商报》及《南方都市报》等媒体的广泛关注和响应。在设定深圳资本圈企业社会责任指数的参数和权重时，编者也征集了海内外企业经营者、管理者和许多业务部门的专家意见。对于数字类数据，一直严格遵循着“采用客观数据”的原则，希望真实体现各商家之于社会的创富能力和“对社会负责”行动的分量。

编者对报告中所引用的文章、著作的各位作者深深致谢，这些作者是吴伯凡、阳光、郭巍青、端宏斌、杜君立、马向阳、叶檀、王大蒙、马光远、王志安等，他们的研究成果对编者启发非常大。编者亦诚挚感谢社会科学文献出版社谢寿光社长、王绯主任以及责任编辑郑嬿的热心支持。

本报告的核心价值，建立在协会独家采集的会员数据基础上。本报告的完成，凝聚着深圳市证券业协会、深圳上市公司协会秘书处全体同仁的集体努力，其中彭功惠女士以不倦的耐心，为数据的采集和整理做了大量艰辛、细致的工作；周金玉女士以敏捷的身手，处理了大量数据。正是由于协会秘书处同仁彭功惠、戴馨、陈莺、张文、李铭、周金玉、李艳、夏飞霞的辛勤劳动，深圳资本圈企业社会责任数据才得以汇总和编辑。

当然，正像本书正文所提及的，任何一种指数的编制，从过程到结果都是片面的：总是反映某种角度而不是全视角，总是依靠某些自己所能得到的数据（即便这些数据是一手的也难免失真，所取权重大大有待于商榷）……所以，像其他所有评价一样，该指数同样不能作为体现商家某种真实状况的唯一依据——何况编者已经意识到，2009 年和 2010 年这两个年度的报告，相对于“正面贡献”数据，编者对负面数据的采集和处理显然薄弱，这是未来需要改进的地方。现在，我们把《深圳资本圈企业社会责任报告（2010）》呈现出来，恳请各会员单位、业内领导者和观察家、专业人士、公益人士乃至所有的社会人士，继续给予大力支持、指正、指点，谢谢。

实际上，无论评价什么都是件费力不讨好的事，尤其在中国资本市场，还有不少非市场化色彩。尽管协会已有多年的积累，但不少数据的采集和指数编制方案的设计，仍存在着相当大的困难，尤其是在人手严重不足、人员专业训练有限的条件下。此外，将各类性质不一的公司（如国企、民企，垄断企业和处于充分竞争市场的企业）放在一起，有时还有拿桃比李之感。但协会意识到，着手去做并努力做好这件事，是一项需要完成的任务。因此，希望这项工作能够作为协会的常规项目，每年都做数据更新并向社会发布。相信随着市场化的发展和我们经验的积累，该指数的编制会越来越科学，操作越来越顺利，发挥的作用也越来越大。

爱因斯坦说过，只有献身社会，人们才能找到那短暂而充满风险的一生的意义。追求人格化的企业又何尝不是如此：财富只有回归到社会的维度里，才能显现出它的真实价值与光芒。我们尊重创造财富并与社会分享财富之美的企业，在此，再一次向报告中那些肯负社会责任的企业表示敬意，同时表达我们心存的敬畏：地很厚，它消化着“恶”承载着“美”；天很高，它让人们追求无止境。而且，人在做，它在看。

图书在版编目（CIP）数据

深圳资本圈企业社会责任报告．2010/鄢维民，冯玉主编．
—北京：社会科学文献出版社，2011.8
ISBN 978-7-5097-2311-1

Ⅰ.①深… Ⅱ.①鄢… ②冯… Ⅲ.①企业-社会责任-研究报告-深圳市-2010 Ⅳ.①F279.276.53

中国版本图书馆 CIP 数据核字（2011）第 066386 号

深圳资本圈企业社会责任报告（2010）

主　　编／鄢维民　冯　玉

出 版 人／谢寿光
总 编 辑／邹东涛
出 版 者／社会科学文献出版社
地　　址／北京市西城区北三环中路甲 29 号院 3 号楼华龙大厦
邮政编码／100029

责任部门／社会科学图书事业部（010）59367156　　责任编辑／郑　嬿
电子信箱／shekebu@ssap.cn　　责任校对／王洪强
项目统筹／童根兴　　责任印制／岳　阳
总 经 销／社会科学文献出版社发行部（010）59367081　59367089
读者服务／读者服务中心（010）59367028

印　　装／三河市文通印刷包装有限公司
开　　本／787mm×1092mm　1/16　　印　张／18.75
版　　次／2011 年 8 月第 1 版　　字　数／323 千字
印　　次／2011 年 8 月第 1 次印刷
书　　号／ISBN 978-7-5097-2311-1
定　　价／79.00 元